Ungeduld des Leibes

Rotraud A. Perner

Ungeduld des Leibes

Die Zeitrhythmen der Liebe

WIEN · MÜNCHEN · ZÜRICH

Orac

2. Auflage 1994

ISBN 3-7015-0327-3
Copyright © 1994 by Verlag Orac im Verlag Kremayr & Scheriau, Wien
Alle Rechte vorbehalten
Schutzumschlaggestaltung: Georg Wagner
unter Verwendung eines Gemäldeausschnittes aus A. Bronzino „Eine Allegorie
mit Venus und Cupido", Abdruck mit freundlicher Genehmigung der Kuratoren
der National Gallery, London
Satz und Film: Bernhard Computertext, Wien
Druck und Bindung: Wiener Verlag, Himberg bei Wien

Gedruckt auf chlorfrei gebleichtem Papier

Jeder Mensch ist in gewissem Maße ein Gefangener seiner Vergangenheit.

Judith Lewis Herman, „Die Narben der Gewalt"

Für Artur †, Hans & Rainer
und immer wieder Hans
und allzeit Reinhold

INHALTSVERZEICHNIS

STATT EINES VORWORTES: EINE ZEITREISE

„Du hast ja *nie* Zeit für mich!" „Du willst ja *immer* nur das eine!", „Von dir kommt ja *nie* was!", „Du könntest ja *auch einmal* anfangen!", „Wie lange soll ich denn *noch* warten?", „Du läßt mich *nie* in Ruhe!", „Wann hörst du denn *endlich* auf?" Das alles sind Sätze, die im Kampf der Geschlechter immer wieder fallen. Sätze, die mit Zeit zu tun haben, Sätze, die Kritik beinhalten, Sätze, die nicht dazu geeignet sind, daß der jeweils eine dem anderen Teil des Paares liebevoll entgegenkommt.

Liebevolles Entgegenkommen braucht Zeit, langsame Annäherung, vorsichtiges aufeinander Eingehen. Im Quickie kann man alles draußen lassen, vor allem auch Gefühle.

Wir sind nun einmal unterschiedlich, das ist eine Chance zur Ergänzung. Leider bietet dieses Phänomen aber auch die Möglichkeit, sich total voneinander abzugrenzen: „Warum bist du nicht wie ich? Warum denkst du nicht wie ich? Warum tust du nicht so, wie ich es will?" Im freundlichsten Fall folgt dann Distanz statt Annäherung, im feindlichsten Fall Krieg – wenn auch ein Rosenkrieg.

„Man kann es drehen und wenden, wie man will", pointierte Gottfried Lischke, Vorstand des Instituts für angewandte Psychologie der Freien Universität Berlin, anläßlich seines Referats im Rahmen der Wiener Tagung „Sexualität als Problem" 1990[1]*: „Mann und Frau passen einfach nicht zueinander!" Ja, bekräftige ich wie die zwölfte Fee im Märchen von Dornröschen (die nach der uneingeladenen dreizehnten versucht, deren Fluch zu mildern), aber mit einiger Information und einigem guten Willen können sie sich aufeinander abstimmen!

---

* Quellenhinweise am Ende des Buches

Menschen haben verschiedene Wahrnehmungen voneinander, haben unterschiedliche Empfindungen, Denkweisen, Verhaltensmuster. Diese aber dafür eingefleischt! Sogar ihre Gefühle bewegen sich immer wieder in den gleichen Bahnen, wie bei einem Schifahrer, der immer wieder dieselbe ausgefahrene Spur wählt, anstatt sich eine neue, vielleicht bessere zu treten – und unsere ausgefahrenen Spuren sind nur zu oft nicht einmal unser eigenes Werk, sondern das der Programmierung durch Mammi und Pappi, durch den Herrn Pfarrer, die Frau Lehrerin und das Fernsehprogramm. Besonders eifrig wurde – und wird – immer programmiert, wenn es die unterschiedliche Geschlechtsrollenerziehung betrifft: Männer müssen richtige Männer sein, daher schnell von Entschluß, durchsetzungsstark, hart bis verhärtet und verschlossen. Frauen hingegen sollen warten und erwarten, sie sollen nachgiebig sein, formbar, anpassungswillig und aufnahmebereit.

Nun sind in verschiedenen Lebensbereichen die späteren Korrekturen relativ wahrscheinlich: Gute Freunde oder Kollegen sagen einem ja doch hin und wieder eine bittere, aber hilfreiche Wahrheit. Oder es wird einem im Betrieb der Besuch eines Gruppendynamikseminars „verordnet". Ganz Mutige suchen von selbst die „Umgewichtung seelischer Kräfte" – wie eine kluge Definition von Psychotherapie lautet.

Nur in der Sexualität – da läßt keiner gerne Kritik an sich heran. Wozu auch? Wir sind, wie wir sind. Gerade in diesem intimsten Bereich unseres Lebens und Erlebens stellen wir uns, ob wir es wollen oder nicht, so dar, wie wir wirklich sind: sanft oder wild, scheu oder grob, offen oder verhalten, echt oder verstellt, schnell oder langsam. Lebendig sein heißt unterschiedlich sein.

Was heißt Sexualität?

In der Definition des Begriffes Sexualität selbst spiegelt sich bereits Unterschiedlichkeit.

Zumeist wird darunter all das verstanden, was mit dem Gebrauch unserer Genitalien zusammenhängt. Allerdings wird nur selten eine Unterscheidung dahingehend getroffen, welche „Fachleute" unter welchen Rahmenbedingungen in welchem Zusammenhang und mit welchem Ziel und Zweck solche Begriffsbestimmungen versuchen.

Nehmen wir etwa Lehrer und Lehrerinnen in der Schule. Sie werden vor allem an Fortpflanzung und Empfängnisverhütung denken – und wenn sie sehr mutig sind, auch an Verhütung von Geschlechtskrankheiten und dabei auch nicht nur an AIDS. Auf diese Weise gehen sie auf Nummer Sicher und brauchen keine Angst zu haben, die Grenzen des Lehrplanes und die Toleranzgrenze von Schulaufsichtsbehörde und Elternschaft zu überschreiten – sich „zuviel Freiheit herauszunehmen".

Bei Khalil Gibran heißt es in „Der Prophet":

Eure Kinder sind nicht eure Kinder.
Sie sind die Söhne und Töchter der Sehnsucht des
Lebens nach sich selber.
Sie kommen durch euch, aber nicht von euch,
Und obwohl sie mit euch sind, gehören sie euch doch
nicht.
Ihr dürft ihnen eure Liebe geben, aber nicht eure
Gedanken,
Denn sie haben ihre eigenen Gedanken.[2]

Diese Mahnung macht Sinn, denn noch immer sehen es viele Eltern als ihre erste Pflicht an, ihre Kinder mit sich selbst gleichzuschalten. Die Lehrerschaft ist deshalb von vornherein verdächtig: Ob die Lehrer auch wirklich so denken wie wir, die Eltern? Deshalb regen sich progressive Eltern auf, wenn ausgleichsbedachte Lehrer über die negativen Seiten von Abtreibungen informieren, während konservative Eltern jegliches Bemühen um den Abbau von Leibfeindlichkeit und Sexualunterdrückung als sittenverderbende Libertinage klassifizieren.

Für mich beweist die Unversöhnlichkeit dieser beiden Lager nur, wie wenig wir bereit sind, auf unsere unterschiedlichen Sichtweisen – und damit auf unsere Sexualität – näher einzugehen[3]. Dazu wäre es erforderlich, sich aufeinander zu beziehen, einander zu respektieren und jede Möglichkeit zuzulassen, daß der oder die andere vielleicht etwas wahrnimmt, wofür ich selber noch blind bin.

Oder denken wir an die Juristerei. In diesem „System" geht es vor allem darum, festzuhalten, aus welchem „Sachverhalt" sich welche Rechtsfolgen ergeben – Rechte und Pflichten oder auch Strafsanktionen. Dementsprechend ist der Gebrauch der Genitalien nur „relevant", wenn sich daraus Rechtsfolgen ableiten lassen: Unterhaltspflichten etwa oder die Bemessung eines Strafrahmens.

Ob wir an die Pädagogik denken, die Erziehungsziele beschreibt und daher primär die Frage stellt, welcher Gebrauch der Genitalien wünschenswert und in weiterer Folge „wie erlernbar" ist, an die Soziologie, die untersucht, welcher Gebrauch der Genitalien zu welcher Zeit in welcher Gesellschaftsform vor welchem sozialen Hintergrund gepflegt wurde, an die zahlreichen Morallehren mit ihrer Suche nach göttlicher Ordnung, menschlichen Gewissenspflichten und dem größtmöglichen Glück der größtmöglichen Zahl von Menschen, an die verschiedenen philosophischen Systeme: Immer wieder geht es darum, was sein soll und was nicht. Was Lust bereitet, ist uninteressant.

Dabei kann Sexualität auch als Kommunikationsform verstanden werden. Und daß Kommunikation lustvoll oder unlustvoll erfahren werden kann, wissen wir alle.

Was kränkt, macht krank. In diesem Sinne verstehe ich die Gesundheitsdefinition der Weltgesundheitsorganisation: nicht nur als Fehlen von Krankheiten und Behinderungen, sondern als „vollkommenes körperliches, psychisches *und soziales* Wohlbe-

finden", somit vor allem auch als Appell, auf die Gesundheitsförderlichkeit unserer Beziehungen und Beziehungsmuster zu achten – in privaten Bereichen wie der Eltern-Kind-Beziehung, in unseren Intimpartnerschaften und ebenso im Beruf.
"Sexualität" heißt aber auch subjektives Erleben. Jetzt endlich darf Lust sein!

Subjektiv haben wir unterschiedliche Zeitbedürfnisse, aber auch ein unterschiedliches Zeiterleben – gerade in der Sexualität, wenn wir einander als mögliche Geschlechtspartner begegnen. "Als Mann und Frau schuf Er sie": Wir können nicht "nicht sexuell sein", wir sind immer Mann oder Frau. (Die seltenen Zwischenformen galten in alten Zeiten als heilig, man erblickte in ihnen Menschen, die bereits die Ganzheit in sich selbst "verkörperten". Heute ist der Blickwinkel meist weniger respektvoll. Man spricht von Mißbildung oder "gestörter Geschlechtsidentität".)

Für eine Frau ist Sexualität alles, was sie sich weiblich fühlen läßt.

Elizabeth Davis, "Muster der Sinnlichkeit" [4]

Ob wir es wagen, den Gedanken zuzulassen, daß wir alle mögliche Geschlechtspartner füreinander sind – nur bei den einen "wissen" wir es "auf den ersten Blick", bei anderen können wir es uns nie und nimmer vorstellen – ist wohl eine Frage persönlicher Stabilität: Es ist nicht leicht, so "selbst"sicher zu sein, daß die Erkenntnis dieser Möglichkeit uns nicht in einen innerseelischen Konflikt des "Darf ich?" oder "Will ich?" bzw. "Wie grenze ich mich ab?" stürzt.
Ab und zu demonstriert uns eine Filmstory, wie es ist, wenn zwei, die glauben, nie füreinander in Frage zu kommen, mitsammen auf einer einsamen Insel stranden und schlußendlich doch harmonieren.
Es gibt viele Ursachen, weswegen zwei nicht harmonieren.

Das Geheimnis der Partnerwahl

Zu den Ursachen mangelnder Harmonie gehört, daß wir in unterschiedlichen Rhythmen leben, rasant die einen, gleichmäßig ruhig die anderen.

„Gegensätze ziehen sich an", sagt der Volksmund, und so ist es wohl auch. Unsere Partnerwahl beruht weitgehend auf unbewußten Versuchen, unsere eigenen Mängel durch Eigenschaften des anderen auszugleichen.

Jahrhundertelang hat die klassische Partnerschaft „starker Mann / schwache Frau" funktioniert. Zumindest aus der Sicht des Mannes. Wie es den Frauen dabei ging, stand nicht zur Debatte. Deswegen mußte ja Henrik Ibsen seinem Schauspiel „Nora" für die deutschsprachigen Aufführungen 1880 eine „versöhnliche" Schlußszene dazudichten – zu unerträglich wäre es für die Hamburger, Berliner und Wiener Theaterbesucher gewesen, zu akzeptieren, daß eine Frau ihren Ehemann verläßt, nur weil er sie nicht versteht!

Wenn eine Frau „nicht nur dem Manne untertan" und damit seinem Rhythmus angepaßt sein wollte, blieb ihr nur der Weg ins Kloster und damit in eine andere Untertänigkeit (Rhythmus: sich wiederum einem anderen Rhythmus anpassen) oder ins Out, in die Randzonen menschlicher Existenz wie etwa als Vagabundin (Rhythmus: immer in Bewegung, kaum Ruhepausen) oder als Wahnsinnige (Rhythmus: hektisch-schrill oder apathisch-stumm).

Wer nun vermeint, daß all die altertümlichen Erziehungsratschläge, wie aus einem „Trotzkopf" eine züchtige Hausfrau zuzurichten sei, in Vergessenheit geraten seien, der irrt; in der Familien- und Paarberatung des ausgehenden 20. Jahrhunderts klingen sie in vielen Konfliktgesprächen wieder an, wenn verzweifelte Männer an ihre „verständnislosen" Ehefrauen appellieren, doch endlich Vernunft anzunehmen und so zu sein, wie „es sich gehört" – ihrer Meinung nach. Damit liefern sie ein typisches Beispiel dafür, wie man(n) in der falschen Zeit verhaftet sein kann, in diesem Fall in der Vergangenheit: in der nostalgischen Familienidylle des Spätbürgertums des fin de siècle oder der germanischen der NS-Propaganda. Ein verzögerter Rhythmus? Ein Fall von „Zurückgebliebenheit"? Vielleicht aber auch eine Strategie, das Rad der Zeit zurückdrehen zu wollen, in die Zeit, als noch Spielregeln herrschten, die vermeintlich dem Manne, zumindest seiner Herrschaft, nützten.

In dieser vergangenen Zeit machte die ungleiche Partnerschaft wohl Sinn: Unverheiratete Frauen hatten kaum Möglichkeiten, so viel Geld zu verdienen, daß sie selbst ihre Existenz hätten bestreiten können. Als Mägde in der Landwirtschaft, als Arbeiterinnen in der Fabrik, als Dienstboten bildeten sie die unterste Sozialschicht. Arbeitsplätze als Erzieherinnen gab es nur wenige, und diese blieben den Gebildetsten vorbehalten. Wer ins Kloster gehen wollte, brauchte eine Mitgift. Wen wundert es da, daß das Trachten der Eltern einer Tochter nur darauf hin zielte, sie „unter die Haube" zu bringen. Alles, was den Marktwert der Ware Tochter hätte mindern können, war eine Katastrophe. Ich selbst habe noch während meines Studiums bei jedem trivialen Schnupfen von meiner Großmutter zu hören bekommen: „Sag nur ja nichts deinem Freund, sonst glaubt er am End', er bekommt eine kranke Frau!"

Demgegenüber standen Männer, die eine „Hausfrau" brauchten: Wer hätte ihnen sonst die Socken gestrickt oder die Marmelade eingekocht? Es gab keine Textil- und keine Lebensmittelindustrie mit einem Angebot, wie wir es heute an jeder Ecke im Supermarkt finden, um den Bedarf einer Großfamilie abzudecken. Mutters Hände, die niemals ruhen und so weiter... wir kennen die Durchhaltepropaganda aus den Rundfunkwunschkonzerten zum Muttertag.

Zwei Weltkriege führten den Frauen ihre eigenen Möglichkeiten auf dramatische Weise vor Augen. Die Zeit rief die Frauen auf Männerarbeitsplätze. Und danach ließen sie sich nicht mehr an den Herd zurückschicken.

Die Versuche von Männern, das alte Gleichgewicht wieder herzustellen, mündeten trotz US-Filmpropaganda mit Busenwundern, Blondchen und Dummchen in plumpe Brutalität. „Yang auf Yang bricht die Knochen" zitierte mein Jungianischer Lehranalytiker mit Vorliebe seinen Karatelehrer: Machtkämpfe zwischen gleich Starken führen nur zu oft in den Rhythmus des Krieges.

Yang – „männliche" Energie, Plus-Ladung, Aktivität – braucht Yin – „weibliche" Energie, Minus-Ladung, Passivität – zur Ergänzung, zur Bildung eines echten Gleichgewichts, einer „Ganzheit". Wenn wir an das konkrete Zusammenleben eines realen Mannes mit einer realen Frau denken, bedeutet dies einen symmetrischen, gleichwertigen, bewußten Energieaustausch im Geschlechtsverkehr: das „Sakrament der Ehe".

Asymmetrie, die „schiefe Beziehung", wo einer über den anderen, besser die andere, dominiert, behindert, ja verhindert oft solche Erfahrungen: Denn sie stellt sich als Manipulation, Mißbrauch, Mißhandlung, Ausbeutung oder Gewalt dar, physisch, psychisch und sexuell.

Yang und Yin ausbalancieren zu lernen ist aber nicht nur die Aufgabe zwischen Mann und Frau. Es ist auch ein innerseelischer Lernprozeß für Mann wie Frau: den männlichen und den weiblichen Seelenanteil ins Gleichgewicht zu bringen, weg von der alten Arbeitsteilung und Geschlechtsrollendifferenzierung, wo das Fehlende im anderen gesucht wurde: wo ein „schwaches", „zögerndes" Weib einen „starken", „vorwärtsstürmenden" Mann brauchte. Das war zwar wohl auch eine Form gelungener Paarbildung im Sinne von Yang und Yin, allerdings nur, solange keiner der beiden sich weiterentwickelte. Tritt dieser Fall ein, kippt nämlich oft das Gleichgewicht, und plötzlich wird die einst so attraktive Zurückhaltung der Frau negativ als Bremsung erlebt, die einst so bewunderte Dynamik des Mannes als rücksichtsloses Über-Leichen-Gehen.

Alles, was lebt, ist in Bewegung und besitzt seine individuelle Frequenz. Auch eine Beziehung, die lebt, schwingt: mal herrscht Nähe, dann wieder Distanz, mal ist Hoch-Zeit, mal bricht einiges zusammen und liegt darnieder. Je länger ein Paar an seiner Beziehung arbeitet, desto besser lernt es, diesen Wellenbewegungen Aufmerksamkeit zu schenken und auch Vertrauen zu entwickeln: Es geht immer wieder bergauf.

Viele Paare entscheiden sich allerdings, jeder Veränderung zu mißtrauen: Beginnt die Euphorie des ersten Verliebtseins zu schwinden, kündigen viele den Leasingvertrag auf gegenseitige Nutzung ihrer Geschlechtsorgane und tauschen Partner oder Partnerin gegen ein Neumodell ein. Es macht zu viel Mühe, der Veränderung des Ausgangsgleichgewichts Aufmerksamkeit zu schenken und zuzulassen, daß sich in Reaktion darauf die eigene Seelenbalance wandelt. Damit könnte ja ein Wachstumsschritt, eine Grenzüberschreitung, verbunden sein. Wachstum aber bedeutet Ausdehnung, und diese verursacht meist Dehnungsschmerzen, körperlich wie seelisch.

Paarbildung nach meinem Verständnis beginnt mit der Attraktion der Unterschiedlichkeit: Annäherung an das, was ganz anders ist, auch anders im Zeitgefühl. Damit entsteht aber auch schon das Problem, das richtige Timing zu finden. Darauf folgt die Zeit des Aufeinanderein und -abstimmens, der Angleichung: auch ein gemeinsamer Rhythmus muß gefunden werden. Und wenn erwünscht, kann dann die Zeit des miteinander Lebens beginnen, was heißt, miteinander die Höhen und Tiefen, die Rhythmen des Lebens zu bewältigen, „in guten wie in schlechten Zeiten".

Wachstum in Nähe, in Intimität, führt auf Dauer zur wahren Verschmelzung: Eben weil der andere und sein Anderssein liebend „erkannt", angenommen und aufgenommen werden, gleicht sich sein Gegenpart an, bis zur äußerlich sichtbaren Ähnlichkeit. Aber auch solche Stufen von Gemeinsamkeit garantieren noch lange nicht Konstanz oder gar lebenslange Dauer der Beziehung. Sie ermöglichen nur größere Sensibilität und vielleicht auch Routine in der Technik der „sanften Geburt" neuer Beziehungsformen.

Denn wenn Mann und Frau in ihrer Seele beide Anteile, Yang wie Yin, Aktivität wie Passivität, Aggression wie Aufnahmebereitschaft, Abgrenzung wie Einfühlsamkeit in gleicher Weise zur

Verfügung haben, können sie Entwicklungsschritte flexibler nach- oder mitvollziehen.

Wenn sich in Paartherapien zwei so gar nicht einigen können (wollen), benütze ich gerne die folgende Metapher: Ich erinnere sie an die klassischen Kampfsituationen, wie sie in Mythen und Märchen immer wieder vorkommen: König Artus und Lancelot, Robin Hood und John Little – immer treffen sich zwei an einer Brücke, und keiner will den Weg freimachen. Beide halten sich für gleich stark, und weil sie Männer (Yang) sind, bleibt nur der Weg des Schnelleren, Stärkeren. Sie kämpfen. Wenn wirklich beide gleich stark sind, stürzen sie ins Wasser (das Symbol der Gefühle), lachen und sind in Zukunft dicke Freunde. Sie haben sich „zusammengerauft". Die andere Möglichkeit wäre: Einer besiegt den anderen und hat die Brücke frei – er ist ganz allein. Ohne Freund. Ohne jemanden anderen. Er muß nicht (was auch eine Alternative wäre) eine andere Person tragen – die traditionelle Partnerschaft – und mitschleppen. Er läuft nicht Gefahr, „auf den Arm genommen" zu werden. Er wird aber auch selbst nicht getragen.

Paarbildung in egalitärem Sinn bedeutet, sich nicht mehr aufspalten zu müssen in die Polaritäten hie männlich, hie weiblich, hie stark, hie schwach, hie schnell, hie langsam, hie Yang, hie Yin, hie Pluspol, hie Minuspol.

Aber das sind die Aufgaben einer Zukunft, in der die Menschen statt des „Kampfes der Geschlechter", nämlich um Über- und Unterordnung, „reife Genitalität" wagen: in der sie bewußt erlebte und zelebrierte Anziehung, Annäherung, Wahrnehmung und Bewältigung von Konflikten und damit Abstimmung aufeinander, Hingabe und Entgrenzung leben.

START UND ENDSPURT

Wenn wir Zeit quantitativ definieren, sind wir gewohnt, in Maßeinheiten zu denken: in Sekunden, Minuten, Stunden, Tagen, Wochen, Monaten, Jahren, Jahrzehnten, Jahrhunderten. Die Qualität der Zeit hingegen beschäftigt vornehmlich Astrologen; in ihren Denkkategorien sind Zusammenhänge und Entwicklungsmöglichkeiten oft leichter erkennbar als wenn Kulturhistoriker oder Soziologen versuchen, den „Zeitgeist" einer Epoche zu verdeutlichen.

Auch im individuellen Menschenleben gibt es Phasen und Perioden. Sie zeichnen sich ebenso durch quantitative wie qualitative Merkmale aus, stellen uns Lernaufgaben und fordern uns zu Reifungsschritten heraus.

Daß Frauen derartige Rhythmen – wohl bedingt durch ihre eigenen Fruchtbarkeitszyklen – zumeist sensibler wahrnehmen, wird heute wieder positiv gewertet. Vor noch nicht allzulanger Zeit war das keineswegs so: Da sprach man(n) von weiblicher Irrationalität und alberte über den sogenannten „sechsten" Sinn. Heute zahlen bildungsprivilegierte Führungskräfte viel Geld, um in sündteuren Managerseminaren diese verlorenen (oder wegdressierten) Fähigkeiten der frühen Kindheit wiederzuerwerben. Wenn wir unsere Menschwerdung unter dem Blickwinkel der Geschlechterdifferenz betrachten, erhebt sich die Frage: Wann beginnt, wann endet Sexualität? Ist sie immer dieselbe oder gibt es unterschiedliche Qualitäten? (Und damit ziele ich nicht auf subjektive Bewertungen wie etwa die Tagebuchzensur „Heute guten Sex gehabt", sondern auf objektivierbare Wahrnehmungen, die uns in unserem subjektiven Empfinden kollektiv verbinden.)

Als Sigmund Freud die kindliche Sexualität wissenschaftlich beschrieb, entfachte er einen Sturm der Ablehnung.

An dieser Ablehnung hat sich bis heute nicht viel geändert, wenn es um die Frage geht, wann Sexualität beginnt. Die Antwort lautet: Mit dem Beginn des Lebens. Diese Antwort aber löst bei vielen Uninformierten so heftige Gefühle der (sexuellen oder aggressiven?) Erregung aus, daß sie sich in Empörung Luft machen müssen. Wieso?

Jedes Wort ist eine in Sprache gefaßte Symbolbildung. Dahinter stehen geistige Bilder, Begriffe, Erinnerungen oder auch Neuschöpfungen. Machen wir einfach die Probe aufs Exempel.

Fragen Sie sich: „Woran denke ich beim Wort Sexualität?" und lassen Sie einfach die Gedanken ziehen. Was kommt Ihnen in den Sinn? Erlebnisse aus Ihrer höchstpersönlichen Biographie? Oder irgendein Vor-Bild, etwas, wo Sie zugesehen haben, eine Szene, ein Film, oder etwas, wo Sie zugehört haben? Etwas, das Sie gerochen haben? Geschmeckt? Oder gefühlt? Gespürt? Etwas Angenehmes? Oder etwas Unangenehmes? Oder läßt sich das vielleicht gar nicht so exakt trennen? Und in welche Zeit Ihres Lebens gehören diese Assoziationen?

Üblicherweise berichten die Menschen, mit denen ich in Therapien oder Seminaren solche Assoziationsübungen mache, von Erinnerungen an bestimmte Menschen und von seelischem Ergriffenwerden. „Beziehungslose" geistige Bilder – Filmszenen etwa oder Literarisches – werden extrem selten genannt und wenn, dann von Männern, die auf derartige „Vorlagen" fixiert sind.

Auch Körperempfindungen bilden kaum das erste Glied in der Assoziationskette. Sie stellen sich aber bald im Hier und Jetzt ein, je intensiver die Erinnerung wird. Überwiegend wird dann aber an prozessuales Geschehen gedacht, an starke Lustgefühle und Orgasmen; bei Frauen kippt die Erinnerung oft von einem Beziehungsgeschehen mit Partnern zu früheren autoerotischen Erlebnissen, meist solchen aus der Zeit, in der sie die Volksschule besucht haben.

Bei Männern tauchen Gruppenerlebnisse aus der Pubertät auf. Auch sie sind als autoerotisch zu entschlüsseln; selbst wenn der beste Freund „Hand anlegt", findet Beziehung nicht (oder nur

22

selten) statt. Intimität zwischen Männer beschwört sofort die Gefahr herauf, als homosexuell und daher nicht männlich genug stigmatisiert zu werden.

Frauen werden von klein auf zur „Beziehungssucht" angeleitet, Männer zu beziehungslosem Corpsgeist; wenn man(n) sich überhaupt beziehen soll, dann auf den „Führer". So werden beide Geschlechter klein und kindlich gehalten. Groß sein, Zeit und Raum und damit Gestaltungsmacht (und Sexualität!) beanspruchen, das dürfen nur die Vaterfiguren.

Mädchen werden noch immer auf „süße kleine Hausfrau" getrimmt, Burschen auf „Familienernährer" – auch wenn steigende Scheidungsziffern zeigen, daß die in Märchen, Lesebüchern, Filmen und der TV-Werbung propagierten Modelle noch lange nicht garantieren, daß heiratsbeflissene Frauen und Männer „ihre Rollen spielen" können. Ganz im Gegenteil: Immer mehr Frauen sind diejenigen, die allein Mutter-Kind-Familien ernähren oder auch erwerbslose Männer dazu. Und „hinter der erfolgreichen Frau steht" – wieder eine Frau, kaum ein Mann: meist die eigene Mutter, oft bezahlte Haushaltshilfen. Fürsorglich aufmerksame Hausmänner müssen sie wohl oder übel entbehren; der „dienende Mann" hat seit der Zeit der Minnesänger „ausgedient".

Demgegenüber gibt es Männer, die unter „Kontaktsuche" inserieren: „Devoter Haussklave sucht Domina...". Nur – die Rolle „devoter Haussklave" wird inszeniert, sie gehört nicht zu den Stereotypen der Geschlechtsrollen, höchstens zu den „abweichenden" Sexualpraktiken. So schrieb ich 1989 in meinem Beitrag „Der Mythos vom weiblichen Masochismus" zu Peter Huemers Essayband „Unterwerfung. Über den destruktiven Gehorsam": „Er darf spielen. Ob er nun Frau spielt, Sklave oder Held – auch so darf man ja seine Angst vor Hilflosigkeit, Unterlegenheit oder Tod bearbeiten –, er kann sich immer darauf verlassen, in der wirklichen Welt männlicher Dominanz zu begegnen."[5] Der „masochistische" Mann holt sich seine Erregung über diese besondere Form der Selbstdarstellung, genießt aber dennoch die Privilegien seiner sozial bevorzugten Geschlechtsgruppe; was als weiblicher Masochismus bezeichnet wird, ist meiner Ansicht nach eine unzulässige Übertragung eines Phänomens männlichen Verhaltens auf Frauen, die jahrhundertelang keine andere Wahl hatten, als zu dienen und zu leiden.

Der „kräftig zupackende" Homo faber „vergreift" sich an Frauen und Kindern eher als Gewalttäter, als daß er seine Stärke konstruktiv anwenden würde. Dazu muß schon eine besondere Belohnung locken: die Aussicht auf extraordinären Geschlechtsverkehr oder Applaus einer beobachtenden Männerrunde.

Kind sein

Kaum jemand assoziiert Sexualität mit der eigenen Kindheit. Dabei beginnt sie mit dem ersten Atemzug.

Wir können nicht „nicht sexuell" sein, formuliere ich gerne in Anlehnung an Paul Watzlawick, von dem der Satz stammt: „Wir können nicht nicht kommunizieren". Denn einfach durch die Tatsache, daß wir männlich oder weiblich sind, sind wir sexuell bestimmt. Damit befinden wir uns in einem Spannungsfeld zwischen dem, was wir selber entdecken (wer und wie wir sind) und dem, was uns gesagt wird (wie uns andere erleben oder wie wir sein sollen).

Schon in der Wiege ist das Kleinstkind vor solchen Zuschreibungen nicht sicher. Kaum erblickt das glückstrunkene Großmutterauge himmelblaues Feinstrick, läuft der count down der Programmierung zum Helden (oder Antihelden). Allein der Satz „Ganz der Papa!" birgt ungeahnte selbsterfüllende Prophezeiungen.

Mädchen müssen traditionellerweise den „Glanz im Auge der Mutter" mehr entbehren als Knaben[6].

Die Frustration, zu erleben, daß sie gegenüber den Jungen benachteiligt werden, trifft selbst die Töchter feministisch gebildeter Mütter, die versuchen, keine Geschlechtsrollenunterschiede aufkommen zu lassen. In jedem Park, in jedem öffentlichen Verkehrsmittel lauern die Seelenvergifter mit ihren Unkenrufen.

24

So treten der kleine Mann und die kleine Frau schon von Anbeginn ihres Erdendaseins in ein Klima von Willkommensein oder Kritik, von Akzeptanz oder blanker Ablehnung, und unbewußt wird sich dadurch ihr Selbstwertgefühl nicht oder doch entwickeln können. Je nach den Sätzen, die gesprochen werden, je nach den Gedanken, die dem Verhalten Bedeutung geben und die nonverbal durch Mimik, Gestik, aber auch durch die Neurotransmitterausschüttung – die „Ausstrahlung" – kommuniziert werden, wird das Kind lernen, entweder sich selbst als Individuum oder sein Geschlecht als Ganzes positiv oder negativ zu bewerten. Später beobachtet das Kind am Beispiel seiner Eltern, Großeltern, Nachbarn, daß Männer sich anders verhalten als Frauen. Es lernt die Spielregeln seiner Familie, seiner Sozialschicht, seiner Region, seiner Konfession, seiner Kultur. Möglicherweise fällt ihm auf, daß Gleichheit beschworen, Herrschaft hingegen ausgeübt wird, und möglicherweise stellt es für sich fest, daß da etwas nicht stimmt, wenn Männer zu Männern anders sind als zu Frauen. Möglicherweise findet es aber auch alles in Ordnung so. Kinder neigen ja, wie Alice Miller so treffend festgestellt hat[7], dazu, das Verhalten ihrer nächsten Bezugspersonen – und seien die noch so unausstehlich – zu entschuldigen und zu verteidigen.

Zeit der Gier

Ein Augenblick der Geduld kann vor großem Unheil bewahren, ein Augenblick der Ungeduld ein ganzes Leben zerstören.

Chinesische Weisheit

Nun ist also ein Kind glücklich und ohne gröbere Unglücksfälle zur Welt gekommen und hat vollauf damit zu tun, zu lernen, die milchspendende Brustknospe zu schnappen (oder den Sauger des Fläschchens), um sich zu „stillen": nicht nur den Hunger und das damit verbundene quälende Unruhegefühl, sondern auch den Hunger nach Hautkontakt, Nähe, Umsorgtsein, Zuwendung, Friede, Befriedigung.

In dieser ersten Phase der „psychosexuellen Entwicklung", der sogenannten „oralen Phase", ist es die Mundschleimhaut, die mit Libido, d. h. auf Lustgewinn gerichteter Triebenergie, besetzt ist. Das psychosexuelle Erleben des Kleinkindes ist auf Lustgefühle im Bereich des Mundes, der Mundhöhle, der Speiseröhre, des Magens konzentriert. Kommt etwas in den Mundbereich, beginnt das Kind bereits „gierig" daran zu saugen – und sobald es halbwegs zupacken kann, wandert alles Erreichbare in den Mund.

Unter dem Blickwinkel des Bezugs zur Zeit könnten wir pointieren: In dieser Entwicklungsphase geht es einerseits darum, schnell Befriedigung zu erlangen, andererseits aber auch darum zu lernen, immer ein klein wenig mehr warten zu können.

Ist die Mutter in der glücklichen Lage, hinreichend stillen zu können, wird sie erfahren, wie ihr auf das Schreien des Kindes die Milch „einschießt" und eine Körperempfindung in den Brüsten ausgelöst wird, die als Spannung zwischen Lust und Schmerz bezeichnet werden kann. Viele Frauen wehren diese Erfahrung ab: Sie finden sie zu „erotisch" und daher unpassend für die Mutter-Kind-Idylle, wie sie sie von Madonnenbildern kennen. Sie fühlen sich durch die (ungeahnte) sexuelle Komponente der Mutterliebe verunsichert: als ob Empfindungen verspüren und Gefühle bekommen auch hieße, alle Phantasien sofort in Aktion umsetzen zu müssen.

Genau diese Empfindungsreaktion verbindet die stillende Mutter mit dem der Brust trinkenden Kind: Wenn die Mutter durch ihr Verhalten vermitteln kann, daß – und wie – es möglich ist, drängende Triebimpulse auch nur den Bruchteil einer Sekunde vertrauensvoll zu ertragen, lernt das Kind Geduld. Es lernt, sich einer Körperempfindung, einer Ahnung, hinzugeben, in der Gewißheit, daß sich diese auch ohne blindwütiges Agieren – und ohne Zentrierung in bestimmte Körperteile oder Organe – friedlich im gesamten Organismus verteilen und damit Frieden herstellen kann.

So wird ihr Kind „Urvertrauen" lernen können. Es wird mit seiner in diesem Alter spezifischen ganzheitlichen Wahrnehmung mitbekommen, daß da „etwas" vorfällt: daß eine Reaktion und ein Handlungsimpuls auftreten, daß diese aber weder ausgeführt noch unterdrückt, sondern einfach angenommen, „ausgehalten" werden. Und je öfter es diese Form der Reizverarbeitung erlebt, desto eher wird das Fundament für späteres Erdulden- wie Genießenkönnen gesichert.

Durch das Nuckeln verändert sich das Gehirnstrommuster: Die Frequenz wird niedriger, es tritt eine deutliche Synchronisation der EEG-Muster der beiden Gehirnhälften auf. Die dadurch hervorgerufene „Harmonisierung" der elektrischen Wellen beider Gehirnhemisphären bewirkt eine Balance von Spannung und Entspannung, ein Gefühl der Befriedigung und Lust.

Diese Freudenrhythmen – der Name „pleasure rhythms" stammt von Myslobodsky – treten bei allem lustbetonten Tun auf. Die Neurophysiologin Annette Bolz erwähnt in ihrem Buch „Sex im Gehirn" in diesem Zusammenhang außer dem Nuckeln an Babyflaschen auch das Lutschen von Bonbons und das Zigarettenrauchen. EEG-Untersuchungen ergaben, daß diese lustspezifischen Hirnstrommuster sofort verschwanden, wenn man dem Kind das Fläschchen entzog. Dagegen konnten auch andere Zuwendungen wie Streicheln, Küssen, Anlächeln oder in den Arm nehmen die Lustwellen auslösen.

Derartige „pleasure rhythms" treten später auch bei gezielten sexuellen Aktivitäten, ja sogar schon beim Anblick des Gesichts der oder des Geliebten auf[8].

Dank der Zärtlichkeit bei der „Wartung" durch die Bezugspersonen der frühesten Kindheit lernt das Kind also „warten": Es verspürt ja die Sicherheit, daß es „erwarten" kann, daß es in nächster Zukunft bekommen wird, was es braucht.

Ich fand in der psychotherapeutischen Arbeit mit Menschen, die später zu Suchtverhalten neigten, daß sie in dieser Phase ihrer Entwicklung entweder zu sehr verwöhnt oder zu sehr vernachlässigt worden waren. Ich schließe daraus: Wenn Kinder diese

Dehnung der Wartezeit, abgesichert durch die zärtlich beruhigende Stimme der Mutter, nicht erleben können, weil die Mutter (oder eine sonstige Pflegeperson) auch bei fortschreitendem Alter des Säuglings vermeinte, es immer sofort bedienen zu müssen, lernen sie das vertrauensvolle Abwarten nicht; ebensowenig beim Gegenteil, wenn keine Reaktion auf die Hungersignale des Kindes erfolgt. Dann resigniert das Kind und verstummt. Derartige Erinnerungen habe ich z. B. in den Biographien von Klienten und Klientinnen gefunden, die sich während der Feldarbeit ihrer bäuerlichen Eltern die Seele aus dem Leib schrien und es irgendwann aufgaben, andere Menschen „erreichen" zu wollen, und bei Menschen der Geburtsjahrgänge Ende des Zweiten Weltkriegs und knapp danach: Da waren die nächsten Familienangehörigen wohl nicht da, auf Hamstertouren unterwegs, oder mit dem Wegräumen von Schutt beschäftigt.

Was bleibt, ist der Hunger: das brennende Gefühl der Unterzuckerung – und ein Glas Wein hebt den Zuckerspiegel halt am schnellsten wieder an. Und dann der Schokoriegel. Oder ein Likörbonbon, das bietet beides. Nur: zärtlich mit sich selber umgehen, sich selbst gut und gesund zu versorgen, sich selbst eine „gute Mutter" sein, lernt man so nicht. Man bleibt abhängig und unreif wie ein Säugling, randaliert, wenn nicht sofort das (Alkohol)Fläschchen greifbar ist (oder ein weiblicher Busen) – oder zieht sich verbittert, beleidigt, apathisch, je nachdem, (an die Hausbar) zurück.

„Recht geschieht meiner Mutter, wenn ich mir die Finger abfriere, warum gibt sie mir keine Handschuhe!" ätzt bei solchem Verhalten der Volksmund. Selbstschädigendes Verhalten ist oft als Strafe für andere gedacht. Schade für die Bedürftigen.

Zeit des Widerstandes

Gegen Ende des ersten Lebensjahres hat sich die Muskulatur des Kindes so weit gekräftigt, daß es sich bereits aufrecht halten kann. Es beginnt zu gehen – und damit auch fortzulaufen. Es kann kräftig zupacken – und zubeißen.

Etwas später beginnt es, die Möglichkeiten seiner Stimmbänder zu erproben: Es formt Worte.

Psychosexuell tritt das Kind nach der oralen, der „Mund"-Phase, etwa gegen Ende des zweiten Lebensjahres in die „anale" Phase ein. Jetzt ist es die Afterschleimhaut, die mit Libido besetzt ist: Das Kind entdeckt die Kraft seiner Schließmuskeln und die Lust am Zurückhalten. Das ist auch die Zeit, in der Kinder von selber „rein" werden. „Ich brauche keine Windeln mehr!" wird dann oft von einem Tag auf den anderen in wohlgesetzter Rede angekündigt – und bewiesen!

Daß Reinlichkeitsdressur (vor allem vor diesem Alter) sinnlos ist, hat sich leider noch immer nicht überall herumgesprochen, obwohl die psychoanalytische Forschung immer wieder aufzeigt, wie sehr dadurch die „Offenheit" und „Flexibilität" derart gequälter Menschen zerstört wird: Durch den Zwang, sich einerseits „zurückzuhalten" und andererseits auf Befehl hergeben zu sollen, werden Menschen zum Geizen erzogen.

Aufmachen und Zumachen im rhythmischen Wechsel ist dem Kind erst möglich, wenn es vaskomuskulär dieses Reifestadium erreicht hat. Dann aber wird es mit Wonne zurückhalten und – trotzen! Daher sprechen wir von dieser Zeit auch als dem „ersten Trotzalter". Denn mit der Beherrschung der Muskulatur ist auch das Training des eigenen Willens verbunden. Dieses Trotzen ist daher kein Anzeichen künftiger moralischer Verderbtheit, sondern ein notwendiges Übungsverhalten.

Unter dem Blickwinkel des Bezugs zum Raum, den wir ja mit anderen teilen, könnten wir folgendes formulieren: In der oralen Phase besteht die Lernaufgabe des Säuglings darin, seinen Innenraum rhythmisch auf- und zuzumachen und diese Rhythmen zu verlangsamen. Mit zunehmendem Alter lernt es rhythmisch, den Außenraum zu entdecken: Es wippt, schaukelt, läuft fort und kehrt zurück, greift und läßt los, hält zurück und läßt fließen, schaut an und wieder weg und ist überhaupt viel mehr in Bewegung, als es besorgten Pflegepersonen lieb ist.

Unter dem Blickwinkel des Bezugs zur Zeit könnten wir sagen: In dieser Entwicklungsphase geht es darum zu lernen, innezuhalten, stehen zu bleiben, Widerstand zu leisten und dann wieder in Bewegung zu kommen, loszulassen. Es geht auch darum, Grenzen wahrzunehmen: die eigenen – „Mag's nicht!" – und die der anderen, wenn es heißt: „Laß das! Du tust mir weh!"

Diese Grenzen zu setzen, verabsäumen manche Eltern, die meinen, antiautoritäre Erziehung hieße, auf jegliche Beeinflussung des Kindes zu verzichten. Sie verzichten damit darauf, dem Kind wesentliche Informationen und auch Halt zu geben.

In der analen Phase beginnt das Kleinkind, klitzekleine Ansätze von Ich-Stärke zu entwickeln und sollte darin auch gefördert werden; das ist sein Recht gegenüber seinen Fürsorgepflichtigen. Daher braucht es auch Informationen, wo seine Experimente andere beeinträchtigen, schädigen, verletzen. Es braucht Struktur: Sein Freiraum muß klar erkennbare Grenzen haben. Unstrukturiert, chaotisch ist das Kind selber, und es dauert lange, bis ein Mensch so viel Überblick, Größe und auch Gewissen hat, sich selbst Strukturen zu erarbeiten.

Das Kind muß „ankommen" können. Es muß körperlich und seelisch spüren, wo der oder das andere, wo der Widerstand der anderen beginnt. (Wir kennen doch auch das unangenehme Gefühl, wenn wir mit jemandem sprechen wollen und unsere Worte „ins Leere fallen"! Und wir wissen, wie schwer es ist, die richtige Mitte zwischen hartem Abblocken und vagem Ausweichen zu finden!) Daß das Kind über Widerstand nicht erfreut sein wird, sondern massiv ärgerlich, daß es „analen Zorn" ausdrücken und damit zeigen wird, daß es seinen Widerstand gegen den Widerstand der Erwachsenen zu setzen wagt, ist eigentlich logisch. Kleine Kinder sind noch sehr mutig.

Leider halten aber viele Eltern die Formen des kindlichen Widerstandes nicht aus. Sie glauben, ihn um jeden Preis brechen zu müssen. Sonst, so meinen sie, wäre ihre Autorität bedroht. Und genau diese Reaktion ist autoritär, Beweis einer unsicheren Scheinautorität. Die einen schreien und schimpfen, andere schlagen. Manche foltern direkt. Eine weitverbreitete Form der Folter besteht im Verpassen von Einläufen, wenn das Kind nicht regelmäßig und nach den Wünschen der Erziehungsberechtigten seinen Darm entleert: eine klassische Verletzung der körperlichen wie der seelischen Integrität, eine anale Vergewaltigung.

„Hat es mir nicht geschadet, wird es dir auch nicht schaden!" lautet dann das Credo, mit dem sie ihre Gewalt gegenüber ihren protestierenden, weinenden Kindern rechtfertigen. Die wenigsten erkennen, daß eben diese Grausamkeit, dieses mangelnde Mitgefühl, beweist, wie sehr ihnen selbst einst geschadet wurde.

„Mir tut es ja selbst am meisten weh!" beschwören sie dann Solidarität, wenn sie ihre Kinder runtermachen und demütigen, „aber ich muß das einfach tun!" Ich stelle dann immer die Zauberfrage: „Wer zwingt Sie dazu?" Da halten sie dann meist inne und beginnen erst nachzudenken, um draufzukommen, daß es ihre verinnerlichten Elterninstanzen sind, denen sie wieder einmal blind gehorchen wollten, ohne zu hinterfragen, ob deren Erziehungsmethoden wirklich so gut und zielführend waren. Ob nämlich das Ziel war, das Kind in seiner individuellen Entwicklung zu unterstützen oder es auf die Façon der Eltern „zurechtzubiegen", egal, wie seelenverkrüppelt diese selber sind.

Wir lehren unsere Kinder
   zu sagen, was sie nicht denken
   zu verleugnen, was sie fühlen
   zu verdrängen, was weh tut
   zu übersehen, was wesentlich ist
und sind auch noch stolz darauf,
wenn sie uns mit der Zeit immer ähnlicher werden.

Maria Sukup, „Vorbilder"

Oft können sich solche Eltern dann auf einmal an ihre eigene Kindheit erinnern, an ihre eigenen Gefühle, die sie hatten, als ihnen ihre Kleinheit und Abhängigkeit schmerzlichst vor Augen geführt wurde – und wie sehr ihr (seelisches und oft auch körperliches) Wachstum zu aufrechten und aufrichtigen Menschen dadurch behindert wurde.

Die Gesellschaft – und das sind wir! – profitiert sehr von Menschen, die in dieser Phase ihrer psychosexuellen Entwicklung zurechtgebogen wurden: Sie stellen später einen Großteil der Workaholics – etwa Politiker und andere Führungskräfte –, die vierzehn und mehr Stunden am Tag arbeiten, die sich selbst (und vor allem auch den Menschen, die mit ihnen gerne das Leben genießen würden) nichts oder zumindest nicht viel gönnen, was „nur" Spaß macht und nicht auch nützlich ist. Sie zeichnen sich durch großes Verantwortungsbewußtsein gegenüber Pflichten aus – und vernachlässigen nur eine Pflicht, die aber gründlich: die gegenüber ihrer eigenen Gesundheit.

Gesundheit bedeutet Lebendigkeit und damit Wechsel, Wandel und Wachstum.

So wie es einen körperlichen Stoffwechsel gibt und geben muß, Einatmen, Ausatmen, Anspannung, Entspannung, oben rein, unten raus – und wir alle wissen, welch Alarmsignal eine Stoffwechselstörung bedeutet –, so brauchen wir auch einen seelischen und einen geistigen Stoffwechsel: Wir müssen immer wieder überprüfen, was hinreichend „verdaut" wurde, was bereits zur Ausscheidung fällig ist.

„Wer was los läßt, hat die Hände frei für was Neues" lautet eine chinesische Weisheit.

Sich nicht nur körperlich, sondern auch seelisch und geistig von Überholtem zu trennen, fällt gerade jenen Menschen schwer, die in der Widerstandsphase ihrer Entwicklung fixiert sind. Sie werden dann oft als stur und unflexibel erlebt, als starrsinnig und unbeugsam, sie neigen mit Vorliebe dazu, treue Anhänger ebensolcher Ideologien zu sein und suchen in entsprechenden Verbänden starre Gruppenspielregeln und Geschlossenheit, Zusammenhalt.

Jeder Aquariumsbesitzer weiß, daß Fische eingehen, wenn nicht von Zeit zu Zeit das Wasser gewechselt wird: Die Fische sterben an ihren eigenen Ausscheidungsprodukten. Und wer schon einmal an einem überfüllten Magen oder Darm, einer Verstopfung, gelitten hat, weiß das Wohlgefühl der Entleerung zu schätzen. Es liegt an uns, auch in anderen Bereichen auf diesen Stoff-Wechsel zu achten: auf Reizüberflutung Zeiten der Ruhe folgen zu lassen, auf Lärm Stille, auf Dichte Leere – und auch im Beziehungsgeschehen für Fastenzeiten zu sorgen.

Menschen, die als Kinder in dieser Phase, also etwa zwischen dem zweiten und dritten Lebensjahr, keine Rückzugsmöglichkeiten erproben durften, sich nie auch nur ein wenig von ihrer Aufsichtsperson entfernen durften, haben meist Schwierigkeiten, einen Anspruch auf Alleinsein bei anderen – und erst recht bei sich selbst – zu erahnen oder zu respektieren.

Sie sind die klassischen „braven" Kinder, die „funktionieren". Sie arbeiten und merken nicht, wann sie dringend Mußestunden bräuchten, lassen sich einteilen und merken nicht, oder viel zu spät, wenn ihre Grenzen verletzt werden, horchen und gehorchen, „lassen sich etwas sagen" und werden dafür gelobt und weiter ausgebeutet. Geliebt werden sie nicht. Dazu sind sie als „ganze" Persönlichkeiten mit Schwächen, mit Ängsten, mit Verletzbarkeiten viel zu wenig spürbar. All diese Eigenschaften versuchen sie zu verbergen, denn diese sind es, die die Gefahr von Kritik und Ablehnung in Erinnerung bringen. Den anderen macht ihr Strebertum Angst. So bemühen sich diese Kinder weiter und weiter um Anerkennung und Bestätigung, bekommen sie aber nicht; Gleichgesinnte wittern Konkurrenz, Andersdenkende fühlen sich durch den spürbaren Ehrgeiz bedrängt. Nur im Berufsleben, da werden sie dann als „Helden der Arbeit" den anderen als Vorbild präsentiert.

Zeit des Raumgreifens

In der dritten Phase der psychosexuellen Entwicklung, der „phallischen" (benannt nach dem antiken Fruchtbarkeitssymbol und -gott „Phallus", dargestellt durch das stolz aufgerichtete männliche Glied), üben Kinder Selbstdarstellung.

Jetzt be-greifen sie ihr Geschlecht nicht nur, sondern nehmen es wahr: Es fällt ihnen der Geschlechtsunterschied zwischen ihnen und anderen auf, sie beginnen zu fragen und schaffen damit so manche „peinliche" Situation.

„Schau, Mammi, wie weit ich pinkeln kann!" ist Freude über eine soeben entdeckte Fähigkeit – und kein Anzeichen, daß hier ein künftiger Exhibitionist heranwächst. Der nämlich „verdankt" seine Fixierung auf diese kleinbubenhafte Selbstpräsentation vor allem den Reaktionen seiner Bezugspersonen, wenn sie auf die natürliche Zeigelust dieses Alters mit demütigenden Schimpfkanonaden oder verführerischen Anfeuerungssprüchen antworten; dann kann die Folge sein, daß ein Leben lang immer wieder diese Reaktionen gesucht werden...

Ich habe in der psychotherapeutischen Arbeit mit Männern, die wegen Exhibitionismus auffällig geworden waren, immer wieder diese zwei Motive gefunden. Entweder waren sie in die Idee vernarrt, Frauen wollten ihre Hosenpracht sehen: „Ich wollte ihr doch nur eine Freude machen!", „Ich wollte ihr doch nur zeigen, wie sehr sie mir gefällt!" – welch tragisches Zeugnis von Sprachlosigkeit! –, oder sie erkannten mit Ernüchterung, daß es die Abfolge von Schock, Verwirrung und Empörung war, die zur Inszenierung ihres Schau-Spiels gehörte.

Dem kleinen Kind ist die Erotik der Situation der Entblössung noch fremd: das kleine Mädchen, das sein Röckchen hebt, der kleine Bub, der seine Hose runterläßt, sie erleben die Freude an ihrem eigenen Körper und erwarten, daß diese geteilt wird. Was sie – bei sich selbst ebenso wie bei anderen – nicht erwarten, sind schwülstige Gefühle; die kommen erst mit der Zeit der Ausschüttung der Geschlechtshormone: Erst dann, erst in der Zeit der Pubertät, lädt sich der Körper bei Konfrontation mit derartigen Reizen bioelektrisch auf, macht sich paarungsbereit.

Was sie aber leider nur zu oft erwartet, sind schwülstige Gefühle der anderen: Gerade in dieser Phase sind Mädchen oder Knaben besonders in Gefahr, sexuell ausgebeutet zu werden. „Komm, laß mich dich genauer ansehen!", „Laß mich angreifen!" oder „Ich hab' auch so was, schau einmal her!", „Greif meines an!" lautet nur zu oft die Verführung pädosexueller Erwachsener. Manche von ihnen meinen im Ernst, damit einen Beitrag zu progressiver Sexualerziehung zu leisten[9]. Andere fühlen sich selbst „gleich" und kommunizieren so von Dreijährigem zu Dreijährigem; sie sind psychosexuell auf diese Altersstufe fixiert. Und wiederum andere mißbrauchen die Macht der Erwachsenen – sie beuten die Sexualität des Kindes für ihre eigene Sexuallust aus.

Handlungen an sich geschehen zu lassen, die das Kind nicht kennt und die es daher auch nicht dahingehend beurteilen kann, ob es sie will oder nicht, kennzeichnet das „brave" Kind. Einem Kind beigebracht, wenn nicht eingebläut, zu haben, daß es Erwachsenen zu gehorchen habe, gilt noch immer als erfolgreiche Kindererziehung. Erlebt das Kind in dieser Entwicklungsphase Ablehnung seiner Freude am eigenen Körper, wird es ihm später schwerfallen, sich selbst zu mögen. Es hat gelernt, daß „das da" unanständig ist, „pfui!". Es wird sich später als „Klemmi" selbstdarstellen.

Erlebt es Ausbeutung, wird es lernen, daß Ausbeutung normal ist. Lebt es die Täterrolle, wird es dazu neigen, andere mit unerwünschter Selbstdarstellung seiner Geschlechtlichkeit zu belästigen. Lebt es die Opferrolle, wird es möglicherweise nicht einmal merken, daß es *das* nicht will, oder es wird sich nicht zu wehren wissen, oder es wird nicht wagen, *Nein* zu sagen, auch wenn es genau weiß, daß es *das* nicht will.

Wie denn auch?

Wir alle lernen an Vorbildern: den Bezugspersonen der frühen Kindheit und an den Vor-Bildern der audiovisuellen Medien. Wir lernen durch Übung. Und wenn wir Lob erhalten, motiviert uns das zu Wiederholungen und damit zu noch mehr Übung. Ein

Modell des Ungehorsams, des Widerstands gegen Erwachsene, werden Eltern kaum mit ihren Kindern einüben. Wie sollten sie auch, wenn sie selbst keines haben?

Nun haben Kinder aber noch feine Antennen: sie „wissen", was ihre Bezugspersonen von ihnen erwarten. Z. B. keinen Verdruß machen, z. B. stillhalten, z. B. schweigen. Damit ist der innerseelische Konflikt vorprogrammiert: Wenn ein Kind kein Vertrauen haben kann – sich niemandem anvertrauen kann, wenn ihm etwas zugestoßen ist, worauf es nicht vorbereitet war und sich daher nicht selbst behaupten konnte; wenn es weiß, daß nur Strafaktionen folgen, wenn es spricht und damit den Erwartungen nicht entspricht, wie unrealistisch diese auch sein mögen; dann wird es versuchen, das alles zu verbergen, zu vergessen und so ungeschehen zu machen.

Es ist zu klein, um Verantwortung zu übernehmen – oder von anderen einzufordern.

Im Denksystem kleiner Kinder genügt es, den Kopf unter dem Kissen zu verstecken, um zu beweisen: „Ich bin nicht da!"

Dieses Denksystem finden wir auch bei vielen Erwachsenen, die wähnen, es sei alles gelöscht, wenn sie nur dafür sorgen, daß niemand etwas erfährt, und sie alle Spuren verwischen.

Aus Untersuchungen wissen wir, daß Personen, die sexuelle Übergriffe auf Kinder oder Jugendliche begehen, großteils wiederholen, was ihnen selbst angetan wurde: Sie handeln im Wiederholungszwang, sie sind „fixiert".

Fixierung bedeutet: die Zeit ist stehengeblieben. Weiterentwicklung hat nicht stattgefunden – oder nur unzulänglich.

Und so exhibieren manche Menschen unaufhörlich, offenbaren nicht in der intimen Begegnung die Besonderheiten ihres Leibes, sondern präsentieren ihre Leiblichkeit – Weiblichkeit oder Männlichkeit – jedem und jeder, auch wenn diese das gar nicht wollen. Scheinbar sublimiert, „veredelt", finden wir dieses Verhalten oft auf der Showbühne: mit dem Mikrophon (auch einem Phallussymbol) in der Hand, ist es heutzutage nicht nur erlaubt, sondern sogar hochbezahlt, das Becken kreisen zu lassen oder Höschen ins Publikum zu werfen. Andere wiederum benützen das Phallussymbol Federkiel, um in wöchentlichen Kolumnen ihre eigene Geschlechtlichkeit – oder das, was sie dafür vorgeben – zu präsentieren.

Sieht man sich ihre Biographien näher an, entdeckt man eine Unzahl nicht verarbeiteter, verdrängter oder umgedeuteter Verletzungen: Traumata wie sexuelle Mißhandlungen in der Kindheit oder in späteren Partnerschaften, mißglückte Schwangerschaften oder Operationen; narzißtische Kränkungen wie Untreue oder andere Bevorzugungen von Konkurrenten.

Wenn Popstar Michael Jackson sexueller Übergriffe auf minderjährige Buben beschuldigt wird und seine Schwester La Toya[10] ihren Vater ähnlicher Missetaten bezichtigt, drängt sich der Gedanke an Wiederholungszwänge auf. In ihrer Biographie schreibt La Toya Jackson, daß in ihrer Familie „elterliche Liebe von Kriterien wie der Anzahl verkaufter Platten oder der Bereitschaft zur ewigen Kindheit abhängig" gemacht wurde. So bekommt der Griff an den Schritt bei Michael Jacksons Showauftritten eine ganz andere Bedeutung als bei Mick Jagger: Symbolisiert letzterer den sexuell aggressiven Sexmaniac, wirkt ersterer wie ein unsicher tastender Knabe. Diese Präsentation als ewiger Jüngling wird auch durch den nach zahlreichen Gesichtsoperationen (teuer bezahlten Verstümmelungsaktionen, um sich selbst endlich mögen zu können) hervorgerufenen maskenhaften Ausdruck seines Gesichtes verstärkt.

Immer und immer wieder, wie wenn die Zeit stillstünde, vollführen derart benachteiligte Menschen ihre Rituale, bezahlt oder unbezahlt, als Profis oder Amateure. Sie wollen Raum für sich, Reviere, Spielwiesen, Bestätigung, Applaus; andere werden dann oft rücksichtslos weggedrängt oder zumindest eingeschüchtert, wenn diese auch ein wenig Raum für sich in Anspruch nehmen wollen. Wie andere Süchtige auch, leiden diese Applaussüchtigen unter Entzugserscheinungen, wenn nicht auf sie geblickt wird.

Was sie in der dafür vorgesehenen Zeit nicht gelernt haben, ist, ihr Verlangen und ihre Bedürftigkeit nach Zuwendung auszusprechen und – darauf zu warten.

Zeit des Zurückstehens

Der nächste Entwicklungsschritt ist ein kleiner, aber umso schmerzhafterer: vom Drang zur Selbstpräsentation und Reviermarkierung zum Erkennen und Annehmen von Unzulänglichkeiten und der Notwendigkeit, zu wachsen – und wieder – zu warten. Diese sogenannte „ödipale" Phase ist dadurch gekennzeichnet, daß das kleine Mädchen, der kleine Junge – so zwischen vier und fünf Jahren – erkennt, daß die Eltern ein Paar sind. Neid kommt auf, Rivalität. Das Kind versucht, den Platz des gleichgeschlechtlichen Elternteiles einzunehmen: „Ich heirate Pappi!", „Ich heirate Mammi!" Anders formuliert: „Ich will *zwischen euch!*" Diese Zeit bedeutet wohl den Prüfstein für jede Elternpartnerschaft – zu groß ist für viele die Verlockung, mit dem Kind in eine Koalition gegen den anderen Elternteil einzutreten! Oft schieben Mutter oder Vater die Notwendigkeit, mit dem Mann oder der Frau Konflikte zu bearbeiten und zu bereinigen, weg, und wählen statt dessen die Alternative, das zärtlich anschmiegsame Kind zu Herzen zu nehmen – „Du, mein Liebling, verstehst mich halt!" – und auf den trotzenden, flüchtenden oder randalierenden – ebenso kindlichen! – Partner zu schimpfen: „Dein Vater, der Schuft, kommt schon wieder nicht nach Hause und treibt sich in den Wirtshäusern herum!" Verständlich, ist er doch aus der Mutter-Sohn-Idylle ausgeschlossen.
Oder umgekehrt: Pappi nimmt sein Töchterlein auf den Schoß und inszeniert mit ihr „Trautes Heim – Glück allein", mit oder ohne inzestuöse Färbung. „Deine Mutter hat ja keine Zeit für mich!" Warum sie keine hat – ob das vielleicht an seiner mangelnden Mithilfe im Haushalt und bei der Kinderpflege liegt – hinterfragt der Göttergatte nicht.
Die klassische Psychoanalyse hat aufgezeigt, wie wichtig es für

die Identitätsbildung eines Kindes ist, aus der Liebe zum gegengeschlechtlichen Elternteil die Motivation zu ziehen, so zu werden wie der gleichgeschlechtliche: „Weil du, geliebter Vater, meine Mutter liebst, will ich so werden wie sie!", „Weil du, geliebte Mutter, meinen Vater liebst, will ich so werden wie er!" Voraussetzung ist allerdings, daß sie oder er auch als Vorbild taugt!

So bin ich in der psychotherapeutischen Arbeit mit homosexuell liebenden Männern immer wieder auf Väter gestoßen, die in dieser wichtigen Entwicklungsphase entweder nicht präsent, manchmal auch real nicht vorhanden waren, oder so brutal, so sadistisch, so starrsinnig, daß ihre leidenden Söhne die Identifikation mit der Mutter wählten. Wie weit sich andere Söhne solcher Väter dennoch mit ihnen identifizieren konnten, selbst so grausam oder sadistisch wurden, kann ich nur ahnen – derartige Brutalos kommen offensichtlich nicht in Therapie; ihnen geht es – zumindest oberflächlich – gut. Es sind ihre Angehörigen, die leiden. Bei homosexuell liebenden Frauen fand ich analog die Verbundenheit mit einem sensiblen Vater gegenüber einer hartherzigen, unzufrieden nörgelnden Mutter.

Es ist mir wichtig, darauf hinzuweisen, daß dies Beobachtungen aus einer Summe von Einzelschicksalen sind, die Hinweise geben, Erklärungsmodelle nahelegen, aber keine Dogmen darstellen sollen.

Die systemische Familientherapie wählt gegenüber der Psychoanalyse einen anderen Blickwinkel. Ihr geht es nicht um Identifikationsziele, sondern um Funktionen: die Funktion der Elternzweisamkeit ist es, Kinder zu behüten, zu versorgen und anzuleiten. Übernimmt ein Kind die Position eines Elternteiles, wird es überfordert: Es tritt zu früh in diese Verantwortlichkeit. Der zum – unverantwortlichen oder verantwortungslosen – Kind herabgeminderte Elternteil wird bestenfalls bemuttert, bevatert, schlimmstenfalls verachtet.

Übernimmt das Kind noch dazu die Position der Geliebten, des Liebhabers, wird die Entwicklung seiner eigenen, selbstbestimmten Sexualität behindert, wenn nicht gar verhindert.

VOR DER ZEIT

Jede Entwicklung hat ihre optimale Zeit und ihre optimale Dauer.

So wie schon in der Schwangerschaft jedes Organ in einer bestimmten Zeit gebildet werden soll und, wenn dieser Zeitpunkt versäumt wird, fehlt oder mißgebildet ist, so kann auch nach der Geburt beobachtet werden, daß jede Fähigkeit zu ihrer Zeit erarbeitet werden will.

„Kinder, die ihre Entwicklungs- und Reifeschritte nicht kontinuierlich vollziehen können, geraten oft aus dem seelischen Gleichgewicht", schreibt Ruth Martin[11]. Aus meiner therapeutischen Erfahrung korrigiere ich: Sie fallen *immer* aus dem seelischen Gleichgewicht – nur wird es oft nicht bemerkt, verleugnet oder nach eigenem Belieben umgedeutet.

In klassisch-psychoanalytischer Sicht folgt auf die ödipale Phase mit ihrer Rivalität gegenüber dem gleichgeschlechtlichen Elternteil und – nach Erkenntnis der eigenen Kleinheit und Machtlosigkeit – der Identifikation mit dem erfolgreicheren und daher als Vorbild geeigneten gleichgeschlechtlichen Elternteil die „Latenz": Der Körper legt eine vorbereitende Ruhephase ein, bevor die Adoleszenz, die Pubertät, mit der vorerst fremden Ausschüttung der Geschlechtshormone, mit der Veränderung des Körperbildes (und damit auch des Körperselbstbildes und Selbstwerts), mit erster Menstruation und erstem Samenerguß einsetzt.

Was unsere sexuelle Persönlichkeit betrifft, sollten ab der Latenzzeit orale, anale und phallische Eigenschaften in der Verhaltenspalette vorhanden und in passenden Situationen abrufbar sein. Wir alle üben die eine oder andere Eigenschaft, die eine oder andere Reaktionsweise bevorzugt ein, ohne deswegen als pathologisch zu gelten. Je nach Erziehung haben wir mehr orale oder anale oder phallische Charakterzüge oder haben unseren Ödipuskomplex

noch nicht bewältigt und finden uns immer wieder in Dreiecksbeziehungen. Wir erleben Prägungen durch die ersten Personen,
die wir lieben, Mutter, Vater oder auch andere Verwandte. In den
ersten Jugendlieben folgen meist nur mehr Verstärkungen.

Von pathologischen Fixierungen spricht die Sexualwissenschaft
erst, wenn alternative Verhaltensweisen kaum mehr möglich
sind: wenn nicht mehr wir „einen Komplex haben", sondern „der
Komplex uns hat", wenn er uns beherrscht.

In der Latenzzeit genießt die psychosexuelle Entwicklung angeblich die Ruhe vor dem Sturm der Pubertät.

In meiner zehnjährigen teilnehmenden Beobachtung im Rahmen
meiner Projektarbeit in zahlreichen Jugendzentren bin ich zu einer anderen Sichtweise gelangt: War das kindliche Konkurrenz-
verhalten bislang auf die Eltern, die Kernfamilie, beschränkt, so
treten nun Gleichaltrige, sei es in Kindergruppen, sei es in der
Schule, in die Rivalenposition.

Erste Paarungen und Clanbildungen treten auf; die in ihrer Entwicklung Schnelleren formen Subsysteme, die Langsameren
hängen sich bei der „Elternersatzfigur" an.

Haben Kinder ein Gefühl für Zeit?

Wenn ein Baby zur Welt kommt, ist es ein Bündel Leiden-
schaften, empfindet mit der Haut Nähe, Geborgenheit, Wärme,
Trockenheit oder das Gegenteil und brüllt sich dann seinen Frust
aus dem Leibe – was sollte es sonst auch tun? Andere Kommu-
nikationssignale muß es sich erst mühselig in der dafür notwen-
digen Zeit erarbeiten. Elterliche Zucht- oder Züchtigungsversu-
che sind daher sinnlos und beweisen nur die Unwissenheit,
Hilflosigkeit oder Unbeherrschtheit der Erwachsenen. Zeit ist
dem Baby etwas ganz Fernes, Unbewußtes. Es folgt allein dem
Rhythmus seines Stoffwechsels.

Tag und Nacht kann ein Kleinkind erst mit etwa zwei Jahren bewußt wahrnehmen. Um die unterschiedlichen Abschnitte und

markanten Zeitpunkte des Tages zu erkennen, braucht es deutliche Rituale – ein Vorteil der Kindergartenerziehung: Das Kind, das (auch körperlich) noch überaus weich und formbar ist, braucht klare Strukturen, an denen es sich festhalten und orientieren kann – und klar ausgesprochene Grenzen!

In einer Mehrkinderfamilie ohne hilfreiche Großeltern oder Nachbarn bedeutet dies in der heutigen Zeit mit ihren Anforderungen an Konsumverhalten und Erfolg meist die totale Überforderung beider Elternteile, soweit überhaupt noch beide vorhanden sind; nur zu oft ergreift derjenige mit den schwächeren Nerven (und dem schwächeren Verantwortungsgefühl gegenüber anderen) die Flucht.

Im Kindergarten finden Essen und Spielen, aufs Klo Gehen und Schlafen zu regelmäßig wiederkehrenden Zeiten statt. Das gibt Sicherheit. Zuhause, mit Haushaltspflichten (samt Pannen) und Telefon, ist diese Regelmäßigkeit bei mehreren Kindern kaum durchzuhalten, soferne auf Dressurmaßnahmen (z. B. orale Vergewaltigungen wie „Gegessen wird, was auf den Tisch kommt!" oder „Gegessen wird, wann ich es will!") verzichtet wird.

In der Schule werden die Zeitabläufe vielgestaltiger. Hausaufgaben verweisen auf Dimensionen der Zukunft, gelegentlich auch der Vergangenheit. Hier wird pädagogisch noch immer sadistischer Unfug getrieben: Statt Kindern den Optimismus der Verbesserungsmöglichkeit zu vermitteln, wird schwarzpädagogisch mit Strafe und Nachbrummen gemaßregelt.

So gegen das zehnte Lebensjahr ist dann die Zeitwahrnehmung auf dem Stand, den wir von einem Erwachsenen erwarten. Damit sollte auch die Fähigkeit einhergehen, die eigene Leistung in Relation zu einer Stunde (z. B. bei Prüfungen) zu setzen. Daraus ergibt sich, daß es völlig sinnlos ist, jüngere Kinder z. B. für's Zuspätkommen zu bestrafen; sinnvoll hingegen wäre es, mit ihnen gemeinsam Anhaltspunkte und Erinnerungshilfen auszumachen!

Sexuelle Erfahrungen vor der Zeit

Wenn nun die Ausschüttung der Geschlechtshormone einsetzt, erwerben die jungen Menschen eine neue Dimension ihres Selbsterlebens – sowohl was die Wiederkehr von Menstruation und Samenergüssen betrifft als auch das rhythmische Triebgeschehen von Aufladung und Entladung. Nur erklärt ihnen das kaum jemand, und so stehen Mädchen wie Jungen hilflos dem innerseelischen Andrang gegenüber.

Täuschen wir uns nicht: Auch wenn uns seit den sechziger Jahren die „sexuelle Befreiung" mit Kommune 1 und Oswalt Kolle als Schlagwort geläufig ist – sie ist nicht viel mehr als eine Phrase.

Und so kann es kommen, daß etwa eine Grundschullehrerin (die ja in der zweiten Klasse Grundschule auch Sexualkunde unterrichten muß), Anfang Dreißig, unberührt, von ihrer Gynäkologin zu mir in die Erste Wiener Sexualberatungsstelle zur „Aufklärung" geschickt wird, und im Zuge dieses Gesprächs fragt: „Scheide – ist das das, wo man den O.B. hineinsteckt?"

Oder daß ein Achtzehnjähriger in seiner Unaufgeklärtheit, seinem Triebdruck hilflos gegenüberstehend, glaubt, Mutters Elektroquirl heimlich als Vibratorersatz benützen zu können – und der verzweifelte, aber wortlose Vater kommt dann und bringt den Jungen, nachdem ihm im Spital notdürftig der zerrissene Darm zusammengenäht wurde, in die Beratungsstelle, damit wir „etwas mit ihm machen".

Sexuelle Revolutionen dienen vorwiegend denen, die schon darauf gewartet haben, Erlaubnis zur Enthemmung zu bekommen.

Auch wenn es vorher mehr als genug Hemmungen gab – von der christlichen Leibfeindlichkeit und Sexualunterdrückung bis zur Familienideologie des Dritten Reichs –, mit zeitgemäßer Entwicklung der eigenen Individualität haben diese Befreiungsbewegungen wenig zu tun. Sie propagieren nämlich, spiegelbildlich zur vormaligen Sexualrepression, eine „fortschrittliche" Sexualerziehung, die Kinder frühzeitig „lieben lehren" soll. Geistiger Urvater dieser Sichtweise war vor allem der Freud-Schüler Wilhelm Reich, dessen Forschungen zur Lebensenergie „Orgon" ihm in den USA, wohin der Altösterreicher als Kommunist und Jude emigriert war, ein Leben zwischen Psychiatrie und Gefängnis bescherten. Reich sah in der Unterdrückung der frühkindlichen Sexualität den Ursprung der „emotionalen Pest", die zu Energieblockaden und damit zu neurotischen Erkrankungen führe, vor allem aber jene Charakterpanzerungen verursache, die einerseits den Typus des faschistischen Menschen, andererseits Krebs hervorrufen.

In treuer Gefolgschaft sahen die Sexualrevolutionäre der sechziger Jahre den Heilsweg aus jahrhundertealter Sexualrepression in der Forcierung eines möglichst frühzeitigen sexuellen Selbstausdrucks.

Kinder sollten durchaus Augen- und Ohrenzeugen erwachsener Sexualbetätigung sein. Dazu wurden dann sozialromantische Anleihen ans Mittelalter getätigt, wo noch alle in einem Raum, üblicherweise dem mit der Feuerstelle, kreuz und quer durcheinanderschliefen, oder auch an die masturbatorischen Einschläferungsrituale der Kinderfrauen seiner Majestät, des französischen Dauphin, erinnert. „Und es hat nicht geschadet!" lautete dazu die Argumentation ganz im Gegensatz zu Freud, der die Beobachtung der „Urszene" als Trauma qualifizierte. Der Beweis psychischer Gesundheit der damaligen Zeugen blieb allerdings bis heute aus.

Reich machte einen Gedankenfehler: er übersah, daß frühkindliche Sexualität ihren eigenen Entwicklungsweg gehen will – und das ist nicht jener, den die Erwachsenen phantasieren. Ich nehme als Beispiel den Bericht der „geschulten" Mutter von ihrem elfjährigen Mädchen in „Die Funktion des Orgasmus" und zitiere Reich:

„…es war bis zu fünf Jahren mit strengen Onanieverboten erzogen worden. Mit ca. neun Jahren sah sie eine Kindervorstellung, in der ein Zauberer vorkam, dessen Finger künstlich verlängert und ungleich gestaltet waren. Sie regte sich bereits damals über den übergroßen Zeigefinger auf und in späteren Angstvorstellungen tauchte seitdem immer wieder dieser Zauberer auf.

‚Weißt du‘, sagte sie zur Mutter, ‚wenn ich die Angst kriege, fängt es immer im Bauch an (sie krümmte sich dabei wie im Schmerz). Dann darf ich mich nicht rühren. Kein Glied darf ich rühren. Nur mit dem kleinen Glied da unten darf ich spielen (sie meint die Klitoris), da zerre ich dann wie toll, immer hin und her. Der Zauberer sagt: ›Du darfst dich nicht bewegen, nur da unten, das darfst du bewegen.‹... ‘

...Etwas später fügte sie hinzu: ‚Wenn die Angst da ist, werde ich ganz trotzig. Dann will ich gegen irgendwas kämpfen, aber ich weiß gar nicht wogegen. Denk nur gar nicht, daß ich gegen den Zauberer kämpfen will (ich hatte ihn überhaupt nicht erwähnt), vor dem habe ich viel zu sehr Angst. Es ist irgendwas, was ich nicht kenne.“[12]

Reich will mit diesem Beispiel zeigen, wie Erwachsene mit ihren Masturbierverboten für Kinder, aber auch die Kinder selbst ihrer Triebregungen, der „Angst im Bauch“, Herr werden wollen. Seine Blickrichtung zielt dahin, kindliche Triebregungen zu befreien. Daß hier aber möglicherweise ein Kind massiv sexuell mißhandelt wurde und im Wiederholungszwang und Selbstvertauschungsagieren das wiederholt, was ihm Angst machte und Widerstand auslöste, sieht er nicht.

Sexuelle Triebenergie – Libido – und ihr Ausdruck *vor der Zeit* der Sexualhormonausschüttung ist auf selbstgenügsamen Lustgewinn und nicht auf das Ziel Geschlechtsverkehr gerichtet.

Die sexuelle Lust des Kleinkindes spielt sich je nach Phase seiner Entwicklung an den jeweiligen Lustzonen ab, das Kind will ungestört erkunden und genießen – in *seiner* Zeit!

Jedenfalls will es nicht mit der geballten Triebenergie des auf geschlechtliche Befriedigung erpichten Erwachsenen konfrontiert werden, denn diese kann es weder in den eigenen Erfahrungsschatz einordnen noch symmetrisch beantworten.

Sandor Ferenczi, ein anderer Freud-Schüler, sprach von der Sprachverwirrung zwischen dem Erwachsenen und dem Kind: Das Kind spricht in der Sprache der Zärtlichkeit, und der Erwachsene antwortet in der Sprache der Leidenschaft[13]. Konkret: Ein kleines Mädchen posiert (phallische Phase) „Bin ich hübsch?" und erwartet Bestätigung und allenfalls Zuwendung. Ein erwachsener Mann, der keine Ahnung von kindlicher Entwicklung hat – wie der Großteil der Männer! –, könnte diese Aktion als Verführung interpretieren (was nicht einmal bei einer erwachsenen Frau der Fall sein müßte!) und selbst „verführerisch" das Kind auf seinen erregten Schoß ziehen. Wenn die Kleine sich wehrt und wegrutschen will, könnte er sie mit sanfter Stimme beruhigen und sagen „Das wird dir gut tun!" (weil es ihm gut tut und er vermeint, was ihm gut tue, müßte auch ihr gut tun) und so ihr Mißtrauen und ihr Eigengefühl abwiegeln. Er wird möglicherweise glauben, daß er als Erwachsener und Mann ja besser wissen muß, was für Kinder, insbesondere weibliche, gut ist, und daß Kinder grundsätzlich Erwachsenen folgen und gehorchen sollen. Er wird, wenn er ein alter 68er ist, dazu vielleicht sogar wissenschaftlich argumentieren und seine Ohren vor den Erkenntnissen aus zahlreichen Selbsterfahrungsgruppen und Therapieberichten von Frauen, die in ihrer Kindheit sexuell ausgebeutet und schwer psychisch geschädigt wurden, verschließen.

Das Trauma entsteht in dem Augenblick, wo das Opfer von einer überwältigenden Macht hilflos gemacht wird.

Judith Lewis Herman, „Die Narben der Gewalt"[14]

Selbstzeugnisse von von Frauen und Männern, die sexuell mißhandelt wurden, zeigen die negative Wirkung sexueller Erfahrungen vor der Zeit.

In diesem Zusammenhang unterscheide ich sexuelle Erfahrungen vor der Zeit von dem, was in der einschlägigen Fachliteratur und -judikatur als sexueller Mißbrauch von Minderjährigen bezeichnet wird.

Ich verwende in diesem Kontext den aus der Juristerei vertrauten Tatbestandsbegriff des „sexuellen Mißbrauchs", auch wenn er heute zumindest von gesellschaftskritischen, humanistischen Experten abgelehnt wird, weil er suggeriert, es gäbe auch einen „rechten Gebrauch" von Kindern. Viele Erwachsene denken ja wirklich so: Kinder werden wie eine Sache angesehen, eine Sache, mit der man, dem Grundsatz des Sachenrechts entsprechend, „nach Belieben schalten und walten" könne. Allein die häufige Frage an Kinder „Wem gehörst denn du?" deutet auf diese Denkweise hin.

Juristisch wird der Tatbestand des sexuellen Mißbrauchs an versuchter oder vollzogener Penetration oder Berührung der Genitalien mit dem Ziel der geschlechtlichen Erregung des Täters (der Täterin) festgemacht. Meiner Ansicht nach ist diese Definition viel zu eng. Sie orientiert sich rein an (beweispflichtigem) Verhalten des Täters; sie orientiert sich nicht an der leib-seelischen Verletzung der Mißhandelten.

Ich hör sie wieder, deine Schritte.
Gleich kommst du zu mir rein.
Tu's nicht wieder, bitte, bitte!
Ich bin doch noch so klein.

Ich zieh die Decke über den Kopf,
da stehst du auch schon im Zimmer.
Die Angst, die schnürt den Hals mir zu –
und alles ist so wie immer.

Dein Atem stinkt nach Alkohol,
gleich kommst du zu mir ins Bett.
„Mach mal Platz für deinen Papa
und sei ein bißchen nett!"

Oh Papa, ich habe dich doch lieb,
warum tust du mir so weh?
Ich habe solche Angst vor dir,
wenn ich dich so seh.

Oh Mami, Mami, hilf mir doch!
Ich kann mich ja nicht wehr'n.
Doch die Mami hilft mir nicht –
ich hör' sie im Zimmer plärrn.

Niemand darf es je erfahren,
sonst sperr'n sie den Papa ein.
Das wär' dann alles meine Schuld –
und Mami und ich wär'n allein...

Maria Sukup, „Ausgeliefert"

Aus der psychotherapeutischen Erfahrung läßt sich aber immer wieder nachweisen, daß auch unerwünschte Streicheleinheiten, Küsse – insbesondere Zungenküsse, eine leider sehr häufige orale Penetration! – und sogar Blicke seelisch krank machen können. So habe ich beim Aufspüren der Gefühlsauslöser z. B. für Waschzwänge oder Phobien (insbesondere Schmutz- oder Kontaktphobien und Berührungsängste) derartige Grenzverletzungen finden können.

Wie Gegenwart Vergangenheit heilt

In diesem Zusammenhang einige Worte zur Methodik und Wirkungsweise von Psychotherapie. Barolin definiert Psychotherapie als „Behandlung des ganzen Menschen, der aus Leib und Seele besteht, mit psychischen Mitteln (im Gegensatz etwa zur Medikamentenbehandlung, einer Kaltwasserkur oder ähnlichem)" und damit nicht als „Behandlung der Psyche"[15].
Nun vermeinen viele Menschen, Psychotherapie bestünde darin,

daß ein Klient, eine Klientin, ihrem Therapeuten bzw. ihrer Therapeutin „das Herz ausschütte", also etwas vorjammere, um Rat frage oder „die Kindheit aufarbeite". Oberflächlich betrachtet, mag das so aussehen. Wenn Psychotherapiekritiker derartiges beschreiben, zeigt das den Wissenden, daß sie keine Eigenerfahrung mit Psychotherapie haben, sondern ihre Kenntnisse aus Büchern beziehen.

> *Die Basis der psychotherapeutischen Arbeit ist die*
> *Überzeugung, daß das Aussprechen der Wahrheit eine*
> *heilende und erneuernde Kraft besitzt.*

Judith Lewis Herman, „Die Narben der Gewalt"[16]

Jede Psychotherapie zielt, vereinfacht formuliert, auf die Herstellung von Ganzheit und Wahrheit: Die Gegensätze zwischen Denken und Fühlen sowie körperlich Empfinden und geistig Intuieren sollen wieder in Einklang gebracht werden. Wer dadurch krank wurde, daß Wahrheiten nicht gedacht, gefühlt, nicht ausgesprochen werden durften, daß Überleben davon abhing, sich von den eigenen Körperempfindungen abzuspalten und in eine Scheinwelt wegzugleiten, findet dadurch Heilung, daß er oder sie zur Wahrheit des Körpers, der Seele und des Geistes zurückfindet.
Von Sigmund Freud stammt das Beispiel vom Eisberg. Mit einem solchen setzte er unser vertrautes Bewußtsein gleich: Etwa 10 % befinden sich über der Wasseroberfläche und stellen unser eigentliches Bewußtsein dar; 90 % befinden sich unter Wasser, das entspricht unserem Unbewußten. Auch wenn wir es üblicherweise nicht wahrnehmen (und nur in Fehlhandlungen, Symptomen oder Träumen erahnen), ist es doch da. All unser Erleben ruht darin. Im Traum werden oft Tagesreste aufgearbeitet, häufig auch mit Altem, Unverarbeitetem verquickt. Das Unbewußte kennt keine Zeit.
Genau das ist die große Chance von Psychotherapie.
Wenn es gelingt, im Erinnern und Wiederholen zum Zeitpunkt

der Kränkung, Verletzung, Traumatisierung zu „regredieren" (zurückzugelangen), kann das Fehlende (das, was damals nicht möglich war) gefunden und integriert werden. Nach welcher Methode, mit welcher Technik das geschieht, ist weitgehend gleichgültig – da gibt es langsamere, sanftere, „nondirektive" und rasante, forcierte, „direktive" Methoden.

„Der Therapeut muß dem Patienten dabei helfen, sich in der Zeit vor und zurück zu bewegen", schreibt Judith Lewis Herman, damit „der ‚Fluß' zwischen der Zeit vor dem Trauma und der Gegenwart des Patienten wieder ‚ungehindert fließen'" kann[17]. Dadurch wird eine Einheit von Wahrnehmung, Denken, Fühlen, Körperempfindungen und Perspektiven von Sinn und Problemlösung möglich; was seinerzeit durch Denk- und Sprechblockaden – nicht wissen dürfen, was vor sich geht, kein Modell haben, was zu tun wäre, zu klein, eingeschüchtert, hilflos und helferlos sein – als Energieimpuls im Körper „verknotet" wurde, kann durch „Gefühlsausdruck" freigesetzt werden. Die Energie kann wieder frei fließen.

Wenn eine psychotherapeutische Beziehung beginnt, haben Therapeuten zwar meist schon eine Arbeitshypothese – eine Vermutung, wo im Raum-Zeit-Gitter dieser konkreten Biographie die wesentlichen Verknotungen liegen könnten. Je nach Schule sind sie aber mehr oder weniger offen für das, was ihnen nun auf der Reise ins „weite Land", wie Arthur Schnitzler die Seele bezeichnete, begegnen könnte.

Flucht aus den „Angsträumen"

Selbstzeugnisse von Frauen, die vor der Zeit zu sexuellen Erlebnissen gedrängt, verführt oder vergewaltigt wurden, zeigen typische Muster: Sie „dissoziieren", verändern ihr Bewußtsein, spalten Teile ab. Manche verlieren so ihre Körperempfindungen, andere ihre seelischen Gefühle – deshalb auch die Bezeichnung „Seelenmord" für das, was Inzestopfern angetan wird.

Wenn Flucht aus der realen Räumlichkeit nicht möglich ist, wählen viele die Flucht aus dem Körper oder aus der Seele. Sie stellen sich tot – und bleiben es. Oft erwecken sie den Eindruck, von einer gläsernen Hülle umgeben zu sein. Wie Schneewittchen im Märchen liegen sie scheintot im gläsernen Sarg – bis irgendwann einmal der „Giftbrocken" herausgespuckt werden kann. Und manche warten ewig vergebens auf den Prinzen, der den rettenden Anstoß gibt.

In den Berichten von Menschen, die aus dem Zustand des Todes ins Leben zurückkehrten, wird immer wieder beschrieben, wie sie sich als geistiges Bewußtsein neben oder über ihrem leblosen Körper befunden hätten[18].

Manche Menschen, die vor der Zeit ihrer individuellen Geschlechtsreife Geschlechtsverkehr erlebten, berichten, wie sie, gleichsam aus ihrem Körper herausgetreten, als unsichtbare Doppelperson neben sich standen und sich selbst während des „Aktes" zusahen. Andere erleben sich hoch oben an der Decke und blicken aus dieser sicheren Distanz auf das Geschehen.

Je mehr jemand auf „Sehen" schaltet, desto weniger „fühlt" er[19]. Was zu nah ist, kann man nicht gut erkennen – aber man spürt es: es geht nahe, zu nah vielleicht. „Das geht unter die Haut." Sich Überblick verschaffen bedeutet auch, sich zu distanzieren. Nicht immer gelingt dies. Alicia Partnoy, eine „Verschwundene" aus Argentinien, schildert ihren ersten, erfolglosen Versuch, sich durch einen Trancezustand vor der unerträglichen Wirklichkeit der Haft zu schützen, so: „Ich hoffte, daß meine Psyche sich zur Decke emporheben und dann meinen Körper beobachten würde, wie er auf der rotgestreiften, verdreckten Matratze lag. Es kam aber nicht ganz so. Vielleicht waren auch die Augen meines Geistes verbunden."[20]

Eine andere Methode, sich vom gedemütigten Körper weg ins Geistige zu flüchten, besteht in der „Verkopfung": Wenn Mädchen sich ins Lernen flüchten, scheinen sie als „Blaustrumpf" weniger Gefahren sexueller Anmache ausgesetzt zu sein, als wenn sie dem klassischen Frauenrollenbild entsprechen.

Diese vielgeübte Überlebensstrategie beschreibt Christiane, aufgewühlt durch das Theaterstück „Schreib mich in den Sand", in einem nie abgesandten Brief an ihren Stiefvater:

„Immer und immer wieder habe ich mich in all den Jahren gefragt, was in Dir vorgegangen ist, was Dich veranlaßte, meinen hilflosen Kinderkörper zu beschädigen und meine zarte Kinderseele zu zerstören. Unbemerkt fand ich als Kind einen Platz auf dem Dachboden für meinen großen Schmerz. Ich stieg die kleine Leiter hoch, öffnete das Dachfenster und betrachtete die Welt vom Dach aus. Meine Emotionen waren heftig, aber sprachlos. Schmerz, Scham, Trauer. Losgelöst und abgetrennt. Ungeliebt und verstümmelt. In meinen Phantasien löste sich der Kopf vom Körper, wurde größer und größer und freute sich über den Kinderkörper, der zusehends schrumpfte, bis nichts mehr von ihm übrigblieb. Oft hab' ich dort auch von meinem toten Vater geträumt, der auf einem weißen Pferd durch die Lüfte kam und mich emporhob... War mein toter Vater für Dich ein Rivale, dessen Produkt Du zerstören wolltest?"

Auch diese Briefschreiberin hat sich von ihrem „Angstraum" getrennt – damit aber auch von ihrer Sinnlichkeit, ihrem Verlangen nach körperlicher Nähe, ihrem Vertrauen in Männer.

Kerstin, die als Kind jahrelang von ihrem Vater und später von ihren Brüdern sexuell ausgebeutet wurde, wird an dieser Fluchtmöglichkeit gehindert. Sie erinnert sich in der Schreibtherapie:

„Ich habe immer das Gefühl, daß in mir etwas zerstört ist. Und dann muß ich mir die Frage stellen – wie konnte ich das überleben? Das gelingt doch nur, wenn man sich den Situationen anpaßt und seine Gefühle nicht mehr beachtet. Das würde bedeuten, daß ich nicht *ich* war – sondern nur eine Marionette, eine Puppe aus Holz, ohne Gefühle, und darum kann man mit ihr tun, was man will...

Ich glaube, ich werde nie erwachsen sein können. Als ich zu ihr (der Mutter) sagte, daß ich erwachsen sei und ein eigenes Leben lebe – da wurde sie sarkastisch: ‚Du kannst eh erwachsen sein –

bis in den Himmel kannst du wachsen!' Sie meinte, ich hätte eine Torschlußpanik und wollte jedem beweisen, daß ich erwachsen und eine Frau sein will.

Nach so einem Gespräch weiß ich nicht mehr, ob ich richtig denke, fühle, handle... In mir ist alles durcheinander, und dann frage ich mich, wer ich eigentlich bin... Ist es überheblich, wenn man versucht, selbstbewußt zu werden und auf der Suche ist nach dem Gefühl des Erwachsenseins?

Meine Mutter mag keine selbstbewußten Frauen – die sind eingebildet und kommen sich als etwas Besseres vor...

Ich will nicht besser sein als Mutti – ich will einfach nur leben und die Möglichkeiten, die sich bieten und mich interessieren, ausschöpfen oder zumindest ausprobieren. Ist das falsch?"

Kerstin wurde Lebensraum insoferne genommen, als sie von drei Seiten, von Vater und Brüdern, bedrängt, eingeengt, zur totalen Anpassung gezwungen wurde. Aber auch an der vierten Seite gab es keine Fluchtmöglichkeit, denn dort stand die – durch die obskure Bevorzugung der Tochter zur Rivalin degradierte – Mutter und verhinderte durch niedermachende Vergleiche, daß „Wachstum" als psychische Fluchtmöglichkeit nach oben offenstand. Für die Flucht nach unten – in den „Untergrund" zu gehen und subversiv abzuwarten – war Kerstin zu jung, zu wenig Ich-stark, zu aufrichtig, zu naiv. Sie blieb lieber in ihrer Entwicklung stehen. Den Gang in die Tiefe und in die Vergangenheit wagte sie erst mit fast dreißig Jahren.

Erst nach drei Jahren intensiver Psychotherapie mit weiblichen Therapeuten wagt sie sich daran, erstmals mit einem männlichen Psychotherapeuten Vertrauen und Nähe auszuprobieren. In ihrem realen Leben gibt es keine ihr nahestehenden Männer. Noch nicht. Denn nach der Regression – dem Zurückschreiten in die Zeit vor der Traumatisierung – nähert sie sich jetzt neuerlich ihrer Pubertät, einer, die sie kontrollieren kann und die sie anders gestalten will als damals, wo ihr weder Fremd- noch Selbstkontrolle möglich war.

Hans-Jürgen Seemann und Rainer Meier entschlüsseln in „Das

Prinzip Bosheit" Schikane und Folter: „Trotz struktureller Gemeinsamkeiten gibt es gewichtige Unterschiede: Nicht der Körper, die physische Identität des Opfers ist Ziel und Medium der schikanösen Gewalt, auch nicht der Schmerz, der empfindsame Ausdruck seiner Zerstörung; schikanöse Gewalt zerstört nicht die Selbstbeherrschung, sondern die Selbstachtung." Und diese kann besonders subtil zerstört werden, indem der Schikanierte einer Mißhandlung ausgesetzt wird, die als Wohltat erscheint... „Der Schikaneur will den besonderen Triumph genießen, daß seine Gewalt erfolgreich zur Selbstvergewaltigung führt."[21]

Oder er will sich von Schuldgefühlen und damit auch von Schuld freihalten. Die bekommt mit Sicherheit wieder der Schikanierte. So beschreibt Kerstin, wie sich ihr Vater in ihr Kinderbett drängte: „Mir graute vor seinem Schweißgeruch und dem Geräusch seines Atems. Währenddessen küßte er auch meinen Busen und fuhr mit seiner Zunge rund um meine Brustwarzen. Ich lag da und überlegte, wie ich mich verhalten soll. Um dem Ganzen irgendwie zu entgehen, schloß ich die Augen, um zumindest visuell nichts mitzubekommen – aber dabei hatte ich auch Angst, daß einer meiner Brüder vorbeikommt und ich sehe das nicht – also machte ich die Augen wieder auf und ich sah diesen fremden Ausdruck im Gesicht meines Vaters. Ich lag da wie ein steifes Brett... dann zog er mich auf sich drauf und spreizte meine Beine... Und jetzt passierte das, was mir heute nicht aus dem Kopf geht, was immer wieder kommt. Er bewegte mich (ich hatte nicht viel Gewicht) auf und ab und plötzlich hatte ich für ein paar Sekunden ein Gefühl (mein Körper reagierte irgendwie). Ich erschrak innerlich darüber und bewegte meine Knie ganz kurz und mein Vater sagte: ‚Gefällt es dir!' Ich wußte nicht, warum dieses Gefühl auf einmal daherkam und war wütend auf mich. Dieses komische Gefühl, das ich nur einen Augenblick spürte, hat mich verwirrt! Ich wollte ja das alles nicht, was mein Vater tat und dann spürte ich plötzlich etwas (mein Körper hat mir nicht gefolgt). Als mein Vater aus dem Bett stieg, fragte ich ihn: ‚Werde ich jetzt schwanger?' Er tätschelte mir die Wange und sagte nur: ‚A geh – du Tschapperl!' Ab diesem Erlebnis fühlte ich mich nicht mehr wohl und sicher in meinem Körper – und dieses schlechte Gewissen meiner Mutter gegenüber und dieses Gewicht der Geheimhaltung. Ich fühlte mich bedrückt."

Seemann/Meier formulieren: „Der erlittene Orgasmus ist der Höhepunkt der Erniedrigung: Mein Körper korrumpiert mich und läßt mich noch unter den unmöglichsten Umständen den Schatten einer Lust erleben."[22]

Manipulierte Lust, erzwungene Lust. „Mann macht Lust" – welch Doppelsinn!

> *Für die Frau wird es vor allem darum gehen, ihr eigenes inneres Begehren zu finden, auch wenn sie gleichzeitig Ängste vor Übergriffen, Eingriffen und Verletzungen hat.*
>
> Jessica Benjamin, „Macht und Begehren der Frau"[23]

Nicht alle sexuell traumatisierten Menschen haben Angst vor Übergriffen, vor Verletzung ihres äußeren oder inneren Raumes. Manche merken gar nicht, was vor sich geht – sie haben ihre Wahrnehmung verloren. Sie haben damit die Abwehrform der Verleugnung gewählt: Was nicht bewußtseinsfähig ist, wird einfach ausgeblendet.

Diese Abwehr beobachte ich häufig bei sexuell traumatisierten Männern: Sich selbst als Opfer anzuerkennen, scheint vielen unmöglich. Zu groß wäre dann der Unterschied zum klassischen Männerrollenbild. Und dem muß unbedingt entsprochen werden – immerhin geht es auch darum, nicht aus der unsichtbaren Männerriege zu tanzen! Lieber verkehren sie alles ins Gegenteil – „es war ohnehin alles super" – oder identifizieren sich mit dem Täter und werden so selber einer.

Eine andere Abwehrform ist die Rationalisierung: Alles wird vernünftig erklärt, z. B. mit biologischen oder soziologischen

Argumenten als „natürlich" oder „normal" etikettiert. Oft folgt auch die Identifikation mit dem Aggressor, etwa wenn die Aussage des inzestuösen Großvaters, „Alle Opas machen das mit ihren Enkeln!" kritik- und widerspruchslos verinnerlicht wird. „Seelenmord" tötet das Gewissen, tötet die Fähigkeit, gut und böse zu unterscheiden und auch die Fähigkeit zum Protest[24].

Im psychotherapeutischen Versuch, den Seelenfrieden wiederherzustellen, werden behutsam die vernachlässigten, verkümmerten Bereiche ausgelotet: Um von der „Verkopfung" wegzukommen, wird die Aufmerksamkeit auf Fühlen oder Empfinden gelenkt, werden geistige Bilder zu Hilfe genommen oder mit kreativen Techniken Zugänge zum Unbewußten gesucht.

Wenn nun eine Person therapeutische Hilfe sucht, sind es meist konkrete Störungen in ihrem gegenwärtigen Leben, die sie dazu motivieren. Was dann als Ursache der Störung, als „Knoten", auftaucht, ist eines – was Änderung möglich macht, etwas anderes.

Frühreife bedeutet meist Unreife

Eine renommierte österreichische Tageszeitung brachte einmal ein Porträt des Filmstars Don Johnson; darin protzte der legendäre Weiberheld mit seiner Frühreife: seinen ersten Geschlechtsverkehr habe er als Elfjähriger mit seinem Kindermädchen absolviert. Mir sind beim Lesen dieses Artikels sofort einige Klienten eingefallen, deren Erfolg bei Frauen ebenfalls zu Legendenbildungen geführt hatte: Mit Spitznamen wie etwa „der Haifisch" versuchten ihre weniger erfolgreichen Rivalen die Damenwelt vor ihnen zu warnen. Die so Angesprochenen erlebten sich selber eher als Gejagte denn als Jäger. Und dieses Gejagtwerden hatte auch reale Wurzeln: Fast alle waren vor der Zeit – vor ihrer individuellen Reifezeit – zu Sexualkontakten beordert worden.

René zum Beispiel: Jede Frau, die er vorübergehend beglückt hatte, wollte ihn heiraten – außer derjenigen, deren Ehemann er dann mehr als ein Vierteljahrhundert war. Viele Frauen luchsten ihm heimlich Kinder ab, schworen heilige Eide, dies nur aus Entzücken an seiner Erbmasse getan zu haben und forderten dennoch seine Vaterpflichten ein – allerdings erst, als die Kinder so alt waren, daß sie die Mütter mit peinlichen Fragen bedrängten. In der Tiefenarbeit kam bald seine Unfähigkeit zur Abgrenzung heraus: Wenn ihm eine Frau Avancen machte, erstarrte er nicht nur genital, sondern auch mental, wie das Kaninchen vor der Schlange, und machte brav „Männchen". Die Rückführung auf der Zeitlinie brachte bald die Urszene in Erinnerung: Erlernt hatte er dieses Verhalten als Volksschulkind, als ihn eine pubertierende Cousine partout zum Geschlechtsakt verführen wollte.

Oder Hartmut, eine Führungspersönlichkeit in einer Einrichtung des Gesundheitswesens. Er wurde von seiner Familientherapeutin an mich verwiesen, die seine Ehebeziehung erfolgreich therapiert hatte; nur sein „Voyeurismus" stand noch einem für beide Partner befriedigenden Sexualleben entgegen. In der Gefühlsarbeit an dem Komplex des Zusehenmüssens stießen wir auf Details seiner Volksschulzeit: Damals hatten seine Mutter und eine Nachbarin den sechs-, siebenjährigen Jungen dazu angeleitet, ihre nackten Brüste zu stimulieren. Auf meine Frage, ob sein Vater davon eine Ahnung gehabt habe, fiel es dem Mann wie Schuppen von den Augen: Der hatte doch das Ganze fotografiert! Wie er sich damals dabei gefühlt habe? lautete mein nächstes Vortasten. Sein Nach-Fühlen brachte deutlich sichtbare Erschütterung, später Wut. „Verhöhnt!" stieß er hervor, „Ich war doch viel zu klein! Die haben sich über meine Unzulänglichkeit amüsiert! Verarscht haben die mich!" Auf meine provokative Deutung „Also ein klarer Fall von sexueller Ausbeutung!" reagierte er mit Betroffenheit: „So habe ich das bisher nicht gesehen – aber es stimmt. Ich spüre es deutlich. Ja, sie haben mich als Spielzeug mißbraucht! Das finde ich nicht richtig!"

Oder Niklas. Ihn hatte seine Sucht, Prostituierte aufzusuchen, zur Psychotherapie motiviert. Diese kosteten ihn nämlich einfach zu viel Geld, fand er. Ansonsten beurteilte er sein Verhalten als ganz normal für einen unverheirateten Mann. Auch hier brachte die Suche auf seiner biographischen Zeitlinie ein traumatisches Erlebnis zutage: Ihm hatte als Jugendlicher ein älteres, „erfahrenes" Mädchen einfach frech zwischen die Beine gefaßt – für den scheuen Jungen eine Art Vergewaltigung. Auf der (Zeit-)Strecke geblieben war dadurch seine Fähigkeit, in seiner Zeit Kontakte zu knüpfen und Beziehungen aufzunehmen. Unmittelbar nach dieser Therapiestunde verliebte er sich und holte seine Lernaufgaben nach: werben, balzen, erobern.

Solch ein Umkippen der Bedeutung bewirkt den Impuls zur Ganzwerdung, zur Heilung. Anstelle der Glorifizierung des „frühreifen", nämlich unreifen, Verhaltens tritt die Erkenntnis, welche Reifung dadurch behindert wurde: nämlich die Bereitschaft und Fähigkeit zu echter Beziehung zu einem Menschen in seiner Gesamtheit.

Gustav Meyrinck spricht in seinem esoterischen Schlüsselroman „Das grüne Gesicht" hinsichtlich der „Erleuchtung" vom „Umstellen der Leuchter". Diese Metapher gefällt mir so sehr, daß ich sie auch hier anwenden möchte: geht es doch auch hier darum, Licht ins Dunkel des Unbewußten zu bringen.

Die Jungsche Analytische Psychologie spricht von der Notwendigkeit, den „Schatten" zu integrieren. „Schatten" ist alles, was als Ich-fremd, feindlich, unerwünscht wahrgenommen wird.

Im psychisch gesunden Menschen – den es kaum gibt: denn so wie wir alle physische Narben an unserem Körper tragen, tragen wir auch psychische in unserer Seele; nur ist es ein Unterschied, ob man mit sauber verheilten Narben lebt oder mit tief klaffenden, womöglich eiternden Wunden! – sind *alle* Eigenschaften und Fähigkeiten vorhanden und können je nach Sinn und Zweck eingesetzt werden. Daher sind auch die Eigenschaften und Fähigkeiten vorhanden und bewußt, die wir nicht so gerne im strahlenden Scheinwerferlicht unserer Selbstpräsentation zeigen.

Traue nicht deinen Augen
Traue deinen Ohren nicht
Du siehst Dunkel
Vielleicht ist es Licht.

Bert Brecht[25]

Je stärker aber die Lichtquelle auf das, was keine Angst macht, gerichtet ist, desto deutlicher wird auch der Schatten, und je weiter entfernt (vom Bewußtsein) sich etwas befindet, desto länger ist dieser Schatten. Nur wenn sich die Lichtquelle genau über dem Scheitel – dem „Gipfel" des Bewußtseins – befindet, gibt es keinen Schatten mehr: Wir haben ihn integriert, wir stehen fest auf ihm, dem Urgrund.

Die Folgen des Seelenmordes

Es ist einfach falsch, anzunehmen, Menschen – vor allem Frauen – suchten eine Psychotherapie auf, weil sie mit dem Leid ihrer Kindheit nicht fertig würden. Das ist die Sicht der Gepanzerten, deren Wahlspruch lautet „Alles, was mich nicht umbringt, macht mich stärker" und den ich ergänzen möchte: „stärker gepanzert", „zu".

Menschen suchen eine Psychotherapie auf, weil sie entweder nicht verstehen, wieso ihr Leben bei gleich guten oder schlechten Voraussetzungen so ganz andere Ergebnisse zeitigt als das ihrer Vergleichspersonen. Oder weil sie unspezifisch leiden und nicht herausfinden, woran. Oder weil sie von ihren nächsten Angehörigen oder dem Hausarzt sozusagen „zum Service" geschickt werden.

Wer miterleben durfte, wie erschüttert diese Menschen dann sind, wenn ganz entgegen ihren Erwartungen plötzlich Szenen der Ausbeutung ihrer kindlichen Naivität – und zu der gehört auch ihre Sexualität – auftauchen und erkennbar wird, daß genau an diesem Punkt ihr Heilungsprozeß einsetzt, der steht mit respektvoller Scheu vor all den Menschen, die diese ihre Erfahrungen auch anderen zuteilwerden lassen.

So jemand wird sich von publicitygeilen Publizisten beiderlei Geschlechts eher distanzieren, wenn diese über Selbstzeugnisse Betroffener, über Selbsterfahrungsgruppen oder psychotherapeutische Bemühungen herziehen. Nur weil die eigene Therapie (oder Therapieausbildung) nicht geglückt ist, heißt das nicht, daß alle Arbeit im psychosozialen Feld Humbug ist!

Ebenso ist Vorsicht geboten, wenn der „Mißbrauch des Mißbrauchs" angeprangert wird oder wenn Thesen zur Befreiung der kindlichen Sexualität aufgestellt werden. Manche wollen damit ihre eigenen pädophilen Neigungen absichern oder ihre persönlichen Animositäten gegenüber erfolgreicherer Konkurrenz ausschleimen.

Aus allen Erkenntnissen aus Therapien sexuell ausgebeuteter Menschen haben Psychotherapeuten beiderlei Geschlechts, die diesem „komplexen posttraumatischen Belastungssyndrom" ohne Drang zur Verleugnung, Verniedlichung oder Verkehrung ins Gegenteil ihr Augenmerk gewidmet haben, folgende Quintessenz gezogen: Finden derartige Mißhandlungen zu der Zeit statt, wo ein Kind mangels Selbsterfahrung und Selbstbehauptung dem erwachsenen Triebgeschehen verständnislos („Der Mann hat so komisch geschaut!") bis angstvoll („Ich will nicht beim Opa bleiben! Bitte laß mich nicht beim Opa allein!") gegenübersteht, beginnt das Kind mit Selbstheilungsversuchen über die Entwicklung von Symptomen: von Schlafstörungen („Ich bin im Schlaf nicht vor Attacken sicher") über Rückfälle in frühkindliches Verhalten wie etwa Bettnässen („Ich bin noch so klein und unappetitlich, laß mich in Frieden") zu Psychosomatosen wie Bikini-Ausschlag oder anderen Hauterkrankungen an einschlägigen Stellen („Rühr mich hier nicht an!"). Werden derartige Hilferufe nicht wahrgenommen, folgen nur zu oft Fluchtversuche. Werden die Ausreißer dann den Eltern zurückgebracht, ohne daß den Motiven der

Verzweiflungstat nachgegangen wird, folgt häufig eine Steigerung zu selbstschädigendem Verhalten: vom Kopfanschlagen bis zu unerklärlichen Unfällen, von Drogenabusus bis zu Selbstmordversuchen.

Innerpsychisch erleiden viele dieser Geschädigten einen Seelenmord: Sie verlieren das sichere Gefühl für Recht und Unrecht, für Wahr und Unwahr, für Wollen und Nichtwollen.

Aus diesem Grund ist es auch völlig absurd, von Mißbrauchs- oder Vergewaltigungsopfern „Glaubwürdigkeitszeugnisse" zu verlangen. Jeder erfahrene Psychotherapeut mit tiefenpsychologischer oder humanistischer Orientierung kennt das mühevolle Ringen, das erforderlich ist, um aus all den manipulierten und oktroyierten Sichtweisen und Interpretationen die eigene Wahrheit zu erkennen – und zu vertreten zu wagen.

Gerichtliche Befragungen sind nur zu oft eine weitere Verletzung der persönlichen Integrität und Fähigkeit zur Selbstbestimmung durch subtile Inszenierungen von Macht und Drohung („Ich mache Sie aufmerksam: Sie stehen unter Wahrheitspflicht! Jedes Wort kann gegen Sie verwendet werden und ein Strafverfahren wegen falscher Zeugenaussage nach sich ziehen!"). Wer weiß, wie oft Mißbrauchs- oder Vergewaltigungsopfer aus der unerträglich werdenden Körperempfindung in Trancen, in Bewußtseinsabspaltungen ausweichen und später durch schützende Amnesien konkrete Erinnerungen verlieren, weiß, daß Verhöre ungeeignet sind, Wahrheit zu „erpressen".

Als einzig sinnvolle Alternative zur Wahrheitsfindung erscheint mir die psychotherapeutische Exploration unter Videodokumentation, die dann vor Gericht verwendet werden könnte.

Dies bedeutet allerdings für die Rechtssysteme, die auf dem Prinzip der Unmittelbarkeit von Beweisaufnahmen beharren, ein Abgehen von diesem Grundsatz. Und ich finde, daß von diesem Grundsatz auch abgegangen werden sollte: Stammt er doch aus einer Zeit, wo einerseits nicht die technischen Hilfsmittel zur Verfügung standen und andererseits der abstrakte Wert „Gerechtigkeit", was auch immer dies bedeutet, vor der konkreten Wertigkeit von Gesundheit versus Gesundheitsschädigungen rangierte.

Innerpsychisch gibt es aber nicht nur Totstellen und Totsein als Folge der Abtötung des lebendigen Selbst durch Seelenmord, sondern auch Tarnung, Mimikry, Angleichung an das Bedrohliche oder, psychoanalytisch gesprochen, Identifikation mit dem Aggressor. Damit erklärt sich das „sexualisierte Verhalten", das oft bei sexuell mißbrauchten Kindern auffällt.

In der Phantasiewelt der Sexualrevolutionäre der sechziger Jahre wurde dieses sexualisierte mit dem erwünschten Verhalten gleichgesetzt. Es wurde als optimal definiert, für Kinder wie auch für Erwachsene. Nicht wahrgenommen wurde, daß es ebenso einen extremen Pol in der Bandbreite menschlichen Sexualverhaltens darstellt wie der komplementäre andere der absoluten Hemmung.

Heute wissen wir, daß es eine klar erkennbare Ausdrucksform von unterdrückter und gehemmter Sexualität gibt wie auch das Gegenteil, nämlich Sexualisierung.

Wir können „verschämte" Kinder beobachten, die ihre Neugier und Erregung geflissentlich unterdrücken, sexualisierte, die „maulhuren" oder den Erwachsenen ans Hosentürl greifen bzw. in den Busenhalter (was ich in Seminaren mit Frauen, die in der „Kinderkrankenpflege zu Hause" arbeiten, oft als bedrohliche Belästigung durch Knaben im Volksschulalter berichtet bekomme), aber auch ganz „normale" – die gibt es nämlich auch noch! – die weder mit übertriebener Abwehr noch mit übertriebenem Eifer ihre eigene Sexualität entwickeln. Lassen muß man sie allerdings.

Aus diesen Beobachtungen ziehe ich folgende Schlüsse:

Wenn wir entdecken konnten, daß sexualisiertes Verhalten von Kindern eine Folge oktroyierter Erwachsenensexualität ist und daß erst im Reinigungsprozeß einer Psychotherapie die eigene, von fremder Autorität befreite, somit selbstbestimmte und selbstadäquate Form weiblicher oder männlicher Sexualität gefunden werden kann (die sich dann allerdings weder durch besondere erotische Attraktivität noch Unscheinbarkeit abhebt, sondern eben ganz durchschnittlich, mittelmäßig ist);

wenn wir weiters beobachten, daß Personen, die fast wie unter Zwang anderen ihre Sexualität aufzwingen, selbst auch Sexualität aufgezwungen bekommen haben – auch wenn sie nicht müde werden, zu betonen, wie lustvoll dies für sie war;

wenn wir weiters erfahren, daß diese Menschen – überwiegend Männer – in frühester Kindheit von markigen Vater- oder Großvaterfiguren mit sprachlichen oder bildlichen Grobdarstellungen menschlichen Sexualverhaltens konfrontiert wurden, weil die wiederum glaubten, das gehöre sich so, weil sie es schon so erlebt hatten –

dann tut sich ein unendlicher Teufelskreis von sexuellem Protzverhalten selbstunsicherer Erwachsener vor Unwissenden und Beeinflußbaren auf.

Das zeitgeistige Leitbild vom triebstarken Mann schrumpft dann zum Phänomen eines allzufrüh sexualisierten Knaben, der die grobe Anmache, der er zum Opfer fiel, ebenso grob weitergibt: an seine Söhne und Töchter, aber auch durch seinen Arbeitsstil im Betrieb und womöglich auch dadurch, daß er selber wieder solche Leitbilder produziert – wenn er nämlich in einem Medienberuf werkt und mit seinen Schlagzeilen Meinung macht.

Der Verlust der Gegenwart

Sexualisierter Machtmißbrauch erzwingt sexuelle Erfahrungen vor der Zeit und stellt sicher, daß „Tradition" weitergegeben wird: Dadurch wird verhindert, daß Jugendliche ihre eigene Sexualität in ihrer eigenen Zeit, in ihrer eigenen Rhythmik entwickeln.

Seelisch gesund ist, wer in allen Lebensbereichen reibungslos funktioniert.

Claudia Szczesny-Friedmann, „Die kühle Gesellschaft"[26]

So werden Frauen einseitig zum Schweigen und Dulden – zum Sexual„objekt" – abgerichtet, Männer werden dazu gebracht, andere zum Schweigen einzuschüchtern und ihnen ihren Willen aufzuzwingen, selber aber auch zu schweigen und sich unterzuordnen – wenn es um die Männerhierarchie geht. Sie dürfen sich im Sexualbereich als „Konsumenten" mächtig fühlen. Hauptsache, sie merken nicht, daß sie im Sozialbereich Herrschaftsobjekte sind.

Schwere sexuelle Traumatisierungen bewirken Veränderungen im Zeitgefühl – „oft wird das Ereignis wie in Zeitlupe erlebt", schreibt Judith Lewis Herman[27]. Manche Traumatisierte leiden unter sogenannter Intrusion: Sie erleben das Ereignis, lange nachdem die Gefahr vorüber ist, so, als ob es soeben geschähe. „Sie finden nicht mehr in ihren normalen Lebensrhythmus zurück, weil das Trauma sie immer wieder herausreißt. Es ist, als wäre für sie die Zeit im Moment des Traumas stehengeblieben." Intrusion – ungewollt sich aufdrängende Erinnerungen und Gedanken an das traumatische Ereignis – werden relativ leicht als „Störung" identifiziert.

Nur: Wer definiert die Störung? Psychiater, Psychologen, Psychotherapeuten? Angehörige? Oder die leidende Person selbst? Wer wird denn gestört? Die Person, der eine Verletzung zugefügt wurde – ich vermeide bewußt die üblichen Formulierungen „der etwas passiert" oder „zugestoßen ist" – und deren Wunden physisch und psychisch immer wieder aufbrechen und die dies auch zeigt? Oder die Personen in ihrer Umgebung, die nicht aushalten, daran erinnert zu werden, was der/die Betroffene erlitten hat?

Ausschlaggebend für die Diagnose einer seelischen
Störung ist nämlich meist die Tatsache, daß die
Reaktion des Betroffenen von Außenstehenden nicht
nachvollzogen werden kann. Nur wenn man weiß,
welches Verhalten von einer Person in einer
bestimmten Situation erwartet wird, lassen sich
Abweichungen von diesen Erwartungen als
Störungen wahrnehmen.

Claudia Szczesny-Friedmann, „Die kühle Gesellschaft"[28]

An die Möglichkeit schwerer sexueller Traumata wird niemand gerne erinnert: Frauen nicht, weil sie sich dann damit
auseinandersetzen müßten, daß auch ihnen und ihren Töchtern
diese Gefahr droht, Männer nicht, weil sie sich dann damit
auseinandersetzen müßten, daß sie als potentielle Täter gesehen werden, und Behördenvertreter schon gar nicht, weil
diese Automatismen noch zusätzlich mit Arbeit verbunden
sind. Und Gewalttaten mit Rollenumkehr rütteln am Vertrauen in die Klischees von „sanften Frauen" und „tierischen
Männern".

„Wer über Greueltaten öffentlich spricht, zieht unweigerlich
das Stigma auf sich, das dem Opfer immer anhaftet", gibt sich
Judith Lewis Herman[29] pessimistisch. Und in Goethes „Faust"[30]
heißt es schon:

Wer darf das Kind beim rechten Namen nennen?
Die wenigen, die was davon erkannt,
Die töricht g'nug ihr volles Herz nicht wahrten,
Dem Pöbel ihr Gefühl, ihr Schauen offenbarten,
Hat man von je gekreuzigt und verbrannt.

Über unerwünschte, vorzeitige Sexualisierungen zu sprechen, ist
deswegen unabdingbar, weil deren Folgen die Leidtragenden –
vor allem Frauen, aber auch Männer – Lebenszeit kostet.
Sexualisierung vor der Zeit bewirkt Asynchronizität.

Mir ist aufgefallen, daß Menschen, die die Annäherung an das andere Geschlecht nicht in der für sie selbst richtigen Zeit erleben konnten, eigenartige Schwierigkeiten mit der Zeit aufweisen; ein Beispiel mag dies verdeutlichen.

Ich denke an Gertrud, Anfang Zwanzig, Sprachstudentin, seit einigen Jahren liiert mit Robert, einem Architekten vom Typ „zerstreuter Professor". In die Therapie kommt sie wegen chronischer Nebenhöhlenentzündung – und es gelingt auch bald, die unter diesem Symptom an der Oberfläche schlummernden „ungeweinten Tränen" freizusetzen und eine deutliche Balance zwischen Zartheit und Zerbrechlichkeit einerseits und Zähigkeit und Sturheit andererseits zu finden. Das macht es ihr auch leichter, Roberts „raumgreifenden" Aktionen Grenzen zu setzen. Nur: ihre Reaktionen treffen immer erst wesentlich verzögert ein.

Selbst im therapeutischen Setting mit seiner besonderen Verlangsamung der Zeit – ich spreche gerne von „Märchenzeit" – kommen ihre Reaktionen (nicht zu verwechseln mit Feedback oder vertiefter Reflexion!) fast immer erst in der folgenden Therapiestunde. „Immer wenn ich versuche, herauszufinden, was ich selber wirklich will, scheint es mir, als ob die Zeit aufhören würde, zu fließen", klagt Gertrud. „Wie wenn alles still stehen würde – mein Hirn, mein Atem. Es ist, als ob mir niemand Zeit ließe, mich selbst zu erkunden!" Auf der Suche, woher diese Betäubungsempfindungen herrühren, finden sich Szenen ihrer Kindheit: erst die abrupte Konfrontation mit dem männlichen Genital, dann die unfreiwillige Beobachtung der Vergewaltigung einer Schwester durch den Vater, zuletzt die eigene Nötigung. Mit jeder Erinnerung, mit jedem Tränenfluß, gewinnt sie ein Stückchen mehr Synchronizität – es fällt ihr immer leichter, schneller bis schlußendlich sofort zu reagieren.

Oder Hildegard: Die fünfzigjährige Pädagogin bittet um Supervision; sie möchte herausfinden, weshalb sie mit ihren Projekten immer entweder zwei Jahre zu früh oder eine Woche zu spät dran ist. Nie sei sie zum richtigen Zeitpunkt am richtigen Ort, ihre Ideen hätten irgendwann auch andere, und die reüssierten dann damit. Sie selbst bliebe immer übrig.

Ich schlage ihr vor, herauszufinden, woher das spezifische Gefühl stamme, das sie bei ihren Zielvorstellungen entwickle; meine stille Hoffnung ist, dabei auch auf die Zeithemmung zu treffen. Wir verfolgen also die Zeitlinie zurück und finden Hildegard als Studentin in einer unauffälligen Alltagssituation. Offensichtlich tat sich nichts Außergewöhnliches – nur hatte sie so ein komisches Gefühl; obwohl sie Zeit und nichts vor hatte, spürte sie einen deutlichen Widerstand, dem Kollegen zu gestatten, sie heimzubegleiten. Trotz aller Bedenken gelang es ihr nicht, ein akzeptables Gegenargument zu seinen Bitten, er müsse unbedingt etwas mit ihr besprechen, zu finden. Es gelang ihr nicht, ihrem eigenen Gefühl zu vertrauen und auf anerzogene Höflichkeit und Benimmregeln zu verzichten. Der Heimweg durch einen Park endete mit einer massiven Bedrohung und Vergewaltigung.

Trotz ihrer überdurchschnittlichen Kreativität – übrigens eine auffallende Gemeinsamkeit vieler Menschen, die sexuelle Bedrohungen überlebt haben! – wird Hildegard immer wieder Opfer ihres eigenen Zögerns. Wenn sie sich aber zu einer Art Überkompensation aufrafft – schnell drauf los stürmt – überfordert sie andere so, wie sie selbst damals überfordert wurde.

Erst mit der Erkenntnis, daß Neues, Fremdes, Zeit zur Aufnahme, Integration, „Verdauung", braucht, und dem dazugehörigen Gefühl, sich selbst, aber auch anderen diese Zeit zu gönnen, kann Hildegard ihr altes Muster verlassen und darauf achten, was ihr ihre „innere Uhr" für eine Zeitansage gibt.

Oder Marion: „Ich habe immer das Gefühl, es ist alles zu spät!" klagt sie, und „Ich erfahre alles immer zu spät!" Sie wurde als Jugendliche von ihrem Musiklehrer massiv sexuell belästigt. Was er da mit ihr tat, daß sie sich das nicht hätte gefallen lassen müssen, wie sie sich hätte anders, besser verhalten können, konnte sie erst „zu spät" erfragen.

Auch als Erwachsene reagiert sie mit Verspätung. Die anderen „über-raschen" sie immer wieder – und überrollen sie.

> *Meine Freundin, die Ilse,*
> *die lebt nicht im Hier und Jetzt.*
> *Die lebt im Vorgestern.*
> *Die weiß erst übermorgen,*
> *was heute passiert ist –*
> *und dazwischen ist ihr fad.*

Maria Sukup, „Hausfrauenschicksal"

Frauen sollen nicht schnell sein: Sie würden ja sonst Überrumpelungsversuche „im vorhinein" abwehren können. Sie sollen warten, abwarten, erwarten. Da darf ihnen ruhig ein bißchen fad, langweilig, sein. Für – natürlich nur angenehme! – Aufregung sorgt dann der Mann. Zumindest sehen das die Mythen von der Ungleichheit der Geschlechter so vor.

Und dennoch fühlen sich viele Menschen „hinten nach" oder „ewig zu spät". Und andere platzen immer „zu schnell bei der Tür herein" oder „rennen der Zeit davon". Warum also sind manche Menschen immer zu langsam oder zu schnell, wo doch andere keinerlei Probleme mit ihrem „Timing" haben? Die Antwort könnte lauten: weil sie bei der Ausformung des ureigensten Kerns ihrer Persönlichkeit – ihrer Sexualität – vorzeitig beschleunigt wurden.

VON SCHNECKEN UND
AMEISEN

*Man liebt so sehr, wie man bereit ist, einem anderen
Menschen Zeit zu widmen.*

Erwin Ringel, „Machen uns die Medien krank?"[31]

Wir leben in einer dualen Welt der Gegensätze, der Polaritäten.
In christlicher Terminologie sprechen wir vom Sündenfall – vom
Herausfallen aus der Einheit mit Gott in die „Erkenntnis" der
Zweiteilung, auch der des Menschentums in Frau und Mann:
„…so werden eure Augen aufgetan, und werdet sein wie Gott
und wissen, was gut und böse ist"[32]. Das versprach die Schlange. Von der dem innewohnenden Ver-zwei-flung sprach sie
nicht.

In östlichen Religionen symbolisieren die polaren Kräfte Yin
und Yang das weibliche bzw. das männliche Prinzip. „Weiblich"
umfaßt nicht nur die Gesamtheit realer Frauen, sondern auch den
Minuspol, den Mond, die Nacht, die Dunkelheit, die Kälte… und
die Langsamkeit. (Und in der Symbolsprache der katholischen
Religion: den Himmel und die Engel; damit ist auch klar, wo die
Polarität „gut" anzusiedeln wäre.) „Männlich" dagegen bezieht
sich nicht nur auf die Zuordnung realer Männer, sondern meint
auch Pluspol, Sonne, Tag, Helligkeit, Hitze… und Schnelligkeit.
(Oder analog: die Hölle, die Teufel und „böse".)

Zwischen den beiden Polen herrscht eine mehr oder weniger
große Spannung: mit Anziehung oder Abstoßung, mit Liebe oder
Haß. Oder, in der Sprache der Psychoanalyse Sigmund Freuds:
Eros und Thanatos, Lusttrieb und Todestrieb.

Was uns fremd ist, unbekannt, unvertraut, macht uns Angst –
oder es fasziniert uns; je nachdem werden wir es ablehnen, „ver-

teufeln", beseitigen wollen – oder es wird uns faszinieren, wir werden es idealisieren und besitzen wollen.

In der reifen Sexualität geht es auch um den Umgang mit dem Fremden, dem anderen[33]; für die Frau ist vor allem der Mann dieses andere, für den Mann die Frau. Wie weit es bei homosexuellen Liebesbeziehungen ähnlich oder wiederum anders ist, werden wohl erst die Selbstzeugnisse Betroffener in den nächsten Jahren aufzeigen – immerhin wurde Homosexualität erst 1992 aus dem DSM III[34] entfernt und gilt daher nicht mehr als Krankheit oder Störung. Sie tritt nun als sexuelle Orientierung neben andere. Für die Sexualwissenschaft bleibt zu erwarten, daß in der Folge nicht nur Selbstdarsteller mit Kamikazementalität Diskriminierungsängste beiseite lassen und damit hermeneutische Forschung leichter wird.

Wenn im christlichen Glauben vom „Sakrament der Ehe" gesprochen wird, das sich die Eheleute bekanntlich gegenseitig spenden, dann ist damit der Austausch der Sexualenergie zwischen Mann und Frau gemeint – ein hochdramatisches Geschehen. Mit dem üblichen „Vollzug der ehelichen Pflicht" hat das wenig gemein, denn dieser ist meist routiniert oder ungelenk, trivial oder langweilig.

In der Bibel heißt es oft, wenn zwei ihre Sexualität vollziehen, „und er erkannte sie": auch mit dieser Formulierung wird auf diese Dramatik hingewiesen – wenn beide einander empathisch nahe gekommen sind und ihre intimsten Gefühle und Gedanken fast telepathisch „wissen", wenn ihre Bioenergie nicht nur knistert oder Funken schlägt, sondern strömt und flutet und beide sich zur „ozeanischen" Verschmelzung vorbereiten. Dann werden „Mann und Weib ein Leib", ein „Fleisch", „verkörperte Liebe".

Nur: „Der Teufel schläft nicht." Er sät Zwietracht. Daher bekämpfen wir einander.

Erinnern wir uns an das Geheimnis der Partnerwahl: Wir hoffen, durch Paarung zu unserer Ganzheit zu kommen – wir suchen im anderen die Ergänzung. Ob wir das andere bekämpfen – „Warum bist du nicht wie ich?" – oder liebend annehmen – „Wie schön, daß du bist, wie du bist!" –, liegt an uns selbst: Wir haben die Wahl.

Gegensatzpaare: Morgenmenschen und Abendmenschen

Wir wissen alle, daß es Morgenmenschen und Abendmenschen gibt – oder dichterisch ausgedrückt: Lerchen und Eulen.

Meist heiraten zwei derart unterschiedliche „Typen" – denn Gegensätze ziehen sich bekanntlich an – und streiten dann Tag und Nacht „Warum bist du müde? Ich bin jetzt munter!" oder „Laß mich in Ruhe – ich will jetzt schlafen!"

Dabei könnten sie einander ergänzen und ein ähnlich unschlagbares Paar bilden wie die zwei Igel im Märchen vom Igel und dem Hasen. Zur Erinnerung: In diesem Märchen fordert der siegessichere Hase einen Igel zum Wettlauf heraus. Der aber bittet sein Eheweib, sich gleich gewandet am Zielpunkt zu postieren. Als der Hase dort anschnauft, lacht ihm bereits ein Igel entgegen: „Ich bin schon da!"

Spätestens wenn ein Baby Tag und Nacht gefüttert, gewickelt und liebgehabt werden will, bewährt sich ein Lerchen & Eulen-Team gegenüber allen anderen – vorausgesetzt, beide sind einander wirklich faire Partner. Fairneß bedeutet Verzicht auf einen eigenen Vorteil, wenn er einem anderen zum Nachteil gereichen würde.

Manchmal denke ich darüber nach, warum der Begriff Fairness im Deutschen fehlt und aus dem Englischen importiert werden mußte. Wir reden von Gerechtigkeit und wissen, wie trügerisch dieses Ideal ist, spätestens wenn wir versuchen, bei Gericht recht zu bekommen; Justitia ist bekanntlich blind. Wir reden von Anstand und Anständigkeit; diese Begriffe treffen schon besser, beinhalten sie doch die Bereitschaft, stehen zu bleiben, auf Fortschreiten zu verzichten.

Einen anderen Menschen in seiner, ihrer Individualität zu respektieren, setzt voraus, ihn, sie überhaupt wahrzunehmen. Das hat mit Sehen zu tun – und zum Sehen gehört wiederum ein gewisser Abstand. Was zu nah ist, spüren wir zwar, sehen wir aber nicht. Wir brauchen nur unsere Hand nahe ans Auge zu führen... Morgenmenschen werden dadurch definiert, daß sie ihr Leistungshoch frühmorgens haben, Abendmenschen hingegen spätabends. Mir ist diese Zuschreibung zu oberflächlich. Ich bevorzuge eine andere Interpretation (und ziehe meine Schlüsse diesmal nicht nur aus den zahlreichen Beobachtungen in meiner zwanzigjährigen Beratungspraxis, sondern auch aus meiner eigenen Familiensituation: mein Mann und mein älterer Sohn sind Eulen, mein jüngerer Sohn und ich Lerchen).

Die sogenannten Morgenmenschen sind nach meiner Ansicht vor allem dadurch gekennzeichnet, daß sie Blitzstarter sind: Es fällt ihnen leicht, schnell aufzuwachen. Ebenso schnell haben sie ihr durchschnittliches Leistungsniveau zur Verfügung. Ebenso schnell ermüden sie aber auch. Daher gehört es zu ihren Lebensaufgaben, ihre Leistungsgrenzen klar einschätzen zu lernen.

Bei den sogenannten Abendmenschen dauert die Anlaufzeit lang – und ebenso die Zeit, die sie brauchen, um zur Ruhe zu gelangen.

Wieviel Streit um die Schlafengehenszeiten könnten sich Eltern ersparen, wenn sie zur Kenntnis nehmen würden, daß ein winziges Abendmenschlein eben nicht um sieben Uhr im Bett und – Äuglein zu – eingeschlafen sein kann, während das gleichaltrige Morgenmenschlein womöglich schon beim Abendessen den Kopf sinken läßt und fast vom Stuhl kippt, weil der Sandmann schon kräftig eingestreut hat...

Und wieviele Streitereien ums morgendliche Aufstehen könnten vermieden werden, wenn die Morgenmenschen nicht in falsch verstandener Rücksichtnahme – „Ich laß dich so lange schlafen, wie es nur geht!" – den dusseligen Abendmenschen in knapper Zeit zur Eile antreiben würden, sondern statt dessen so rechtzeitig aufwecken, daß er in seiner Zeit, in seinem Rhythmus langsam aufwachen kann, bis er die Geschwindigkeit erreicht hat, die er braucht, um sich vom Bett zu erheben und langsam ins Badezimmer zu bewegen.

Eben dieser Unterschied von schnell und langsam findet sich als Ursache zahlreicher Differenzen in Liebes- wie Berufspartnerschaften. Die Schnellen gehen den Langsamen auf die Nerven und umgekehrt.

Aus der Lernpsychologie kennen wir die unterschiedlichen Lerntypen: Da gibt es die, die sich etwas nur anzusehen brauchen, und schon ist es auf lange Zeit gespeichert; andere wiederum müssen nur einmal konzentriert zuhören – oder auch immer wieder, je nachdem; und wieder andere müssen etwas tun, unterstreichen, auf und ab gehen oder zumindest mit irgendeinem Körperteil wippen, um sich Lernstoff einzuprägen. Es liegt am pädagogischen Geschick – und der Bereitschaft, auf Lernende einzugehen –, jedem etwas in seiner Art anzubieten.

Gegensatzpaare:
Sehmenschen und Spürmenschen

Viel weniger bekannt ist, daß jeder Mensch analog auch ein bevorzugtes Wahrnehmungs- und Denksystem hat: die einen das Sehen, die anderen das Hören, die dritten das Spüren, oder wie ich gerne formuliere: das Körpern.

Und so machen sich die Sehmenschen „ein Bild von der Sache", während die Hörmenschen „sich das mal anhören" und die Körpermenschen versuchen „zu begreifen".

Leider machen sich Sehmenschen sehr schnell ein Bild, ein geistiges Bild – und wenn dann die Realität mit diesem nicht übereinstimmt, ist „ihr Auge beleidigt", wo sie sich doch alles „so schön ausgedacht haben"! Überhaupt ist ihnen sehr wichtig, wie alles aussieht, vor allem auch sie selber. Ein Sehmensch wird einen Pullover selbst dann tragen, wenn er kratzt wie Stahlwolle,

Hauptsache, er ist schön, und Schuhe, wenn sie eine Nummer zu klein sind, Hauptsache, sie passen perfekt ins Bild: „Schönheit muß leiden."

Seinem Gegenpol, dem Körpermenschen, können kratzige Pullover oder drückende Schuhe nicht passieren. Für ihn ist mollig – weich und watschelig –, „bequem" das Kriterium der Wahl, aufs Aussehen kommt's da nicht an.

Im „Neurolinguistischen Programmieren", kurz NLP, geht es vor allem darum, in der (pädagogischen, therapeutischen, aber auch z. B. verkäuferischen) Kommunikation auf diese Unterschiedlichkeiten besonders Bedacht zu nehmen.

Die Väter des NLP, Richard Bandler und John Grinder, machten sich jahrelang die Mühe, die effizientesten Psychotherapeuten, zu denen sie Zugang hatten, nämlich außer Gregory Bateson auch den Begründer der Gestalttherapie, Fritz Perls, die Familientherapeutin Virginia Satir und den Schöpfer der nach ihm benannten Hypnotherapie, Milton Erickson, in ihrer Arbeit zu beobachten, um das Geheimnis ihrer „Magie" zu entdecken. Sie fanden heraus, daß alle vier eine besondere Fähigkeit besaßen, bei den einen Menschen mehr das Sehen, bei anderen mehr das Hören und bei wieder anderen das Spüren anzusprechen. Da sie dem Grundsatz vertrauten, daß das, was ein Hochbegabter von sich aus könne, für einen weniger Begabten mit Fleiß und Ausdauer nachahmbar sei, begannen sie in mühevoller Kleinarbeit herauszuarbeiten, auf welche individuellen Besonderheiten diese Meistertherapeuten so effizient einzuwirken wußten.

Sie entdeckten, daß jeder der drei Grundtypen bestimmte Merkmale besitzt. Beim Sehmenschen dominiert das geistige Kino (mit oder ohne Ton), beim Hörmenschen laufen die unterschiedlichsten Hörspiele ab, und dem (kinästhetischen) Körpermenschen geht alles unter die Haut: er bzw. sie nimmt sich alles zu Herzen, Magen, Rückgrat oder was immer sein/ihr bevorzugtes Organ ist – daher finden wir unter ihnen die klassischen Psychosomatiker.

Diese bevorzugte Form, dem Leben mit all seinen Reizen zu begegnen, ist bereits in der Wortwahl erkennbar. Wo Sehmenschen, „Visuelle", sagen: „Das sehe ich nicht so!" wird ein Hörmensch, ein „Auditiver", formulieren: „Das mag ich gar nicht hören!", und ein Körpermensch, ein „Kinästhetiker", wird meinen: „Das widert mich an!"

Wie aufschlußreich sind dann Paartherapien, wenn eben diese Unterschiedlichkeiten deutlich ausgesprochen werden!

So erinnere ich mich an ein Paar, dessen Eheleben vor allem dadurch beeinträchtigt wurde, daß sie beschlossen hatten, ihr Haus auszubauen, keiner aber die dafür notwendige Zeit für die Koordinierung der Handwerker von seinem Zeitbudget opfern wollte.

Im Schlafzimmer türmte sich alles, was sonst in anderen Räumen, die jetzt Baustelle waren, Platz gefunden hatte. Dem (kinästhetischen) Mann machte dies gar nichts – er „sah" es einfach nicht. Seine (visuelle) Frau litt. Sie konnte die Unordnung einfach „nicht mehr sehen"! Wann immer er sich ihr zärtlich nähern wollte – bei schummeriger Beleuchtung, versteht sich, denn er wollte ja den zusätzlichen Reiz ihrer Schönheit genießen, „sah" sie nur die wartende Hausarbeit rund ums Bett – und geriet in Panik. Vorbei war es mit jeglicher Entspannung und jedwedem Genuß.

Bei einem anderen hausbauenden Paar ging es im Streit um die Frage, wer sich um den Elektriker kümmern sollte: Mann schimpft: „Dauernd stolpert man über den Kabelsalat!" – Frau keift dagegen: „Ich hab' dir doch schon vor einem halben Jahr gesagt, das sieht fürchterlich aus!"

Als sie endlich berichteten, sie hätten die Badewanne einmauern lassen und könnten jetzt wenigstens im Badezimmer der Lust und der Liebe frönen, seufzte sie: „Wie bin ich froh, daß das jetzt endlich wieder appetitlich aussieht!" und er sekundierte: „Und man kann sich wieder rühren!"

Mir ist bei all den Paarberatungen, die ich nach meiner neurolinguistischen Ausbildung durchgeführt habe, sehr deutlich geworden, daß eher die Frauen die visuell betonten sind, Männer hingegen eher kinästhetisch orientiert. Umgekehrt fand ich es eher selten.

Ich führe dies auf die forcierte geschlechtsrollenspezifische Erziehung zurück. Kleine Mädchen hören viel häufiger Sauberkeits- und Schönheitsappelle als kleine Jungen; „Ein Mann muß nicht immer schön sein, darauf kommt es gar nicht an!" habe ich noch einen Schlager aus meiner Kindheit im Ohr; auch Friedrich Torbergs Tante Jolesch wird häufig zitiert: „Alles, was ein Mann schöner ist als ein Aff', ist ein Luxus!"

Eine Frau soll schön „aussehen", das hören schon die kleinen Mädchen von ihren Müttern und Großmüttern, die geistig noch dem vorigen Jahrhundert nachhängen, wo die „gute Partie" das ein und alles war, und später lesen sie es im Unterricht bei den Dichtern ebendieser Vergangenheit, und danach werden sie von der Produktwerbung berieselt, die ihnen das gleiche suggeriert, und irgendwann haben sie dann die Pflicht zur Schönheit verinnerlicht und auf die Kür der Persönlichkeitsentwicklung vergessen. Genauso soll alles, was der eigenen Gestaltungskraft unterliegt, schön aussehen. Frau soll „nett" sein, sauber, ordentlich. Ihr Gesicht soll aussehen wie auf dem Kosmetikinserat, ihre Kleidung wie aus dem Modejournal, ihre Wohnung wie aus „Schöner Wohnen", ihre Küchenkompositionen wie aus „Essen & Trinken" und ihre Familie wie aus der Fernsehwerbung, Marke „Wenn der Teekessel singt...".

Ist eine Frau kinästhetisch und achtet mehr darauf, daß alles „gemüt"lich ist, heißt es dann: „Wie schaut es nur bei der aus!"

Ist hingegen ein Mann visuell und auf Übersicht und Ordnung bedacht, wird er sogleich als Pedant und Reinlichkeitsfanatiker diskriminiert, so sehr fällt er damit aus der Männerrolle.

Ja, diese Männerrolle, die hat's in sich.

Da kam einmal ein Paar in die Sexualberatungsstelle; die Lust sei ihnen abhanden gekommen, klagte die Frau und „Sie will ja nicht!" der Mann. In der Sexualanamnese legte ich besonderes Augenmerk auf die Erforschung ihrer Werbegewohnheiten. Hatten sie überhaupt welche? „Nie sieht er mich lieb an!" schnupfte sie beleidigt. „Aber das stimmt doch nicht!" protestierte er. Ich blickte ihn prüfend an: „Na, liebevoll kommt mir Ihr Blick aber auch nicht vor!" gab ich ihm Feedback. „Das ist mein Dienstblick!" beeilte er sich zu erklären. „Was haben Sie denn für einen Beruf?" fragte ich daraufhin. „Hauptmann bei der Bundeswehr!" kam prompt die Antwort. „Und glauben Sie, daß Ihr Dienstblick geeignet ist, Ihre Frau zu entflammen?" fragte ich weiter. Daraufhin stutzte er, wandte sich zu seiner Frau und sah sie an; jetzt sah er sie *wirklich* an.

Wie gerne erinnere ich mich an den Glutblick, den er seiner Frau sandte! Und wie sie errötete! Ganz deutlich wurde spürbar, wie sich sein Feuer auf sie übertrug – die beiden brauchten keine weitere Beratung mehr. Das war es also!

Ein visueller Mensch wird primär auf Blicke reagieren, ein auditiver auf Stimmschwingungen.

„Nie sagst du was Liebes zu mir!" höre ich dann oft z. B. von auditiven Frauen, und die zugehörigen Männer fragen gequält: „Was soll ich denn sagen?" Dabei ist der Inhalt der Sätze ganz gleich – der Tonfall macht's, das Timbre. Es genügt schon „Duuuuu!"

Meist drücken Männer ihre Zuneigung aber ganz anders aus: „Ich hab sie doch ohnedies so lieb!" preßt sich dann so manch einer im Paargespräch ab – und tapscht der Herzallerliebsten aufs Knie.

Viele Frauen sind aber berührungsscheu bis -phobisch. Das hängt nur zu oft damit zusammen, daß sie in Kindheit und Jugend widerwillig unerwünschte Berührungen erdulden mußten oder schwerer sexuell ausgebeutet wurden. Die seinerzeitigen Körperempfindungen und Gefühle sind dann oft an dieser Körperstelle gespeichert – „geankert" heißt das in der Fachsprache des Neurolinguistischen Programmierens.

Viele Männer beteuern ihre Liebe durch Berührungen – und ernten häufig eine herbe Abfuhr. Männer rätseln dann, wieso: „Das muß ihr doch gut tun!" Ein Zeichen, wie wenig sie ihre Frau kennen – „erkannt" haben.

Nicht immer liegt die Lösung des Rätsels in der Psyche der Frau. Vor allem dann, wenn man(n) nicht „sieht", daß frau gerade bei einer komplizierten Arbeit ist. Und Männer sehen das oft wirklich nicht. Sie sehen, riechen nur lockende Weiblichkeit und reagieren sofort – mit dem Stammhirn. Wie einst im Neandertal.

Und das ist einesteils gut so: Denn ohne dieses „biologische Programm" wären wir als Menschengattung wahrscheinlich schon längst ausgestorben. Anderenteils kommt es zu größeren Eklats, wenn dieses Programm – ohne die notwendige Großhirnarbeit der Selektion – zu unpassenden Zeiten, an unpassenden Orten und mit unpassenden Personen abläuft. Wir sprechen dann etwa von „sexueller Belästigung am Arbeitsplatz" (soferne es sich nicht nur um einen derben Einschüchterungsversuch mit sexistischen Mitteln handelt).

Das Stammhirn, der älteste Teil unseres Gehirns und daher auch oft „Reptiliengehirn"[35] genannt, ist zuständig für die Instinkthandlungen, für Angriff (im wahrsten Sinn des Wortes) und Kampf, für Flüchten und Totstellen, für alles, was blitzartig, ohne viel Denken ablaufen soll[36].

Das Großhirn, der entwicklungsgeschichtlich jüngste Teil unseres Gehirns, leistet komplexe Denkarbeit. Fragen statt angreifen, verhandeln statt kämpfen, Emigration, Scheidung, Kündigung statt Flucht, und statt totstellen – abwarten.

Kinästhetiker neigen zu prompten Stammhirnreaktionen. Lauschen oder gar Schauen braucht ja auch viel mehr Zeit! Das müssen – müßten! – wir alle schon als kleine Kinder lernen – und vielleicht zeigt sich das vielzitierte „Kind im Manne" gerade darin, daß Männer sich gerne die Privilegien der frühesten Kindheit reservieren – und ihre Frauen dadurch in die Rolle der versorgenden Mutter drängen wollen.

Kleine Kinder sind alle noch kinästhetisch. Mit „Wie schaut's denn da aus!" die lieben Kleinen zum Ordnungmachen im Kinderzimmer motivieren zu wollen, ist daher sinnlos. Sie sehen Unordnung noch nicht. Und für „Überblick" sind sie noch zu klein.

Sagt Mutter/Vater aber „Da ist ja kein Platz für mich – da kann ich ja nirgends hintreten!", so findet das eher Verständnis.

Es liegt wohl wirklich an der Erziehung, wie sehr und welche visuellen Fähigkeiten entwickelt werden. Wird die Anleitung zum Sehen vernachlässigt, werden die Folgen zumeist mit Schulbeginn sichtbar: Körperkinder sind gegenüber den schnellen Sehkindern benachteiligt. Forcierte Seh-Erziehung kann hingegen zu Gefühlsblockaden führen: Es wird nur mehr zugesehen, nicht mehr mitgefühlt.

Ich pointiere die Polarität Sehen/Spüren deshalb so sehr, weil sie für das Zeitempfinden von eminenter Bedeutung ist. Ich bin mir bewußt, daß ich damit die Hörmenschen vernachlässige. Liegt das daran, daß sie in der Mitte liegen, mehr der einen oder der anderen Seite zuneigen? Mir sind in der therapeutischen Arbeit schon auch Menschen aufgefallen, die immer darauf „lauschten", was „die anderen sagen", denen es überaus wichtig war, „was sich gehört", die überdurchschnittlich ärgerlich wurden, wenn sie etwas akustisch nicht verstehen konnten oder wenn man ihnen nicht zuhörte, und die auf Lautstärken oder Tonlagen extrem allergisch reagierten.

So kann ich mich an einen Klienten erinnern, einen Aufzugsmechaniker, der ganz stolz darauf war, daß er dem Geräusch des fahrenden Aufzugs entnehmen konnte, wo welche Störung zu finden war. In die Therapie kam er seiner Eifersucht wegen. Daheim mußte er seiner Frau immer kontrollierend nachgehen, wenn er sie nicht hörte. Dies, so fanden wir heraus, entstammte seiner Kindheit, in der er, ein vernachlässigter und einsamer kleiner Bub, nur Geborgenheit und Ruhe fand, wenn er die Mutter im Haus rumoren hörte. Diese Geräusche waren es, die ihm auch als erwachsenem Ehemann abgingen und ihn beunruhigten, selbst wenn er genau wußte, daß und wo und wie lange seine Frau gerade einkaufen war.

Was hat das alles aber mit der Zeit zu tun? werden jetzt diejenigen fragen, die zur Ungeduld neigen.

Wenn die Schnecken Trauer tragen

In der Beobachtung von Seh-, Hör- und Spürmenschen fällt auf, daß die Visuellen die Schnellsten, die Auditiven bereits merklich langsamer und die Kinästhetiker die Langsamsten sind. Die Neurolinguistik zählt etliche Unterscheidungsmerkmale auf, wonach Menschen je nach bevorzugtem Wahrnehmungssystem voneinander abweichen: Vor allem an den Augenbewegungen kann man beobachten, welches Zentrum im Gehirn augenblicklich im Einsatz ist.

Wandert – bei Rechtshändern – der Blick nach links oben, wird „visuell erinnert": Es wird ein geistiges Bild von einer Ansicht, die schon einmal erblickt wurde, abgerufen. Wird hingegen ein geistiges Bild konstruiert, weil noch kein Modell archiviert ist, gleitet der Blick nach rechts oben. Bei Linkshändern läuft der Prozeß umgekehrt; bei „umgedrehten" Linkshändern kommt es meist zu einigen Augensuchbewegungen, und oft läuft dann alles verkehrt.

Wer dieses Basiswissen der Neurolinguistik bei sich selbst oder bei Freunden überprüfen will, kann dies leicht tun, indem er Fragen stellt wie „Wie hast du als Kind ausgesehen? Wie sieht deine Mutter aus?" – da werden erinnerte Bilder angedacht. Oder „Welches Wetter werden wir wohl morgen bekommen? Wie würde dein Traumhaus aussehen?" – jetzt folgt die kreative Arbeit, neue geistige Bilder zu konstruieren.

Verlagert sich die Aufmerksamkeit aufs Hören, wandert der Blick geradeaus, wiederum – bei Rechtshändern – bei Erinnertem nach links, bei Phantasiertem nach rechts. Und wer Gefühlen oder Körperempfindungen nachsinnt, senkt den Blick nach rechts unten. (Blick links unten deutet darauf hin, daß jemand in einem inneren Dialog verweilt, sich also zwischen verschiedenen Möglichkeiten noch nicht entscheiden kann.) Das erklärt auch den konstruktiven Appell „Kopf hoch!", wenn jemand in destruktive Traurigkeit abzugleiten droht: Er leitet an, vom (schmerzhaften) Fühlen zum (distanzierteren) Sehen umzuschalten.

Auch wenn man auf die Sprachwahl seiner Gesprächspartner achtet, bekommt man recht bald heraus, ob man sich diesen mehr mit Seh-, Hör- oder Fühlworten verständlich machen kann (und soll!).

Und man merkt bereits an der Körperhaltung, ob jemand – aufgerichtet – auf „Übersicht" bedacht ist oder – hingelümmelt – auf Bequemlichkeit.

Man merkt dann auch, ob jemand schnell atmet und daher auch spricht, oder langsam. Man merkt, ob sich jemand schnell bewegt (er oder sie schaut ja bereits, wo hingegriffen wird und braucht daher nicht herumzutapsen!) oder langsam (alles erst finden muß).

In unserer Yang-betonten Zeit wird Schnelligkeit hochgezüchtet und hochgelobt: Das beginnt in der Schule, setzt sich im Sport fort, im Straßenverkehr, in der Informationsvermittlung und nützt den Arbeitgebern. Die Langsamen werden diskriminiert: die Kinder, die Alten, die Behinderten. „Die Schnellen fressen die Langsamen" heißt es dann – wie wenn das eine Selbstverständlichkeit wäre, als ob wir noch in freier Wildbahn lebten!

Und weil die meisten Menschen einen unsichtbaren „Mann (Yang!) im Ohr" haben, der sie antreibt, und auch überall erleben, daß „Zeit Geld ist" und die Schnelleren das Sagen haben, wundert es nicht, wenn auch in Paarbeziehungen die „Schnecke" diskriminiert wird. Und meist sind es die – visuellen – Frauen, die ihre – auditiven oder kinästhetischen – Männer hetzen.

Selbst Streitereien beim Shopping werden plötzlich klar: Ich erinnere mich an ein Paar, das einander nicht verstehen konnte – sie raste an den Auslagen vorbei, sah sie doch „auf einen Blick", ob ihr etwas gefiel oder nicht. Er hingegen mußte jeweils lang verweilen, weil er ja „nachfühlen" mußte, ob ihn etwas „antörnte". Während dieser Zeit verging sie fast vor Ungeduld. Erst als sie sich disziplinierte, ihre unfreiwilligen

Wartepausen dazu zu verwenden, sich bei ihm einzuhängen und seinen Duft zu schnuppern, war eine halbwegs taugliche Synchronisation möglich.

Sich die eigenen Grenzen ein- und zuzugestehen, ist der erste Schritt, sie zu durchbrechen.

Elizabeth Davis, „Muster der Sinnlichkeit"[37]

Sind solche Zeitkonflikte noch relativ vermeidbar – auf das Mißvergnügen gemeinsamer Konsumfeldzüge könnte ja auch verzichtet werden –, so wird es erst richtig tragisch, wenn die „Ameise" in ihrer Turbogeschäftigkeit nicht einmal bereit ist, Denkzeit einzuräumen.

Helly zum Beispiel, selbst Verhaltenstherapeutin, liebt Paul, einen Psychoanalytiker. Es fällt ihr leicht, auf Menschen zuzugehen, ihre Wünsche zu äußern und ihre Grenzen deutlich zu machen. An Paul gefällt ihr gerade seine ruhige, stille Art. „Er macht sich Verantwortung nicht leicht", schwärmt sie, die gerne experimentiert, von ihm, „endlich ein Mann, der mir Geborgenheit und Sicherheit gibt!"

Und dennoch gibt es einen Wermutstropfen: Helly zweifelt an seiner Liebe zu ihr, auch wenn er sie regelmäßig beteuert. Warum? Sie ruft ihn morgens an, wenn er Nachtdienst im Spital verbracht hatte, um den kommenden Tag abzustimmen. Aber sie bekommt keine Antwort, klagt sie. Dann schlägt sie ein Programm vor, und er sagt nichts, nicht Ja, nicht Nein. Darauf wird sie ungeduldig und disponiert spontan und so, wie es ihr in den Sinn kommt. Meist ganz anders als angeboten. Was sie nicht verstehen kann, ist, daß er am Abend ärgerlich ist, weil sie angebliche Vereinbarungen nicht eingehalten habe.

Ein typischer Fall von Asynchronizität! Helly gibt Absichtserklärungen von sich (wie eine Politikerin) und erwartet Zustimmung oder Widerspruch. So schnell geht das bei Paul aber nicht. Er muß ja erst nachdenken, verdauen, eventuell sogar wiederkäuen, ob ihm das alles „schmeckt". Paul wertet ihre Botschaften als Ankündigungen, auf die er sich verlassen kann. Als Versprechen. Mit Hellys dynamischer Flexibilität rechnet er nicht. Am Abend, wo er sich auf die Angebote des Morgens eingestellt hat, ist Helly schon wieder ganz woanders.

Auch in der sexuellen Begegnung verwirrt das quirlige Persönchen den bärenstarken Mann: wenn er es auch am Beginn der Beziehung schaffte, mit ihrem Tempo Schritt zu halten, fällt es ihm nach zwei Jahren Zusammensein zunehmend schwerer, sich selbst und seine Gefühle zu spüren.

Übrigens eine häufige Klage „ruhiger" Männer mit weiblichen Temperamentbündeln an ihrer Seite – und damit die vollkommene Umkehr zum altvertrauten Klischee der „sanften" Frau mit dem immerdrängenden Mann, der „nur das Eine im Kopf hat".

„Sie summt mir mit ihrem Begehren so um Augen und Ohren" höre ich dann von diesen Schnecken-Männern, „daß ich gar nicht dazu komme zu spüren, ob ich sie im Augenblick begehre oder nicht!" Kaum schließt man(n) aber die Augen, um sich ein wenig in die eigene Gefühlswelt zu vertiefen, ängstigt sich die Ameisen-Frau, der „Faulsack" könnte wegschlafen. Besonders dann, wenn sie bereits ihr Zeitbudget für die Stunden „nachher" verplant hat und in ihrem Count Down nicht irritiert werden will.

Ähnlich geht es auch Angelika. Die vielbeschäftigte Managementtrainerin kann und muß die seltenen und daher kostbaren Stunden, in denen sie John, ihre große Liebe, sehen, spüren und umarmen kann, nur im großen Zeitrahmen planen. Ohne „Perspektive" wird sie von Unruhe getrieben. Er hingegen genießt es, endlich in Pension, Zeit für seine Familie, seine Freunde und vor allem für sich selbst zu haben. Planlosigkeit inspiriert ihn.

Wenn ihre Treffen fix terminisiert sind, verspürt sie zwar Sehnsucht, fühlt sich aber ruhig und sicher: Sie weiß, daß ihr Warten einen ganz konkreten Endpunkt hat. Er hingegen fühlt sich eingeengt wie früher im Berufsleben. „Wenn ich

darauf warten muß, daß er mich anruft, bin ich ganz unruhig",
erzählt sie, „ich will einfach zu ihm. Dann bekomme ich
Sorgen, daß ihm etwas passiert sein könnte und werde panisch.
Dabei habe ich große Angst, ihn zu bedrängen mit meinem rasanten Tempo. Aber das brauche ich, sonst schaffe
ich meine Arbeit nicht. Seine Langsamkeit, seine Ruhe sind
es auch, die mich so anziehen – gerade weil er so wichtig
für mich ist, motiviert er mich, mich seinem Tempo anzupassen, und das ist gut für mich. Ich brauche ihn. Und ich weiß ja:
Wenn ich nichts tue, kommt er. Aber es ist so schwer, die Zeit
des Nichtstuns zu ertragen!" Ihr Glück: John läßt sich nicht anstecken. „Laß mir Zeit" beruhigt er sie voll Wärme – und schenkt
sie ihr damit.

Die Lösung liegt, wie meist im Paargeschehen, in der „goldenen
Mitte": im gegenseitigen Respekt, im Einander-Entgegenkom-
men und im Verzicht auf Überforderung.

Die Rastlosigkeit der Ameise

Es gibt eine berühmte Fabel von der Ameise und der Grille.
Meist indoktriniert man uns schon in frühester Kindheit damit,
sie soll – frei nach dem Motto „Wer nicht arbeitet, braucht auch
nicht zu essen!" – den angeblich faulen Langsamen ein schlechtes Gewissen gegenüber den fleißigen Schnellen einimpfen.

Die Grille, die im Sommer sang,
Daß laut es durch die Felder klang,
Fand bei des Winters Schnee und Eise
Kein Hälmchen mehr zu ihrer Speise.

Sie hüpfte schnell zur Nachbarin,
Zu einer reichen Aemse hin,
Und sprach: „Mich hungert gar zu sehr,
Die Küch' und Kämmerchen sind leer;

Ach! gib mir Armen doch zu essen,
Ich zahl's zurück – will's nicht vergessen!
Bevor der Heumond kommt in's Land,
Hast du's mit Zinsen in der Hand –
Bei meiner Ehr', so soll es sein!"

Ameise will nicht gerne leihn,
„Sag'", spricht sie, „wie doch brachtest du
Die Erntezeit des Sommers zu?"

„Ich sang und dabei sind die Stunden
Der Nacht, des Tags schnell hingeschwunden;
Ich sang, kann man was Bess'res thun?" –
„Du sangst? – wohlan, so hungre nun!"

La Fontaine, bearbeitet von Friedrich Hoffmann 1864[38]

Die Absicht hinter diesem Lehrstückchen ist deutlich erkennbar:
Arbeit ist gut, Freizeit ist schlecht. Die Ameise hat zwar ihre Le-
bensmittel gesichert, aber nur im Zusammenwirken mit der Grille kommt sie zu einer Pause und zu Musik.
Und genau darum geht es auch in der Paarbildung menschlicher
„Ameisen" und „Schnecken": Wenn niemand der Ameise hilft,
sich zu verlangsamen, stiller zu werden, mitfühlender – und
Fühlen braucht Zeit! Das geht nicht schnell! –, wird sie noch
mehr und noch schneller das tun, was sie gut kann, nämlich arbeiten.
Arbeiten als Zeit der Anspannung braucht Zeit der Entspannung
als Gegenpol. Das eine allein – Überforderung – ist genauso
gesundheitsschädigend wie ständige Unterforderung. Ich pflege
gerne zu formulieren „Ein Motor wird auch kaputt, wenn man
ihn dauernd untertourig fährt". Kennen wir unsere optimale
Tourenzahl?
Wenn wir es wagen, die „Ausstrahlung" von Menschen in Frequenzen, in Wellen, zu interpretieren, so können wir beobachten,
daß es Menschen mit chronisch hohen Amplituden gibt und sol-

che mit ganz flachen, und dazwischen die Normal-Bandbreite. „Lüftler", mit „Höhenflügen", „Grundler", die immer „am Teppich bleiben" wollen, und jene, die eben ab und zu „im siebenten Himmel" schweben. Wir alle haben unsere „Höhen" und „Tiefen", manchmal versuchen wir, dies zu verhindern – „Nur keine Wellen!" –, und manchmal „läuft gar nichts".

Und wir wissen alle, wie schön es ist, mit jemandem „auf gleicher Wellenlänge" zu sein.

Auf gleicher Wellenlänge

Was tiefenpsychologisch oder humanistisch orientierte Psychotherapeuten unter vielem anderem in ihren Ausbildungen lernen, ist, sich auf die Wellenlänge anderer Menschen „schnell" einzustellen.

Das Neurolinguistische Programmieren, kurz NLP genannt, hat diese Kunst „abgeleitet" und damit in leicht nachvollziehbare Schritte zerlegt. Es wird dabei davon ausgegangen, daß Körper, Seele und Geist eine Einheit sind und deshalb auch jeder Seelenzustand, jedes Gefühl, sich auch körperlich äußert. Wir kennen diese „Darstellungen" von Meisterschauspielern. Wenn sich nun aber ein Schauspieler durch bestimmte Körperhaltung, Gestik, Mimik in einen bestimmten Gefühlszustand hineinversetzen kann, kann es jeder andere Mensch auch mehr oder weniger gut.

Sich in einen anderen Menschen einzufühlen, kann man auch lernen, indem man ihn nachahmt. Kleine Kinder tun das noch instinktiv – und werden meist früher oder später durch Ermahnungen daran gehindert.

Psychologische Untersuchungen haben ergeben, daß Liebespaare – aber auch andere Menschen, die sich auf der „gleichen Wellenlänge" befinden (bzw. deren Gehirnstrommuster die gleiche Frequenz aufweist) – in kürzester Zeit die gleiche Körperhaltung einnehmen. Wenn man Menschen in Kommunikation beobachtet – und ich tue das gezielt, nicht nur in Seminaren oder Paartherapien, sondern vor allem, wenn ich künftige Kollegen in ihren Übungsgesprächen supervidiere –, so merkt man sehr bald, wer sich wie gut auf wen einstimmt oder aber überhaupt nicht. Kaum finden einfühlsame Berater Zugang zu einem Ratsuchenden, gleiten sie unmerklich in eine Körperhaltung, die der des Klienten fast ident ist. NLP hat das bewußt gemacht: Jetzt kann auch der weniger sensible Berater, wenn er so gar keinen Zugang zur Erlebniswelt seines Klienten findet, versuchen, gezielt dessen Körperhaltung zu „spiegeln" – in der Hoffnung, dann selbst ähnliche Gefühle zu bekommen und damit dem Klienten mehr Verständnis entgegenbringen zu können.

Umgekehrt ist es nützlich, zu wissen, wie man sich davor schützt, von den Gefühlen anderer (beispielsweise Trauer oder Wut) angesteckt zu werden: indem man nämlich darauf achtet, nicht in die Körperhaltung des anderen zu verfallen! Und wenn es dennoch passiert ist, diese (Körper- wie Geistes-)Haltung zu wechseln.

Analog dazu ergibt sich, daß viele Kommunikationsschwierigkeiten in Partnerschaften damit zusammenhängen, daß der eine immer hechelnd Zeitdruck vermittelt, der andere sich darauf aber auf keinen Fall einstellen will. Oder anders herum: Der eine will friedliches Dahinschweben, und der andere hetzt wie das weiße Kaninchen in „Alice im Wunderland" irgendeinem imaginären Termin nach. (Die Frage, ob sich der Zeitdruck nicht aus ungeliebter Doppel- und Dreifachbelastung ergibt, lasse ich erst einmal dahingestellt!) Abstimmung findet nicht statt. Die bräuchte nämlich – Zeit.

Yang auf Yang bricht die Knochen

Unsere Großeltern pflegten noch die Tanzkultur. Kaum wurde ein Mädchen mannbar, wurden ihr Kirtage oder Eröffnungsbälle zur Pflicht, den Männern zur Kür; die Brautschau fand meist auf dem Tanzboden statt.

Nun ging es da aber nicht nur darum, festzustellen, ob man einander „riechen" könne – oder darum, sich gesellschaftlich erlaubt „bekörpern" zu dürfen, sondern vor allem um männliche Führung und weibliches Sich-Führen-lassen. Im alten Mann-Frau-Ungleichgewicht mag das wohl auch funktioniert haben. Heutzutage, wo viele Frauen selbst Führungsansprüche erheben, wird die rhythmische Abstimmung in den klassischen europäischen Tänzen immer schwieriger – und daher ist es auch verständlich, daß viele lieber ohne Körperkontakt, für sich allein, in der Disco vor sich hin tanzen.

Ich sehe darin auch einen weiteren Hinweis auf die „Beziehungslosigkeit" unserer Yang-dominierten Zeit: Autonomie, Unabhängigkeit, Für-sich-allein-stehen-Können werden heute hoch bewertet[39], Gemeinschaftssinn, Abhängigkeitsbereitschaft, einem anderen zu dienen werden oft nicht als Werte anerkannt. Zu groß ist die Angst, „Zweiter" zu sein[40].

Schnell wie der Blitz – dies ist das Motto einer elektrifizierten Gesellschaft, die schon deshalb immer unter Hochspannung stehen muß.

Annelie Keil, „Gezeiten"[41]

Miteinander Walzer zu tanzen ist eine gute Probe, um festzustellen, ob man miteinander „kann", miteinander musizieren oder miteinander einen Holzstamm durchsägen sind es auch. Deswegen enthielten viele altertümliche Hochzeitsrituale derartige Prüfungen.

In Seminaren zur Rettung von Ehen wird gerne folgende Übung eingesetzt: Die Eheleute werden aufgefordert, gleichzeitig mit *einem* Bleistift ein vereinbartes Wort zu schreiben. Dann wird darüber gesprochen, wie das Gelingen oder Mißlingen empfunden wurde: Wer hat sich gegen wen durchgesetzt? Wie schwer war es, einen gemeinsamen Rhythmus zu finden? Wer hat das Gefühl, nachgegeben zu haben? Und wie war das Gefühl dabei?

Ist es dem anderen Teil überhaupt aufgefallen, daß er oder sie den anderen unterdrückt hat?

Besonders deutlich – und besonders verschwiegen – wird diese subtile Tyrannei der Schnelleren gegenüber den Langsamen im Geschlechtsakt.

„Auf die Größe (des Penis') kommt's nicht an!" suggerieren diese Hudriwudris sich und anderen, „aber auf die Emsigkeit!" Fragt sich nur für wen! Denn wenige Frauen schätzen den Beischlaf auf Karnickel-Art; sie bevorzugen eher die „Entdeckung der Langsamkeit".

Erinnern wir uns neuerlich an unsere polare Welt: Yang, das männliche Prinzip, ist der eine Pol, Yin, das weibliche Prinzip, der andere, Gott, das Tao, auch die Ver-ein-igung der Geschlechter der Mittelpunkt und gleichzeitig das Ganze.

In unserer Sexualität erleben wir die Spannung zwischen Anziehung und Abstoßung, Begehren und Sättigung am deutlichsten. Es liegt an uns, ob wir uns dem Pol „Instantsex" zuwenden oder dem Pol „Enthaltsamkeit" – oder ob wir die Spannung aushalten, die „goldene" Mitte zu suchen.

Der Versuch, über eine Beschleunigung des Tempos der Polarität mit all ihren quälenden Spannungen entfliehen zu können, um zur Einheit zu gelangen, ist meiner Beobachtung nach zum Scheitern verurteilt und kippt leicht in Gewalt um!

In der Gewalthandlung – insbesondere bei einer Vergewaltigung – treffen orale Gier, analer Zorn, phallische All- und Ohnmachtsgefühle zusammen, ergänzt durch ödipalen Neid auf alle, die es scheinbar besser haben oder die Erleichterung von den innerpsychischen Qualen spenden könnten. Intrapersonal äußert sich dieses Gefühlswirrwarr in Kurzschlußhandlungen, selbstschädigendem Verhalten oder in Unfällen – erinnern wir uns an den jungen Mann, der glaubte, sich mit dem Elektroquirl von seiner sexuellen Spannung befreien zu können –, interpersonell als Aggression gegen andere. Aggression bedeutet aber nichts anderes als „Annäherung".

Es kommt auf die Geschwindigkeit an, ob Annäherung konstruktiv oder destruktiv wirkt.

Wenn wir im Geiste den zeitlichen Ablauf einer Ohrfeige verlangsamen, merken wir: es wird ein Streicheln daraus. Streicheln wird möglicherweise ganz andere Gefühle auslösen als eine schnelle Berührung, nämlich erotische, und das bedeutet weiterhin Aufladung, Erregung, Spannung. Paarungsbereitschaft.

Wer – noch – nicht gelernt hat, sexuelle Spannungszustände zu ertragen, wer nicht sicher sein kann, daß seine Annäherung liebevoll erwartet wird, daß seine „Leiblichkeit" angenommen wird, wird versuchen, diesen Zielzustand schnell herbeizuführen. Dadurch wird einerseits die innerseelische Spannung beseitigt und andererseits sichergestellt, daß die eigene Aktion nicht be- oder verhindert wird. Dem anderen wird weder Zeit noch Raum – und damit keine Selbstbestimmung – gelassen.

Soll Gewalt vermieden werden, muß Yang von und mit Yin beantwortet werden, denn „Yang auf Yang bricht die Knochen". Das bedeutet aber nicht die „Unterwerfung" der Frau (Yin) durch und unter den Mann (Yang). Denn wenn das Prinzip, den eigenen Willen durchsetzen zu müssen, siegt, dehnt sich Yang bis zum Gegenpol aus: Es siegt Yang (aktiv) über Yin (passiv), die Mitte wird völlig verfehlt.

Yin muß Yang aktiv (Yang!) entgegenkommen; Yin muß also in sich die Gegensätze vereinen, sich deutlich im Yin darstellen, und seine Stärke, nämlich seine Ruhe, einbringen: Es muß Yang verlangsamen, beruhigen, entspannen. Das ist eine große Herausforderung an Liebesfähigkeit und -bereitschaft. Widerstand, Abwehr, Haß fallen leichter. Yin darf Yang nicht im Yang Paroli bieten, sonst wird ein Kampf daraus. Und den wird Yin verlieren.

Yang nicht als Feind zu bekämpfen, sondern in seinem So-Sein zu „erkennen" (diesmal wieder auch im biblischen Sinn), anzunehmen und auszuhalten, bedeutet, ihm die Chance zu geben, sich zu verändern – langsamer (mehr Yin) zu werden und die Mitte zu erreichen. Diese „Erlösung" ist die tiefe Symbolik, die in den Geschlechtsrollen und im Paarungsgeschehen enthalten ist.

Wir dürfen auch nicht übersehen, daß in der heutigen Zeit in vielen Partnerschaften die Frau die Yang-Qualität verkörpert. Dann ist es der Mann, der sensibel und wohldosiert im Yin auf sie reagieren muß, wenn er interessiert daran ist, daß diese Beziehung am Leben bleibt.

Der Weg des Yin in seiner extremsten Form mit Zögern und Hemmung und Warten birgt die Gefahr des Erlahmens und Erlöschens – bei der Frau wie beim Mann. „Rien ne va plus", nichts geht dann mehr. Die Lösung kann nur in der Mitte, im Tao, liegen.

Rainer Maria Rilke dichtete 1899[42]:

Wenn es nur einmal so ganz stille wäre.
Wenn das Zufällige und Ungefähre
verstummte und das nachbarliche Lachen,
wenn das Geräusch, das meine Sinne machen,
mich nicht so sehr verhinderte am Wachen –:
Dann könnte ich in einem tausendfachen
Gedanken bis an deinen Rand dich denken
und dich besitzen (nur ein Lächeln lang),
um dich an alles Leben zu verschenken
wie einen Dank.

UNGEDULD DES LEIBES

Denn, so schließt er messerscharf,
nicht sein kann,
was nicht sein darf.

Christian Morgenstern

Stellen wir uns vor, von einer Melodie würde im Zeitabstand von jeweils einem Tag nur ein Ton gespielt – wir würden sie nicht als Melodie erkennen. Stellen wir uns andererseits vor, dieselbe Melodie würde so schnell abgespielt, daß alle Töne in einem einzigen Akkord zusammenfallen, so hörten wir wohl nur eine riesige Dissonanz.

Stellen wir uns nun weiter vor, zwei Musikanten wollen miteinander tirilieren und der (die) eine bevorzugt die oben angeführte Variation A, der (der) andere hingegen die oben angeführte Variation B... so haben wir im übertragenen Sinn Szenen einer Ehe, wie wir sie immer und immer wieder in den Beratungsstellen präsentiert bekommen.

Meine Erfahrung aus fast zwanzig Jahren Beratungstätigkeit in der allgemeinen Familienberatung ist, daß etwa zwei Drittel aller Ratsuchenden weiblich und nur ein Drittel männlich ist; in der auf Sexualfragen spezialisierten Familienberatung bietet sich dagegen ein fast gegengleiches Bild! Hier dominieren die Männer als Ratsuchende; das entspricht auch den Anrufen, die ich in den vier Jahren Liveberatung in der Sexhotline[43] des Österreichischen Rundfunks entgegennehmen konnte. Resümee: Verwende das Wort „Sex", und schon fühlen sich sogar die widerstandskräftigsten Beratungsmuffel angesprochen!

Bei den Beratungswünschen in beiden Einrichtungen überwiegen Streitigkeiten über Art und Häufigkeit des Geschlechtsverkehrs sowie bei Männern noch die sexuellen Dysfunktionen: Erektionsstörungen, vorzeitiger, verzögerter oder ausbleibender

Samenerguß. Frauen hingegen suchen wesentlich seltener als noch vor zirka fünf Jahren wegen Orgasmusstörungen Rat – offensichtlich lösen Schlagzeilen von multiplen Orgasmen und dritten Dimensionen der Lust nicht mehr blitzartig (nicht den sattsam zitierten Penis-, sondern den Vagina-)Neid und das Bedürfnis „will ich auch haben!" aus.

Zu den „Differenzen über Art und Häufigkeit des Geschlechtsverkehrs" zählen wir nicht nur Machtkämpfe in der Frage, wer seine bevorzugte Sexualpraktik durchsetzt, sondern vor allem auch wie (und damit auch wie schnell und wie oft) wer um wen wirbt, wie Annäherung stattfindet.

Annäherung bedeutet zielgerichtete Bewegung in Raum und Zeit.

Männerängste – Frauenängste

Männern bietet die Tradition (angeblich) ein altvertrautes Klischee: Von den Zeichenwitzen, wo der Neandertaler mit Keule die frisch „erlegte" Neandertalerin am Haarschopf in seine Höhle schleift über monumentale Ölgemälde vom „Raub der Sabinerinnen" bis zu den romantischen Filmschnulzen, wo Zorro oder irgendein Westernheld seine Donna oder Farmerstochter in den Sattel hebt und mit ihr davonreitet – immer wird der Mann als Jäger und Held dargestellt, der gegen alle Schwierigkeiten (vor allem den eifersüchtigen Schwiegervater in spe) seine Braut zwar kaum umwirbt, aber dennoch erobert.

Schüchterne und andere Stadtneurotiker kommen im Film selten vor, und wenn, dann sicher nicht als geeignetes Vorbild für gelungene Anbahnungsgespräche.

Und so trinken sich dann in der Realität gerade diese jungen Männer Mut an – Alkohol, ein schweres Nervengift, enthemmt bekanntlich. Und im Gegenzug verengen sie ihre Blutgefäße durch Nikotin – cool sein ist ja in! Sie schädigen sich also durch ein weiteres schweres Nervengift. Solcherart „gedopte" Männer sind weder authentisch sie selbst (samt Schüchternheit) und schon gar nicht in dem Zustand, sich von der besten Seite zeigen zu können.

Wenn dann Toleranz gegenüber der Nikotin- oder Alkoholvergiftung eingetreten ist, das heißt immer stärkere Dosen benötigt werden, um einerseits die Entzugserscheinungen nicht zu spüren und andererseits die angepeilte Wirkung zu erzielen, stellt sich das ganz alltägliche Mannsbild dar: alles andere als klar im Kopf, sondern im Gegenteil benebelt bis betäubt.

Früher, als die heiligen Drogen Nikotin und Alkohol (beide fanden immer schon in verschiedenen religiösen Ritualen Verwendung) nicht für jederman(n) erreichbar waren, fasteten die Männer und meditierten, steigerten sich in körperliche Schwerarbeit oder geißelten sich, um der Konkupiszenz, der bösen Fleischeslust, Herr zu werden.

Heute kommen Männer verzweifelt in die Sexualberatung, weil ihnen die Fleischeslust ausbleibt.

Und die Frauen?

In der pillenlosen Zeit (bis etwa Ende der sechziger Jahre) war die weibliche Sexualität vorwiegend von Schwangerschaftsängsten bestimmt, dafür sorgten schon die elterlichen Drohungen „Daß du mir ja nicht mit einem ledigen (unehelichen) Kind nach Hause kommst!" Die dadurch ausgelösten Hemmungen waren üblicherweise so groß, daß meist nur die massive Gegendrohung des potentiellen Beischläfers, nämlich die Frau einer anderen, willigeren wegen zu verlassen, eine Lösung des innerseelischen Konfliktes der Frau in seinem Sinne bewirken konnte.

Natürlich kam es auch vor, daß ein listiger Lover ein unaufgeklärtes Mädchen überrumpelte. (Denken wir nur an die Pointe eines in den fünfziger Jahren sehr beliebten Witzes: Das junge Mädchen ist empört, nachdem ihm der Arzt die Mitteilung macht, es sei schwanger und wovon: „Diese Schweine! Und mir haben sie gesagt, das sei künstliche Atmung!")

Schwanger bist schnell. Oft schneller als du schauen
kannst.
Ich kann mich noch genau erinnern: Ich habe die Augen
zugemacht, und als ich sie wieder öffnete – nach fünf
Sekunden – war ich schon schwanger. Ist das nicht ein
Wahnsinn? Ein echter Mensch braucht zu seiner
Entstehung nur fünf Sekunden. Ruck-zuck und fertig!
Ich habe damals nicht geglaubt, daß das was Gescheites
wird. Im Kindergarten habe ich nämlich einen
Plastillinbuben gebastelt – und für den habe ich zwei
Stunden gebraucht! Weil der Pimmel nicht gehalten hat.
Und beim Menschen soll alles dranbleiben, nach fünf
Sekunden?

Maria Sukup, „Hausfrauenschicksal"

Üblich war, daß der Mann das Mädchen verführte. Denn
hatten die jungen Frauen auch in ihren tatsächlichen oder vor-
geschobenen Schwangerschaftsängsten einen starken Verbün-
deten gegenüber heftig drängenden potentiellen Liebhabern (und
auch ihren eigenen Sehnsüchten), war den meisten Männern
klar, daß sie zu „balzen" hatten. Und sie wußten auch, daß Balzrituale so lange dauern mußten, bis der Zeitpunkt der Überein-
stimmung – der Synchronisation der „Wellen" der Erregung – da
war. So kam es häufig vor, daß sich ein Mädchen auf Necking
und Petting einließ, dann aber vom eigenen Begehren so erfaßt
wurde, daß sie nicht mehr an die Zukunft mit ihren möglichen
Folgen dachte – ein Verhalten, daß sonst eher den Männern zu-
eignet.
Ich habe viele Jahre hindurch gemeinsam mit Dr. Dieter
Schmutzer Seminare für die Österreichische AIDS-Hilfe gestaltet, in denen das Verhütungsverhalten hinterfragt und verändert
werden sollte. Dazu ließen wir die teilnehmenden Männer und
Frauen (meist Angehörige von Sozialberufen) den typischen
Mann, die typische Frau mit ihrem altersspezifischen Selbstver-

ständnis von Empfängnis- bzw. Krankheitsverhütung zeichnen. Das Ergebnis war erschütternd: Während Frauen ab einem Alter von 15 Jahren ihre Sorgen über unerwünschte Schwangerschaften, untreue Männer und schwindende körperliche Attraktivität und Leistungsfähigkeit darstellten, standen in den Sprechblasen der Männergruppen in jedem Seminar wieder Sätze wie „Hoffentlich laßt sie mich!" „Warum soll ich nicht mit jeder?" „Ich will alle!", und erst ab Mitte Vierzig kamen Sätze dazu wie „Hoffentlich hat das jetzt keine Folgen gehabt!" und – „Ich kann mir keine Alimente mehr leisten!"

Mit den Modellen für eine gelungene Anbahnung sieht es also traurig aus. Bei Männern herrscht das Klischee vom Eroberungsfeldzug, zwischen trickreich und brutal, Frauen haben kein Modell. Spitzentaschentücher fallen zu lassen bringt heutzutage nichts außer verständnislosem Grinsen, Carmen-Aktionen („Liebst du mich nicht, bin ich entbrannt!") verschrecken bis „kastrieren", und mit sehnsuchtsvollen Blicken zu hoffen und zu warten, führt meist zu Depressionen oder Hysterie. Frau trocknet langsam aus.

Deswegen hatte man früher den postillon d'amour, die Heiratsvermittler und -innen, die Kupplerin. Deswegen gab es auch Orte und Zeitpunkte, die dem Kennenlernen dienten. Deswegen gab es klare Verhaltensvorschriften, Tanzkarten etwa, in die die Reihenfolge der vergebenen Tänze eingetragen wurde, damit nur ja keine Streitereien zwischen den paarungswilligen Tanzbodenkaisern entstanden!

Heute ist alles offen und alles möglich. Die Spielregeln muß jeder und jede selbst entwerfen und mit dem bzw. der anderen abstimmen. Kommunikation wird dadurch zur Schwerarbeit. Ist eine Einladung zum Abendessen nur eine Geste der Werbung oder der Versuch eines neuzeitlichen Frauenkaufs? Ist die Annahme einer Einladung zum Abendessen nur eine Geste des Interesses oder bereits eine Verpflichtung zu nachfolgendem Nachtdienst mit anschließendem Frühstück?

96

Männersprache – Frauensprache

Männersprache zielt auf Tun und Herstellung von Überlegenheit, Frauensprache auf Fühlen und Herstellung von Nähe, das wissen wir spätestens seit Deborah Tannens Untersuchungen in „Du kannst mich einfach nicht verstehen" und „Das hab' ich nicht gesagt!"[44].

In der sexuellen Begegnung stellt sich das dann so dar: Der Mann will erst Geschlechtsverkehr, dann weiß er sich geliebt und ist möglicherweise bereit, mit seiner Partnerin Gefühle auszutauschen. Die Frau will hingegen erst Gefühlsaustausch, dann ist sie erst bereit zum Geschlechtsakt – immerhin ist es ja sie, die einen anderen in ihren Körper aufnehmen soll.

„Uns sind durchaus ‚Nichterfahrungsgruppen' für Männer denkbar, denen das Geschwafel von Innerlichkeit und Empfindung auf die Nerven geht. Denn ehrlich: Der Mann, der mit halbgeschlossenen Augen widerwillig die xte Beziehungsdiskussion mit seiner Lebensgefährtin über sich ergehen läßt, erinnert er Sie nicht an die viktorianische Ehefrau, die ‚an England dachte', wenn sie sich den unverständlichen, bestialischen Bedürfnissen ihres Ehemannes unterwarf?" ätzen Benard und Schlaffer in „Laßt endlich die Männer in Ruhe"[45].

Oder handelt es sich beim „beziehungsunwilligen Mann" wiederum nur um ein Klischee? Gebildet aus der Polarität von der sprechfreudigen Frau, bei der man(n) gar nicht zu Wort kommt (die aber jahrhundertelang auch kaum andere Machtinstrumente als Worte zur Verfügung hatte), und dem schweigsamen Helden, der entweder in die Abenteurergeschichten gehört, wo er guten Grund hat, Geheimnisse nicht auszuplaudern – oder dessen Schweigsamkeit Anzeichen depressiver Verstimmung ist und daher pathologisches Symptom?

Oder schweigen Männer aus Abwehrhaltung? Um nicht durch Gefühle der Kleinheit und Unzulänglichkeit – die unvermeidbar auch kommen, wenn man wirklich Beziehung wagt, wenn man sich wirklich dem oder der anderen stellt – an der Erfüllung der (biologischen) Geschlechtsrolle, aber auch der Geschlechtsrollenstereotype gehindert zu werden?

Oder schweigen Männer, um Macht auszuüben? Schweigen kann auch eine Strategie der „Gewalt durch Sprache" sein, wie sie Tömel-Plötz[46] aufgezeigt hat: Frau kann sich noch so bemühen, bitten und betteln, wenn er nicht will, gibt er keine Antwort und bleibt damit in der Machtposition. „Si tacuisses philosophus mansisses" (Wenn du geschwiegen hättest, wärst du ein ‚Weiser' geblieben") hören Gymnasiasten als Spottreim, wenn sie – wie unvorsichtig! - kundtun, etwas nicht zu wissen. Nur ja nicht zugeben, daß man etwas nicht weiß, nur ja niemanden mit Fragen bedrängen. „Reden ist Silber, Schweigen ist Gold" – diese „Weisheit" der höfischen Kultur des Mittelalters hat schon Parzival geschadet: Ausersehen, den Gralskönig Amfortas zu erlösen, versagte er sich, als er dessen Verwundung sah, mitleidsvoll nachzufragen. Daß er nach reuiger Irrfahrt eine zweite Chance bekam, auszusprechen, was er das erste Mal nicht wagte, kann uns allen Hoffnung geben: Wenn wir es auch beim ersten Anlauf nicht geschafft haben, unsere Gefühle auszudrücken, dürfen wir immer auf das nächste Mal hoffen. „Ein jeder Mensch sucht seinen Gral, ein jeder Mensch ist Parzival!"

Kommunikationsabbruch als Strafe – eine beliebte Erziehungsstrategie – bedeutet vielfach Psychoterror. Je kleiner ein Kind, desto mehr ist es nicht nur auf die Versorgung, sondern auch auf das Wohlwollen seiner Eltern angewiesen. Jeder Entzug von Wohlwollen bedeutet existentielle Gefährdung! Erst mit entsprechender Ich-Stärke kann sich ein Kind mit einem mehr oder weniger heftigen „Die spinnen, die Alten!" abgrenzen. Viele Menschen erreichen diesen Grad der Ich-Stärke nie, erliegen ihr ganzes Leben lang dem „Terrorismus des Leidens" vor allem ihrer Mütter, seltener der Väter, und wiederholen diese Beziehungsmuster auch in ihren Partnerschaften. Wenn sie mit Kommunikationsabbruch „strafen", handeln sie unbewußt im Wiederholungszwang.

Andere wiederum schützen sich, indem sie genau diese Strategien des Liebesentzugs selbst als Regelverhalten anwenden; dann leiden die anderen. Hauptsache, sie selbst leiden nicht.

Wiederum andere wählen weder die Opfer- noch die Täterrolle, sondern bleiben starr, unlebendig. Mangels Liebe können sie auch keinen Liebesentzug praktizieren. Ihr Herz ist nicht offen, sondern sicherheitshalber einmal fest zu. Sie neigen auch zum Krankheitsbild der Herzverhärtung und lassen sich dann lieber chirurgisch dehnen, als ihren Zustand an- und auszusprechen; dann müßten sie sich nämlich eingestehen, daß es entweder einen verborgenen Herzenskummer gibt – oder Leere. Daß sie niemanden im Herzen tragen, nichts, außer vielleicht den Job oder eine Ideologie.

Von Virginia Satir stammt die plakative Einteilung der Menschentypen mit fehlprogrammiertem Kommunikationsstil: Da gibt es „Ankläger" („the blamer"), die Vorwürfe machen, immer in Angriffsposition sind und dadurch verletzen, „Beschwichtiger" („the placator"), die „nur keinen Verdruß" predigen, immer in Verteidigungsposition sind und meist diejenigen sind, die verletzt werden, und „Computer", die versuchen, nur kein Lebenszeichen von sich zu geben und diesen Zustand der Unlebendigkeit auch noch als Ideal propagieren: „Was mich nicht umbringt, macht mich härter!"[47].

Wenn wir uns daran erinnern, daß unsere Stammhirnreaktionen recht archaische Muster produzieren, etwa Kampf, Flucht, Totstellen, so können wir pointiert behaupten: Genau diese Überlebensstrategien praktizieren „Ankläger", „Beschwichtiger" und „Computer". Satir kennt noch einen vierten Gesprächsstil, der keinesfalls zu partnerschaftlichem Gleichgewicht und Verständnis führt – den der „Verwirrer" („the irritator"). Sie zeichnen sich durch Widersprüchlichkeit und andauernde Ablenkungsmanöver aus: Man kennt sich bei ihnen einfach nicht aus.

Ankläger und Verwirrer, so habe ich beobachtet, verfügen meist über ein rasantes Sprechtempo. Beschwichtiger sind deutlich langsamer – sie wollen ja auch „beruhigen", Computer sind die langsamsten. Sie blocken ab.

Gelungene Kommunikation hingegen setzt einiges voraus: Respekt, das heißt den anderen überhaupt als denkendes und fühlendes Wesen wahrzunehmen (und nicht nur als austauschbaren Befehlsempfänger, als „Blinddarm von Zimmer fünf" oder Dienstnummer); die Bereitschaft, Feedback zu geben, damit sich der andere auskennt und nicht ins Leere tappt, wenn er den Gesprächspartner um dessen Positionsbekanntgabe bittet; die Bereitschaft, selbst auch aufrichtige, nicht konfliktvermeidende Aussagen („Ich habe keine Lust, ins Kino zu gehen" und nicht „Wie du willst, Schatz! Mir ist alles recht, was dir gefällt!") zu machen, direkte Botschaften zu senden und nicht indirekte („Bitte gib mir das Salz!" und nicht „Könntest du so liebenswürdig sein, mir gelegentlich das Salz zu reichen!" oder noch ärger: „Niemand gibt mir das Salz!"); und auf alle Killerphrasen zu verzichten („Wer nur ein bißchen Ahnung hat, weiß..."), die ja nur der Erhöhung des eigenen Standpunktes dienen.

Männerrollen – Frauenrollen

Wenn es also schon in der Alltagskommunikation so schwer ist, nicht aneinander vorbeizureden, wie schwer ist das erst, wenn es um den intimsten aller Intimbereiche geht! Wen wundert es also, wenn den Langsamen die Worte fehlen... und die Schnellen sich im Ton vergreifen!

> ich treffe dich im lokal
> – ich wußte ja daß du kommst –
> und meine stimme zittert.
> trotzdem schreie ich so laut ich kann
> hey, alter, wir sollten wieder mal
> miteinander ficken

– ich weiß wie ich dich nehmen muß –
mein herz blutet
als ich mit dir nach hause gehe.

Karin Ivancsics, „Blutbad"[48]

Die „Ankläger" männlichen wie weiblichen Geschlechts machen an und werden wütend, wenn ihnen nicht nachgegeben wird. Daß sie ihre Herzensdame, ihren Herzensboy möglicherweise mit ihrem flammenden Temperament überfahren, kommt ihnen nicht in den Sinn. Möglicherweise geben auch sie nur erlittene Verletzungen weiter, wurden vor ihrer Zeit überrumpelt und überrumpeln jetzt weiter, oder sind in ihrer Entwicklung steckengeblieben und halten krampfhaft daran fest, daß diese ihre Position ohnedies die einzig richtige wäre.

Wir alle wurden „geprägt": durch das Modell, das uns in den bedeutsamen ersten fünf, sechs Lebensjahren von Eltern oder anderen Bezugspersonen vorgeführt wurde. Und nur zu oft wiederholt sich diese Erfahrung in den ersten Liebesbeziehungen in und nach der Geschlechtsreife, weil wir uns unbewußt immer wieder in Menschen verlieben, die wesentliche Eigenschaften unserer Eltern besitzen (auch wenn wir das zu Beginn noch nicht wahrnehmen oder auch nicht wahrhaben wollen).

Untersuchungen über die Folgen sexueller Mißhandlungen in der Kindheit haben deutlich aufgezeigt, daß viele Geschädigte später ein „sexualisiertes Verhalten" aufweisen[49]: Schon als Kinder praktizieren sie „Übergriffe" und agieren damit in krassem Kontrast zu „altersangemessenem Verhalten"; als Erwachsene treffen sie ihrer Grobheit wegen vielfach auf Ablehnung, verstehen nicht warum und leiden darunter.

Es gibt aber auch Claqueure, die dem sexualisierten Verhalten Applaus spenden. Sie stärken damit ein ganz bestimmtes, biologistisch ausgerichtetes Männerrollenbild und definieren Frauen nach ihrem „sexuellen Marktwert". So formuliert etwa Bornemann: „Wenn du die Mütter instruierst, ihre Töchter vor allen

Männern als sexuellen Gewalttätern zu warnen, dann erzeugst du lebenslange Frigidität und züchtest lebenslangen Männerhaß. Die meisten dieser so ‚gewarnten' Mädchen werden nicht einmal im Verkehr mit Frauen orgasmusfähig werden, obgleich der Versuch, sie den Männern zu entwenden, sicher kein zufälliger Teil des ganzen ‚Rettungs'-Prozesses ist."[50] Alle, die davon abweichen, verteufeln die Claqueure dann als „sexualfeindlich". Immer wieder sind es Männer, die sich auf diese Weise selbst bestätigen. Auch bringt ihnen diese Vorgangsweise Vorteile: zur „Hure" zugerichtete Frauen ersparen ihnen die Mühsal des Balzens. (Als „Madonna" zum Dulden abgerichtete auch!)

Herbert etwa ist um die Fünfzig, ein cleverer Finanzfachmann, vierschrötig, vital; seine einige Jahre jüngere Frau Sibylle, mit der er zwei fast erwachsene Kinder hat, zeigt schon in ihrem zierlichen Körperbau ihre Zerbrechlichkeit an. Auch stimmlich ist sie dem Polterer kaum gewachsen. All ihre Kraft muß sie zusammennehmen, um sich neben und gegenüber ihm zu behaupten. Das ist Herbert gar nicht recht. „Warum leistest du immer Widerstand?" empört er sich, wenn Sibylle um Zeit fleht. „Ich komme nie dazu, mich selbst zu spüren! Ich spüre immer nur dich!" versucht Sibylle ihm ihre Vergewaltigungsgefühle verständlich zu machen. Herbert wiederum fühlt sich abgeschmettert, wo er Sibylle doch nur seine Manneskraft zum Geschenk machen wollte!

Herbert hat etliche Jahre Psychoanalyse und Gestalttherapie hinter sich. Dabei hat er sich selbst gefunden, hat alte Hemmungen abgebaut und spürt jetzt recht genau, wonach ihm der Sinn steht. Er fühlt sich wieder jung und unternehmungslustig und hat durchaus recht, wenn er darauf besteht, daß viele Frauen passenden Alters überglücklich wären, solch einen satyrischen Mann ins Bett zu bekommen. Ihm fehlt nur eines: Er merkt nicht, wie es seiner Frau geht. Dazu ist er nämlich viel zu schnell unterwegs. Wenn er zu seinem Sex-Start ansetzt, schreckt sich Sibylle erst einmal. Wenn sie sich aus ihrer Schrecksekunde oder -viertelstunde erholt hat, ist er schon anderswo und blickt nicht zurück. Warten kommt für ihn aber schon gar nicht in Frage. Da müßte er ja seinen so mühselig wieder entdeckten Jünglings-Rhythmus aufgeben! Da müßte er ja die Verlangsamung des Alters – der Reife! – akzeptieren! Dafür wächst aber mit jedem Schritt seines Davoneilens sein Ärger, daß seine Frau nicht Schritt hält, nicht Schritt halten will, wie er unterstellt; auf die Idee, daß sie nicht mithalten kann, kommt er nicht.

Auf meine Frage, was ihnen denn einst so gut aneinander gefallen habe, antwortet er mit einer Offenheit, die zwar gut auf die Couch des Analytikers paßt, nicht so sehr aber in die Lebensbeziehung zu einer scheuen Frau, „Daß sie mich gelassen hat!" Sibylle erstarrt auch sogleich und zieht sich sichtlich zurück. Das merkt er nun wohl, putzt sich aber sofort ab: „Was paßt dir nun schon wieder nicht? Das ist die Wahrheit!" Immer nur vorpreschen, denkt er wohl wie viele Ankläger, nur nicht klein beigeben, das ist schon Prestigeverlust!

Sibylle beantwortet die gleiche Frage mit einem entzückten Lächeln: „Seine Originalität! Er war immer so unkonventionell – mit ihm war immer so viel los!" Sie bestätigt damit wieder die klassische Beobachtung, daß genau das, was am Anfang so anziehend ist am Partner, auch den Keim der Trennung in sich birgt.

Auch Dich entblätterte ich einst –
genauso wie die Zwiebel.
Gedankenversunken schmeiße ich
die Schalen in den Kübel.

Mein geistiges Auge ermöglicht,
das Vergang'ne noch mal zu durchleben.
Das Ergebnis ist verblüffend –
es war, wie g'rade eben:

Du ähnelst dieser Zwiebel,
genau das will mir scheinen –
Je mehr von Dir zum Vorschein kam,
so mehr war mir zum Weinen…

Maria Sukup, „Gedanken beim Zwiebelschälen"

Auch nach zwanzig Ehejahren ist noch viel mit ihm los. Wenn er etwa – trotz mehrfacher telefonischer Ankündigung, er käme um acht, um neun, um zehn Uhr – mitternächtlich aus dem Büro heimkehrt, Sibylle sich gerade enttäuscht ins Bett gelegt hat und im Einschlafen ist…, dann fängt er so gegen ein Uhr an, Musik zu hören, „weil die doch schön ist!" (oder er liest noch in erotischer Literatur und zwirbelt dabei so lange an seinem Glied herum, bis er sich zum Ehe-Frühdienst bereit fühlt), und Sibylle zu begrapschen, „weil Frauen doch ein Vorspiel brauchen!" Wenn Sibylle ihn so gegen zwei, drei Uhr dann verzweifelt anfleht, sie doch endlich schlafen zu lassen, sie müsse doch am nächsten Morgen um sechs aus dem Bett, um um acht im Büro zu sein, pariert er mit dem Hinweis, sie müsse doch gar nicht arbeiten, er verdiene ohnedies genug.

Streit macht Herbert gar nichts aus. Er erfrischt ihn eher. Er setzt Ultimaten, droht und tobt und nimmt wieder zurück, girrt und schnurrt. Nachtragend ist er nicht. Sibylle aber schon; bei ihr geht weder die Reaktion schnell noch die Verarbeitung. Dabei liebt sie ihn – immer, wenn er weg ist. Dann hat sie ihre Zeit, seiner Ausstrahlung nachzuspüren und ihrer Körperantwort darauf. Durch seine Attacken fühlt sie sich hingegen jedesmal wie am Boden zerstört. Streit nimmt ihr Lebensenergie.

In der Therapie holt sie ihre „Bedenkzeiten" nach. Immer mehr kommt sie zu dem Entschluß, die Distanz zwischen sich und Herbert zu vergrößern: „Dann hat er einen längeren Anlaufweg, dann kann er mich nicht so überrennen!"

Eine Gefahr übersieht sie dabei: Je größer die Distanz zwischen Mann und Frau, desto eher haben Dritte dazwischen Platz.

Umgekehrt geht es Hanno mit Evelyn. Auf die Frage, weshalb er von seiner Ehefrau, einer aktiven Feministin, getrennt lebt – er in einer Kleinstadt in Österreich, sie in München – antwortet er klipp und klar: „Ich brauche die Distanz, sonst werde ich unterjocht!" Sein ruhiger, kontemplativer Lebensstil ist der Aktivistin Evelyn ein Dorn im Auge und Anlaß, mit allen möglichen Taktiken zu versuchen, ihn in Schwung zu bringen. Er bevorzugt es, sie zu besuchen, wann immer ihn die Sehnsucht packt, dann kann er die Flucht ergreifen, wenn sie ihm zu dicht auf die Pelle rückt (und sich für ihre „Aktivität" rächen, indem er demonstriert, daß sie „den Mann nicht halten kann"!).

Ja, es gibt auch weibliche Ankläger, „blamer". Sie fallen ordentlich aus dem weiblichen Rollenbild. Die Blamage bleibt ihnen daher auch oft nicht erspart.

Ich denke da an Gina. Die attraktive Bildhauerin hatte einen Journalisten zum Partner, der seine Nächte am liebsten vor dem PC und anschließend vor dem TV-Gerät verbrachte. Wie Medea in Grillparzers gleichnamigem Trauerspiel, die sich in stereotyper Verzweiflung – „Jason, ich weiß ein Lied!" – bemüht, den untreuen Ehemann zur Aufmerksamkeit zu bewegen, plagte sich Gina in Konkurrenz zu den Bildern am Schirm. Sie wurde immer leidenschaftlicher, immer wilder. Vergebens. Je koketter, je intensiver sie ihre Reize spielen ließ, desto mehr versteckte sich Christoph hinter seinen Kästchen. Nur wenn sie – erschöpft – gar nichts tat, wurde er aktiv. Vielleicht machte sie ihm so keine Angst?

Oder Romana. Obwohl vom Grundcharakter eher scheu, pflegte sie ihr Interesse an Männern (Typ „Beschwichtiger" natürlich!) sehr deutlich – offensichtlich zu deutlich – auszudrücken. Aus ihrer Sicht sagte sie ja nur, daß sie an „ihm" Interesse habe und ihn wiedersehen wolle. Nur: die Männer, die sie attraktiv fand, waren eher solche, denen frau höchstens tief ins Auge blicken darf, mehr nicht. Das merkte sie zwar an deren Reaktionen, nur hielt sie das Warten nicht aus. Wo eine andere den Typen einfach vergessen hätte, schrieb sie Briefe. Suchte Orte der Begegnung. Und ging den Männern ordentlich auf die Nerven. Zwar hatte Romana die Fähigkeit, sich verbal zu äußern, aber dies half ihr nicht: Keiner ihrer Traummänner konnte antworten. Es waren eben Beschwichtiger: Sie scheuten die Gefahr, Romana zu verletzen oder sich selbst Unannehmlichkeiten zu bereiten. Dabei hätte es ihr schon geholfen, wenn einer gesagt hätte „Du, ich finde dich zwar sehr attraktiv, aber ich möchte eigentlich keine nähere Beziehung mit dir, weil du mir Angst machst." Dann hätte sie wenigstens gewußt, warum der Start jeder Bekanntschaft so vielversprechend war und dann nichts folgte. Kein Brief, kein Rückruf, keine Aussprache.

Kommunikationsabbruch gegen den eigenen Willen verletzt das Selbstwertgefühl. Zumindest aus der Sicht der Amazonen und Kämpfer. Sie verstehen außer Sieg nur eine deutliche Niederlage, einen vereinbarten Waffenstillstand oder eine Vertagung auf später.

Letzteres ist auch die Chance der Beschwichtiger. Was heute zu schnell ist, kann morgen vielleicht stimmig sein. Daher warten sie. Alle Zeit der Welt scheint ihnen zu gehören. Ihre Geduld ist engelsgleich. Deswegen werden sie, besonders wenn sie Frauen sind, auch in Liedern und Gedichten verherrlicht. Wie wundervoll auch: Penelope oder Solveig warten auf ihren Odysseus oder Peer Gynt, egal, was die ihnen antun, und verzeihen. Bei Shakespeare heißt es dann: „Cordelia liebt und schweigt."[51]

Wenn die „Beschwichtiger" hingegen Männer sind, tauchen sie höchstens in fortgeschrittenem Alter in der Literatur auf, vornehmlich als weise Indianerhäuptlinge. Dann rühren sie zwar das Herz des Lesers – nicht aber die Herzen der Frauen in der Realität. Da werden solche Männer eher als Traummännlein oder Dumpfgummis verspottet.

Als Liebhaber kommen sie wenig zum Zug, eher als Hausfreunde und Notmänner. In der Beratung tauchen sie auf, wenn sie entweder mit dreißig noch unberührt sind, wenn sie betrogen wurden oder wenn sie eine Retteraktion starten: Manchmal heiraten sie nämlich ihre Angebetete, wenn diese von einem anderen schwanger ist. Und sind verbittert, daß sie für das durch die Heirat als ehelich geltende Kind auch Alimente zahlen müssen, wenn die Kindesmutter (Typ „Verwirrer") schon wieder zum nächsten geflattert ist.

In der sexuellen Begegnung lauern sie darauf, zu erkennen, was der oder die andere will. Eigenrhythmen geben sie ungern preis – sie wollen anschmiegsam sein, wollen keine Fehler machen, und kein Konflikt soll die erträumte Idylle stören. Mit dieser Einstellung üben sie einen fast unwiderstehlichen Reiz auf Anklägertypen aus, die wähnen, nun allen Raum für sich allein zu haben und keinerlei Rücksicht nehmen zu müssen.

„Computer" agieren wie Maschinen. Vorwiegend männlichen Geschlechts – Frauen verhärten sich meist erst im Laufe vieler Enttäuschungen, weniger aufgrund der Erziehung – ordnen und gestalten sie ihr Leben wie einen Schaltplan. Sie leiden kaum. Das Leiden haben sie sich schon in frühester Jugend abgewöhnt. Dafür sind ihre Partnerinnen zuständig – und die beklagen sich dann auch: „Immer nur Pokerface! Immer mauert er! Nie sagt er, was er denkt!" Wehe allerdings, wenn die Fassade abbröckelt! Hinter dem stahlharten Panzer bebt nur zu oft ein hochsensibler Mensch, der, seines Haltes beraubt, nicht mehr wie gewohnt „funktioniert", sondern – Tilt! – entweder extrem schnell oder extrem langsam versucht, ein neues „Programm" einzuspeichern.

Gefrorene Herzen bleiben länger frisch.

Heinz Mittlböck

Auch in der sexuellen Begegnung „funktionieren" sie. Das einmal Erlernte (am liebsten anhand der Bedienungsanleitung sogenannter Sex-Ratgeber oder durch Abschauen von Soft-Pornos) wird immer und immer wieder stereotyp wiederholt. Verbesserungsvorschläge nehmen sie nur an, wenn dabei auf eine übergeordnete Autorität aus Wissenschaft oder Medienbranche Bezug genommen wird; was die Partnerin, der Partner wünscht, ist weitgehend irrelevant, wenn „es" sich „so gehört". Steter Tropfen höhlt aber bekanntlich jeden Stein. Ihre Zukunftsaussichten stehen daher gar nicht so schlecht.

Anders dagegen bei den „Verwirrern". Nicht nur, daß sie mit Turbulenz Ansichten und Positionen ändern, zeichnen sie sich auch dadurch aus, daß sie nicht faßbar sind. Kaum hat der Partner, die Partnerin die Hoffnung auf ein „Verweile doch, du bist so schön", sind sie schon, schwuppdiwupp, entglitten. Hinter diesen Fangspielen verbirgt sich häufig blanke Angst. Viele dieser Menschen tragen Unmengen von Leid und ungeweinten Tränen hinter ihrem lachenden Antlitz versteckt, oft Mißbrauchserfahrungen, oft Gewalterlebnisse. Die passieren ihnen – vor allem den Frauen – auch immer wieder in ihren sexuellen Beziehungen. Da sie keine klaren Botschaften senden, phantasieren ihre Partner oft eine Bereitschaft, die nicht vorhanden ist.

Bei Frauen glaubt der Mann oft, sie wolle ohnedies dasselbe wie er, z. B. unverbindlichen Sex; umgekehrt täuschen sich Frauen oft über die Ernsthaftigkeit der Absichten ihres Geliebten und investieren voreilig in Hausstands- und Familiengründungen.

Männerzeit – Frauenzeit

Nehmen wir nun aber an, Mann und Frau hätten all diese Hürden von möglichen Mißverständnissen elegant überwunden und hätten sowohl Raum als auch Zeit, sich endlich intensivst miteinander zu beschäftigen. Dann beginnt der eigentliche Unterschied zwischen Männerzeit und Frauenzeit.

Dem Mann wird die Zeit zugebilligt, die er braucht, um eine Erektion zu bekommen. Die Frau soll ständig verfügbar sein. Der Mann bedient sich biologischer Argumente, für die Frau dürfen sie nicht gelten; bei ihnen gilt das – soziale – Argument, sie bräuchten sich ja nur einfach hinzulegen.

> *Der Mangel an Zeit für sich selbst mindert auf zahlreichen, unterschiedlichen und verschlungenen Wegen das sexuelle Verlangen.*
>
> Elizabeth Davis, „Muster der Sinnlichkeit"[52]

Und so vertrauen viele Männer tiefgläubig dem Schlagwort: „Eine Frau kann immer." Sie sind fest davon überzeugt, daß der Mann zum Eindringen in die Scheide eine Erektion braucht (was

108

nicht stimmt, es kommt auf die Position und die Mithilfe der Frau an, dann geht es auch ohne!) und die Frau allzeit bereit ist, weil ihr Genitale doch ein „Loch" ist. Wahrgenommen wird nur, was sichtbar ist. Die paar Sekunden Mühe, das Verborgene zu entdecken, macht man(n) sich kaum – dazu wäre ja echtes Interesse (und eine gutintegrierte Portion Voyeurismus aus der phallischen Phase der psychosexuellen Entwicklung) vonnöten! Dabei sollten sie zumindest aus der Beobachtung von Hund und Katze wissen, daß auch das weibliche Geschlechtsorgan anschwillt, wie das männliche!

Männerlust

Paarungsbereitschaft hängt von verschiedensten Komponenten ab: rein physiologisch von der Ausschüttung der Geschlechtshormone, und diese hängt wiederum vom Gesundheitszustand, von Umwelteinflüssen (wie dem Einfallswinkel des Sonnenlichts) und von dem, was sich zwischen Mann und Frau (oder Mann und Mann bzw. Frau und Frau) abspielt, ab. Psychologisch hingegen hängt sie von erlernten Verhaltensmustern sowie der erlernbaren Fähigkeit ab, sich durch Selbstprogrammierung in bestimmte Gefühls- und damit auch Körperzustände zu versetzen.
Woran merken wir, daß der oder die andere paarungsbereit ist? Diese Frage stelle ich häufig den Paaren, die in Beratung oder Therapie kommen. Am Steifwerden des Gliedes, am Feuchtwerden der Scheide, lautet meist die Antwort. Und dementsprechend sieht dann auch das übliche Geschlechtsleben der Europäer aus!
Mann liegt mit seiner Prachterektion im Bett und wartet, daß Frau kommt, ihn bewundert und sofort empfangsbereit ist. Diese erträumte Geschwindigkeit entspricht der sexuellen Reaktion eines Zwanzigjährigen. Der würde nämlich nach einem tiefen Blick ins Dekolleté ähnlich rasant „seinen Mann stellen". Der geistige Entwurf derartiger Szenen bleibt meist sogar noch dem

Sechzigjährigen im Gedächtnis, der üblicherweise wesentlich intensivere, vor allem manuelle, Stimulation benötigt, um seine Bestform zu erreichen.

Mancher merkt erst dann,
wie eintönig sein Liebesleben ist,
wenn er gekommen ist
und sie
noch gar nicht zu Hause.

Maria Sukup, „Spätzünder"

In diesem Zusammenhang fällt mir ein Lehrer-Ehepaar ein, deren Liebe nach etlichen Ehejahren und der Geburt mehrerer Kinder erkaltet schien. Auch hier lag der Mann mit einer Prachterektion im Bett, allerdings unter der Tuchent wohlverborgen, und wartete, daß Frau kam. Die kam auch und begann sofort eifrigst zu lesen. „Liest du noch lange?" lautete seine allabendliche Frage, „Mhm" ihre regelmäßige Antwort. Die beiden kamen monatelang nicht zusammen. In der Paartherapie schlug ich ihm vor, seine (beleidigte) Frage gegen die Koketterie „Ist das Buch spannender als ich?" auszutauschen. Genau das brachte die Entkrampfung – seine Frau merkte wohl, daß er „Absichten habe", war aber nicht bereit, auf indirekte Kommunikation zu reagieren. Sie wollte umworben werden. Gerade damit hatte er aber seine Schwierigkeiten – wie viele Männer, die glauben, verheiratet sein heißt, sich nicht mehr anstrengen zu müssen.

Zwar hat van der Velde schon 1923 darauf hingewiesen[53] – aber spätestens seit den Untersuchungen von Masters und Johnson sollte bekannt sein, daß die Erregungskurve des Mannes steil ansteigt, eine kurze Plateauphase der höchsten Erregung mit dem Punkt der Unvermeidbarkeit, der dem Samenerguß unmittelbar vorangeht, aufweist – und ebenso steil wieder abfällt; daß dann in der individuell unterschiedlich langen, sogenannten Refraktärzeit keine neuerliche Erektion möglich ist, anschließend aber sehr wohl wieder Penissteife und Paarungsmöglichkeit gegeben sind.

Die Erregungskurve der Frau verläuft hingegen ganz anders: langsam und sehr störungsanfällig – Telefonklingeln, Babygeschrei aus dem Kinderzimmer oder die Schwiegermutter in der Nachbarwohnung können jedweden Erregungsaufbau wieder zum Verschwinden bringen! –, dafür aber mit einer weitgedehnten Plateauphase, in der manche Frauen multiple Orgasmen erleben, mit ebenso langsamem Abklingen.

„Bei den sexuellen Aktivitäten ist die männliche Reaktion die Norm, an der die weibliche gemessen und beurteilt wird", klagt Elizabeth Davis, „wenn der Penis blutgefüllt ist, nennen wir ihn ‚erigiert', die Klitoris jedoch ‚schwillt an'. Der Ausdruck ‚Vagina' kommt von dem lateinischen Wort für Schwertscheide oder für Hülse, wird also als wartendes und passives Behältnis für den Penis gedacht." Auch sie kritisiert, daß bereits die Sprache „zum Körper und zur Sexualität der Frau schweige oder sie verdamme"[54].

Sexuelle Erregung beginnt mit erhöhter Hautsensibilität, schnellerem Pulsschlag und beschleunigter Atmung, verstärkter Durchblutung – auch, aber nicht nur der Genitalien – und Sekretion. Bei vielen Menschen verändert sich die Hautfärbung. Die Pupillen erweitern sich. Beim Mann tritt Gliedsteife ein, bei der Frau die Klitorisschwellung und die Lubrikation – das Feuchtwerden der Scheide. Der Gesichtsausdruck ändert sich und wirkt fieberähnlich. Bei der Frau schwellen die äußeren und inneren Schamlippen an, unwillkürliche Beckenbewegungen setzen ein. Jetzt erst ist sie wirklich paarungsbereit; meist wird sie in diesem Zustand selbst „ungeduldig" und fordert den Mann auf, endlich einzudringen.

Üblicherweise sprechen wir vom „Tier im Manne" und schreiben ihm allein Animalität zu. Die vielen Märchen mit dem Motiv des Tierbräutigams verstärken solche Polarisierungen. Aber auch wenn wir Frauen es nicht so gerne hören: Unsere Abstammung vom Tier läßt sich zumindest in diesen Verhaltensweisen kaum verleugnen! (Es sei denn, wir unterdrücken sie und damit auch unsere Lust.)

Wer aber nun meint, daß Mann und Frau diesen Erregungsaufbau synchron – gleichzeitig – erleben, irrt. Das kommt nur im Pornofilm vor, und der verhält sich zum Sexualleben des Alltags so wie Didi Hallervordens Autofahrkünste zur Straßenverkehrsordnung!

Leider erwarten viele Männer den Optimalzustand weiblichen Begehrens nicht. Sie nehmen sich selbst als Maß aller Dinge und wollen der Frau ihre Zeit (und auch ihren Rhythmus) aufzwingen. Ein Beispiel:

„Aber früher hat das doch auch schneller geklappt!" So protestiert Gerhard, Fotograf der Edelklasse. „Wenn ich früher von Reisen zurückgekommen bin, hat Monika schon mit glänzenden Augen auf mich gewartet!" Damals hatte sie aber auch noch keine drei kleinen Kinder, die ihre Zeit und Aufmerksamkeit voll in Anspruch nahmen! Wie sich denn seine Heimkehr konkret abspiele, fragte ich nach.

Er wolle sie überraschen, gibt er listig zu, und kündige sich daher nicht an. Dann stürme er ins Haus, lasse all sein Gepäck fallen und rufe nach seiner Liebsten, die er begehre wie am ersten Tag. Sie komme ihm aber weder entgegengeflogen (wie im Film?), noch lasse sie sich durch sein Feuer entflammen. Ob er als Raucher bereit wäre, ein zweites Mal Feuer zu geben, wenn es beim erste Mal nicht klappe, frage ich. Verdutzt denkt er nach, dann muß er lachen.

Gerhard leidet unter dem „Luis-Trenker-Wahn": So wie der alte Bergfex stellt er sich hin und erwartet eine Familien- und Partnerwelt wie im Heimatfilm: Man(n) kommt (in seinem Fall nicht vom Berg, sondern aus der großen, weiten Welt), wuchtet seinen Seesack (nicht Rucksack) von der Schulter – und Frau und Kind haben selbstverständlich alles fallen zu lassen, woran sie gerade arbeiten, und ihm entgegenzueilen und sich zu freuen.

112

Wenn dieses sein geistiges Bild nicht Realität wird – und als Fotograf ist er natürlich visuell und macht sich immer allerlei Bilder, das macht ja auch seinen Erfolg aus! –, ist er so schnell enttäuscht, daß er dieses (erste, kleine) Frustrationsgefühl gar nicht wahrnimmt, sondern sofort in das (nächste, viel stärkere) Gefühl des Ärgers hineinfällt.

Er sieht nur seine Idealvorstellung, nicht die Wirklichkeit. Er nimmt sich auch keine Zeit für eine „Realitätsprüfung", dafür, zu schauen, was Frau und Kinder gerade tun, ob sie überhaupt so schnell umschalten können, wie er es sich wünscht. Er ist nicht bereit, sich an sie anzupassen. Und er gibt ihnen auch keine Chance, sich an ihn anzupassen – dazu müßte er nämlich auf seinen Überrumpelungseffekt verzichten und seine Heimkehr ankündigen.

Sein Sexualverhalten sieht genauso aus: Wenn er seine Frau ansieht, fällt ihm ein, wie schön es immer war, mit ihr zu schlafen und fordert sie auf, mit ihm schnurstracks ins Schlafzimmer zu eilen. Monika fällt aus allen Wolken, denn sie fühlt sich alles andere als in Hitze. Sie erlebt sich bei allem Wohlwollen als kühl. Damit ihr warm ums Herz wird, müßte er sich schon um einiges mehr um sie bemühen. Das wiederum empfindet er bereits als Demütigung, als Ablehnung seiner Person. Allein der Gedanke bewirkt, daß er schon wieder ärgerlich wird.

Wie einer, der ein Gefäß mit kaltem Wasser auf eine Elektrokochplatte stellt, diese einschaltet und sich ärgert, daß das Wasser nicht sofort kocht! Wie einer, der nicht zur Kenntnis nehmen will, was die Beobachtung doch zeigt: daß es auf einer Elektrokochplatte länger dauert als auf einer Gasflamme, bis das Wasser kocht, daß aber die Elektrokochplatte dafür Nachhitze bietet, die Gasflamme aber nicht.

Diesen Vergleich versteht Gerhard. Was ihm noch fehlt, ist ein Modell, wie er Monika entflammen kann.

Wieder bietet sich ein Vergleich aus der Küche an: Wer immer Erfahrungen mit einem Holzherd hat, weiß, daß man, wenn man ihn einheizt, noch lange keine Spiegeleier braten kann. Man

113

kann höchstens eine Suppe zustellen und warten, bis sie gar ist. Einen Holzherd einheizen heißt: Man braucht Papier (klare Vereinbarungen), Zund (Begehren) und erst später Brennholz (Körpereinsatz). Der Ofen muß Zug haben – dazu muß die Aschenlade leer sein (keine alten, ungeklärten Konflikte) und der Abzug frei (es muß die Möglichkeit geben, aktuelle Störungen sofort zu bereinigen). Wenn dann die Herdplatte halbwegs „tragfähig" ist, kann eigentlich nicht mehr viel schiefgehen.

Wie im wirklichen Leben mangelt es oft am Zund. Wie oft will man zwar einen warmen Ofen und etwas Gutes zum Essen, ist aber nicht bereit, Spandelholz zu hacken. Das braucht Zeit und birgt Verletzungsgefahr. Da denkt man dann: Vielleicht geht es auch ohne.

> *Zuerst behandelte er sie*
> *wie ein rohes Ei.*
>
> *Dann knackte er sie*
> *wie eine Nuß.*
>
> *Schließlich nahm er sie aus*
> *wie eine Gans.*
>
> *Zuletzt ließ er sie fallen*
> *wie eine heiße Kartoffel.*
>
> *Und das – obwohl er*
> *vom Kochen*
> *keine Ahnung hatte.*
>
> Maria Sukup, „Küchenzauber"

Viele Männer meinen heutzutage, sich die Zeit des Balzens sparen zu können. Das ist ein Fehler. Sie halten Werbeverhalten für altmodisch; in Zeiten der „Pille" braucht doch keine Frau mehr Angst vor ungewollter Schwangerschaft zu haben, denken sie, und: „Ich will, sie wird schon auch wollen – der Appetit kommt beim Essen!" Und weiter „Ist sie nicht willig, such' ich mir eben eine Willigere." Und es gibt genügend Frauen, die dieses Spiel mitspielen! Und dann wundern sie sich, wenn sie nicht den gewünschten Erfolg – nämlich Befriedigung – erzielen. Irgendwann haben wir alle irgendwo gelesen oder gehört, daß Frauen zu ihrer sexuellen Erfüllung außer dem eigentlichen Akt ein Vorspiel und ein Nachspiel brauchen. Unter Vorspiel stellt man(n) sich dann hektische Rubbelei am Kitzler vor, denn irgendwann hat man(n) irgendwo auch gelesen, daß es einen „Mythos vom vaginalen Orgasmus"[55] gibt und Frauen sicher nur einen klitoridalen haben. Und unter Nachspiel stellen sie sich die gemeinsam gerauchte Zigarette vor.

Aus der Sicht der Sexualtherapie sieht das alles ganz anders aus. Geschlechts„verkehr" ist demnach jede zielgerichtete Handlung, bei der Körpersäfte ausgetauscht werden, vom Kuß angefangen, eben nicht nur der Zeugungsakt. Daher beginnt das Vorspiel in dem „Augenblick", wo einer der beiden sich dem anderen in der Absicht der Geschlechtsvereinigung nähert. Das kann wirklich nur ein Blick sein – und ist es vor allem bei visuell ausgerichteten Menschen; es geht nämlich um Körperelektrizität: Alles, was wir optisch wahrnehmen können, sind Lichtwellen, alles, was wir hören können, akustische Wellen mit ihren jeweiligen Frequenzen. Und spüren können wir die Bioelektrizität mit unseren Hautsensorien.

Daß es sich wirklich um Körperelektrizität handelt, können wir unserer Sprache entnehmen. Wir sagen: „Zwischen den beiden hat es gefunkt" oder „die Liebe hat wie ein Blitz eingeschlagen", wir sprechen von Spannungsaufbau und von der Entladung im Orgasmus.

Wilhelm Reich formulierte noch radikaler die „Orgasmusformel": „Mechanische Spannung – bioelektrische Ladung – Entladung – mechanische Entspannung."[56]

Seine Deutung lautet: „In der Vorlust wird Spannung erzeugt, die unlustvoll empfunden werden müßte, wenn die Befriedigung ausbliebe. Doch die phantasierte Lust der Befriedigung erzeugt nicht nur Spannung, sondern befriedigt auch ein kleines Quantum sexueller Erregung. Diese kleine Befriedigung und die Aussicht auf die große Endlust übertönen die Unlust der Spannung vor der völligen Abfuhr ."[57]

Reich betonte in diesem Zusammenhang, daß „jede Wahrnehmung getragen sei von einer aktiven ‚Einstellung' auf den betreffenden Reiz (Wahrnehmungsintention)" und konnte so erklären, daß „die gleichen Reize, die eine Lustempfindung auszulösen pflegen, in anderen Fällen, bei anderer innerer Einstellung, nicht wahrgenommen werden".

Er schreibt: „Für die Sexualwissenschaft bedeutet das: Sanftes Streicheln an einer sexuellen Zone löst bei dem einen eine Lustempfindung aus, doch beim anderen bleibt diese aus; er empfindet nur ein Tasten oder Reiben. Hier bereitet sich die Unterscheidung der orgastisch vollwertigen Lusterlebnisse von den reinen Tastempfindungen vor, also im Grunde der Unterschied von orgastischer Potenz und orgastischer Impotenz. Die Kenner meiner elektrobiologischen Arbeiten wissen, daß sich in der ‚aktiven Einstellung des Ichs in der Wahrnehmung' die peripherwärts strömende elektrische Ladung des Organismus auswirkt."

Gerhard und viele andere Männer mit ihm vermeinen, ohne diese „aktive Einstellung in der Wahrnehmung" – einfach durch „passive Wahrnehmung" – sexuelle Strahlkraft zu besitzen. Sie sind so sehr auf das Verbergen ihrer Gedanken und Gefühle trainiert, daß sie nicht mehr „senden" können und wundern sich dann, wenn keine Botschaft bei der potentiellen Empfängerin ankommt.

Paarungszeit

Wenn sie in der Beratung oder Therapie mit diesem Mangel konfrontiert werden, fragen sie dann: „Warum soll denn immer ich anfangen?" Weil sie ja diejenigen sind, die sich Geschlechtsverkehr wünschen! (Wenn die Frau kopulieren will, hat natürlich sie das Problem des Sendens!) „Wenn du willst, daß etwas geschieht, tu es selber!" lautet ein kluger Ausspruch des englischen

Psychotherapeuten Ronald D. Laing. Viele Männer bestehen aber trotzig darauf, wie kleine Buben von Mutti, von ihren Partnerinnen versorgt zu werden, auch in der sexuellen Begegnung.

Rein biologistisch betrachtet besteht die Geschlechtsrolle des Mannes darin, möglichst oft (und schnell) seinen Samen zu deponieren, damit die Art nicht ausstirbt. Dabei findet die sexuelle Begehrlichkeit, gemessen an den physiologischen Potenzen, nur minimale Befriedigung.

„Es scheint, als ob die Fähigkeit zum Sexualverhalten vor allem bei Männchen, aber in etwas schwächerem Maße auch bei Weibchen die Verhaltensmöglichkeiten erheblich übersteigen muß, um effektiv im Sinne der Evolutionsstrategien werden zu können", gibt Professor Gottfried Lischke von der Freien Universität Berlin zu bedenken. „In vielen Wildpopulationen kommen nur weniger als ein Prozent der Männchen je zum Geschlechtsverkehr, und selbst diese verfügen über tausendfach höhere Potenzen. Selbst bei verschwindend geringen Realisationschancen besteht ein erheblicher Selektionsdruck auf hohe Triebstärken. Das Glück der Befriedigung ist der Natur vollkommen gleichgültig."[58]

Verschmitzt zieht Lischke seine Parallelen zur Menschengattung: „In der Natur herrscht ein notorischer Mangel an attraktiven Partnern. Die sexuelle Selektion... fördert ein Sexualverhalten, das sich stets die besten Geschlechtspartner sucht und sich nur schwer mit den zweitbesten zufriedengibt. Ein Beispiel sei die ‚he-man-strategy', welche die Weibchen verschiedener Säugetierarten (See-Elefanten, Rothirsche, Mantelpaviane – beim Menschen kommt diese Strategie natürlich überhaupt niemals vor???) dazu treibt, sich die allerstärksten Männchen auszusuchen, solche mit den männlichsten Attributen wie riesige Fettpolster, ausladende Geweihe oder beeindruckend lange, graue Mäntel, in der richtigen ‚Überlegung', daß dann, wenn es gelingen sollte, solch einen gewaltigen Beschäler zu gewinnen, die eigenen Söhne wiederum enorm beeindruckend auf weibliche Wesen wirken würden und auch die Kraft zu zahlreichen Vergewaltigungen hätten – was die eigenen Gene weit in der Population streute. (Was den einzigen Lebenszweck darstellt.) Da die „Besten" aber trotz ihrer überbordenden Potenz doch nie allen Weibchen zugänglich sind, muß manche mit dem zweitbesten vorlieb nehmen, was zum Beispiel bei den Pavianen zu erheblich geringeren Zeichen von sexueller Erregung beim rezeptiven Weibchen führt." Und weiter schmunzelt Lischke: „Beim Menschen ist dies sicher alles ganz anders, aber auch von dieser Spezies wird berichtet, daß zum Beispiel ausgesprochen attraktive Jugendliche früher den Geschlechtsverkehr aufnehmen."[58]

Aus der Sicht meiner zwanzigjährigen Beratungserfahrung möchte ich Lischke unterstützend ergänzen: Viele Männer glauben nach wie vor, nur durch Leistungen oder Geschenke weibliche Zuwendung erzielen zu können. Das hat dann oft mehr mit Kräftemessen mit tatsächlichen oder eingebildeten Rivalen zu tun als mit der konkreten Frau und deren Erwartungen. Wiederum entgeht der Frau die – auf sie – „gerichtete Aufmerksamkeit" (und sexuelle Ausstrahlung) des Mannes – angeboten wird ihr statt dessen nämlich das Lob-Erbetteln des kleinen Buben am Muttertag!

Viele Männer idealisieren (oder diskriminieren!) Frauen in unrealistischer Weise mehr, als es selbst dem Zustand höchster Verliebtheit (oder größten Liebeskummers) entsprechen würde. Sie nehmen sich damit die Chance, die Frau zu „erkennen", werten sich dabei aber gleichzeitig selbst ab, frei nach Groucho Marx: „Ich halte nichts von einem Verein, der mich als Mitglied aufnimmt!"[59] Oder sie werten sich auf, wenn sie nämlich die Frau als „minderwertigen Vergleichsmenschen"[60] für den Aufbau und Halt ihres Selbstwertgefühls brauchen.

Viele Männer haben Scheu davor, sich selbst als Sexualobjekt zu präsentieren (was möglicherweise mit Verboten aus der phallischen oder Konkurrenzängsten aus der ödipalen Phase ihrer psychosexuellen Entwicklung zusammenhängt) – und

lösen genau damit möglicherweise „geringere Zeichen von sexueller Erregung beim rezeptiven Weibchen"[61] aus. Offenbar
kommt ein derartiges Verhalten der Selbstpräsentation der ge-
fürchteten „Verfügbarkeit" des Dieners, Sklaven, der Prostitu-
tion, kurz der Machtlosigkeit zu nahe. Wenn Männer sich nar-
zißtisch zur Schau stellen, dann ohne „aktive Einstellung" auf
eine Person, sondern selbstbezogen. Betrachter werden weg-
phantasiert.

Frauenlust

Ebenso werden selbst heute noch viele Frauen dahingehend indoktriniert, möglichst viel von der beruflichen oder finanziellen
Potenz des Mannes für sich auszunutzen, sich „möglichst teuer
zu verkaufen".
Sich an der sinnlichen Ausstrahlung eines Mannes zu erfreuen,
liegt jungen Frauen noch immer fern. Fast scheint es, als ob erst
die „reife" Frau sich erlauben würde, Männer – und dann vor allem junge Männer! – zu genießen. Möglicherweise hängt das damit zusammen, daß ältere Frauen selbstsicherer sind und weniger
Angst vor unerwünschter Anmache haben. Vielleicht hat es aber
auch mit ökonomischer Macht zu tun: Ältere Frauen (nur in
bestimmten Berufen allerdings) haben meist einen Grad finan-
zieller und familiärer Unabhängigkeit erreicht, der es ihnen erlaubt, eigenen Launen (und nicht nur denen des Chefs) nachzu-
geben.
Und so beherrschen insgeheim noch immer Überlegungen das
Annäherungsverhalten von Mann und Frau, die ins vorige Jahrhundert passen, wo hauptsächlich wirtschaftliche Kriterien den
Ausschlag für die Partnerwahl gaben und Scheidungsverbote für
absolute Pflichterfüllung sorgten. Sexuelle Lust war ohnedies
tabu bzw. nur den Männern und der Subkultur des Bordells vorbehalten. Die Institution des „Frauenkaufs" blieb unangetastet.
Die wenigen Frauen, die ein aktives Leben wagten, fanden sich

bald als Exotinnen dem Außenseitertum mit all seinen Diskriminierungen preisgegeben.

Daran änderte auch das beginnende zwanzigste Jahrhundert mit seiner Befreiung vom Korsett und von der langen Haartracht nichts. Selbst wenn die Pionierinnen der Sozialdemokratie und des Sozialismus radikale Forderungen auf dem Gebiet der Sexualpolitik erhoben – in ihrem Privatleben waren sie weitgehend angepaßt.

In der Ideologiefabrik des Dritten Reichs kam dann die „Deutsche Frau" nur als Heldenbraut, Heldenmutter oder Heldenwitwe vor. Heldinnen der Fortpflanzung wurden mit dem Mutterkreuz geehrt. Weibliches Begehren war ebensowenig vorgesehen wie männliches, denn Manneskraft hatte primär der Zeugung zu dienen, nicht der Lust. In den Filmschnulzen tauchte die femme fatale, mit Vorliebe eine Ausländerin, allerdings gelegentlich auf, um den blonden Jüngling kurz in die Irre zu verführen, ehe er sich wieder seiner eigentlichen Aufgabe besann und zur treudeutschen Maid zurückkehrte.

Aber auch die US-Filme der Nachkriegszeit boten weder ihm noch ihr ein alltagstaugliches Vorbild, wie man(n) sexuelle Ausstrahlung zwecks Entflammung der „Flamme" einsetzt. Möglicherweise haben die grobgezimmerten und immer wieder auseinanderfallenden „Beziehungskisten" der siebziger Jahre ihren Ursprung in den Filmen der fünfziger und sechziger Jahre, wo frau nur schmollmunden (Brigitte Bardot) oder hinternwackeln (Marilyn Monroe) brauchte, um alle Männer dazu zu bringen, hinter ihr her zu hecheln, und wo man(n) nur wild sein mußte (Marlon Brando) oder sich so verhalten, als wisse er nicht, was er tut (James Dean), also hauptsächlich beleidigt und schweigsam sein, um den Frauen allesverzeihende Fürsorglichkeit abzuluchsen.

Erst zum zwanzigsten Geburtstag der europäischen Frauenbewegung begannen Frauen, ihr langverlorenes eigenes Begehren zu suchen[62]. Sie wehrten sich nun gegen christlich-patriarchale Unterdrücker und deren biologistische Argumentation von der

„naturgegebenen" Rolle der Frau als Mutter, mit der hintergründig soziale Kontrolle – vor allem die Legitimität der Nachkommenschaft, damit aber auch eine Trennung vom außerhäuslichen Leben! – bewirkt werden sollte.

In diesem Zusammenhang ist es mir wichtig, einen „Fehler" zu korrigieren: Das häufig als Rechtfertigung für weibliche Nachrangigkeit angeführte Bibelwort „Und zum Weibe sprach er: ...und er soll dein Herr sein" ist ein verstümmeltes Zitat. Vollständig zitiert, heißt es: „und dein Verlangen soll nach deinem Manne sein, und er soll dein Herr sein."[63] Und das ist ganz etwas anderes.

Wenn ein Mann begehrt, spürt er oft körperlich schmerzhaft seine Paarungsbereitschaft, seinen Triebdruck. Er denkt – wenn er denkt, denn wie der Volksmund so treffend sagt: „Je länger der Schwanz, desto kürzer der Verstand" – an seine biologische Programmierung (Zeugen!) oder unterdrückt sie – oder er sublimiert (z. B. mit Gedichten).

Frauen holen das alles erst nach. Sie sind Nachzüglerinnen in Zügellosigkeit!

Ich möchte
Dir gegenüberstehen,
Dich ein-
und mich ausatmen:
Dornröschen ist erwacht
zwischen meinen Beinen.
Komm und durchstoße die Hecke!
Wecke wieder und wieder
was viel zu lange schlief!

Vielleicht haben aber auch viele Frauen nur Angst vor ihrem eigenen Verlangen. Warum? Weil sie sich damit so weit vom traditionellen Frauenrollenbild entfernen, von der geschlechtslosen Madonna samt unbefleckter Empfängnis und daher unschuldigem Kindlein? Weil sonst der Erzeuger des Kindes eifersüchtig werden könnte, wenn er ahnen würde, daß das saugende Kind am Busen erotische Gefühle auslöst? Weil er noch eifersüchtiger würde, wenn er ahnte, wer sonst noch alles erotische Gefühle, Phantasien und Begierden im Mutterbusen entstehen läßt?

„Um als Subjekt des Begehrens, als sexuell Handelnde aufzutreten," zeigt Jessica Benjamin auf, „braucht die Frau aber eine gewisse Bestimmungsmacht über ihr eigenes Schicksal, eine Freiheit des Willens, die Mütter oft nicht haben"[64]. Und diese Freiheit des Willens wird der zugehörige Mann mit allen Mitteln zu verhindern suchen – außer er ist so reif, so selbstsicher, daß er seiner Frau ihren eigenen Willen, ihren Freiraum und ihre Freizeit lassen kann, ohne sich dann unvollständig (wie ein orales Baby ohne Mammi) oder als Versager (wie ein anales Baby, dem man etwas weggenommen hat) oder (phallisch) kastriert oder (ödipal) ausgeschlossen zu fühlen. All diese Reaktionsmuster werden von unreifen Männern an ihre Söhne weitergegeben.

Und weil Mütter bisher so wenig Macht über sich selbst zugestanden bekamen, weil sie oral, anal, phallisch wesentlich mehr eingeschränkt wurden als die hochwillkommenen Stammhalter, und weil sie ödipal und pubertär ausgebeutet wurden, konnten ihre Töchter selbstbestimmte Sexualität bisher kaum von ihnen lernen.

Frauen haben wohl gelernt zu erkennen und zu sagen, was sie nicht wollen: sexuell belästigt, ausgebeutet, vergewaltigt zu werden. Und viele haben in Selbstverteidigungskursen gelernt, ihren Körper als Waffe zu gebrauchen.

Frauen haben sich geweigert, die alten Modelle zu lernen, wie frau einen Mann „kirre" macht: Sie schürzen nicht mehr Schmollmündchen und verdrehen die Augen nicht mehr zum Schlafzimmerblick, sie wackeln nicht mehr mit den Hüften und streifen nicht mehr absichtlich unabsichtlich mit ihren Brüsten an Männer an. Im Zeitalter der Pille könnte ja sofort die Aufforderung folgen, dieses „Angebot" in die Tat umzusetzen. Flirten im Schutz eines sozial anerkannten vor- und außerehelichen Koitusverbots ist nicht mehr drin. Flirten ist out.

Frauen haben aber noch keine schnell funktionierenden „öffentlichen" Modelle, einem Mann ihr Begehren zu präsentieren.

„Die bestehende Gleichsetzung von Männlichkeit mit Begehren und Weiblichkeit mit Begehrtwerden spiegelt einen Zustand, der wirklich existiert, und nicht bloß eine Überzeugung"[65] gibt sich Jessica Benjamin pessimistisch.

Geht es aber wirklich um diese Polarität? Geht es nicht eher darum, daß die Person, die begehrt und aktiv wird, immer vor der Notwendigkeit steht, die andere Person zuerst einmal in ihrer Rhythmik zu erkennen und sich ihr anzugleichen? Geht es nicht immer um Ungeduld, vorschnelles Bedrängen und Gewalt? Liegt es nicht daran, daß wir noch nicht gewohnt sind, daß Frauen sich diese verlorenen Bereiche der Paarungsrituale zurückholen? Und geht es nicht auch darum, daß Männer nicht gewohnt sind, auf andere Menschen mit wohlwollendem Entgegenkommen zu reagieren anstatt mit Kampf oder Unterwerfung?

Ich habe in zahllosen Partnerschaftsberatungen die Erfahrung gemacht: Selbst wenn Frauen sich behutsam einem Mann annähern, erlebt er sie als bedrängend, „vergewaltigend". Schlimmstenfalls blockt er stumm ab oder ergreift die Flucht. Bestenfalls hält er inne – nimmt eine überlegende und damit überlegene Position ein – und wartet ab. Und allerbestenfalls ist er sogar fähig, über all das zu sprechen.

Für Frauen bedeutet der Mut, sich in aller Hitze zu präsentieren, in der Folge: selber das zu lernen, was sie vom Manne jahrhundertelang gefordert haben, auch wenn es noch so schwer auszuhalten ist: Geduld.

> Ich spüre noch Deine Hände auf meiner Haut.
> Ich höre noch Deine Stimme in meinem Ohr.
> Aber Deinen Duft habe ich nicht gerochen
> und Deinen Kuß habe ich nicht geschmeckt.

Ich will nicht warten,
bis Du mich anrufst.
Ich will nicht warten,
bis Du Dich bewegst, Stein.

Ich seh' Dich funkeln, Diamant.
Ja, ich habe Angst vor Deinen Kanten.

Vielleicht hast Du Angst vor meiner Wärme –
Du könntest zu Asche verbrennen.

Wie kalt muß ich sein,
damit Du mich aushältst?

Die Macht der Blicke

Wo also soll Mann oder Frau „abschauen", wie man Interesse sendet, ohne gleich peinlich aufzufallen? Am besten an der Reaktion der Partnerin, des Partners.

Beziehung – sich aufeinander beziehen – heißt, einander wirklich in die Augen zu sehen, die ja bekanntlich der Spiegel der Seele sind und in denen man lesen kann. Aber genau davor haben viele Menschen Angst – durch einen Blick „erregt" zu werden.

Jeder Gedanke ist ein chemisch-elektrischer Prozeß im Gehirn, der auch „verkörpert" wird – und wenn das nur durch das Aufstellen der Flimmerhärchen geschieht. Je nachdem, was wir denken, verändert sich unsere Ausstrahlung – und das ist wiederum über den elektrischen Hautwiderstand der Empfängerperson für diese erfahrbar. Auch wenn eine Senderperson keine Miene verzieht, „wissen" wir zum Beispiel, daß sie wütend ist. Wir können unser Wissen dann zwar nicht beweisen; wenn der andere abstreitet, solche Gefühle zu haben, sind wir je nach unserer Gefühlssicherheit verunsicherbar oder auch nicht. Wenn jemand etwas nicht wahrnimmt, heißt das ja noch lange nicht, daß es nicht da ist! Je mehr wir unseren eigenen Gefühlen vertrauen, desto sicherer haben wir aber dieses zusätzliche Instrumentarium der Wahrnehmung, den berühmten „sechsten Sinn", zur Verfügung. Oder psychoanalytisch formuliert: Wir können von unbewußt zu unbewußt kommunizieren.

Es geht also schlicht gesagt darum, sexuelle Gedanken und Wünsche in einer sozial unschädlichen Weise auszudrücken. Die einfachste Form dafür sind Blicke[66].

Aktiv wie passiv können Blicke Nähe schaffen und ebenso auch Distanz. Das erstere geschieht durch fokussiertes Sehen – die Energiekonzentration auf ein bestimmtes Ziel – das letztere durch den weit offenen Panoramablick.

Wir alle kennen vom Autofahren diesen „Weitwinkelblick", die „zweite Aufmerksamkeit": da sieht man alles und doch auch wieder nichts konkret. Gefühle kommen kaum auf. Je größer die Distanz, desto weniger können wir etwas, jemand „erkennen" (durchaus auch im biblischen Sinn!). Dazu brauchen wir Nähe, Offenheit, Beziehung.

Wir kennen aber auch den starren Blick, den „bösen Blick", das „malocchio" als Strategie, Angst und Hilflosigkeit hervorzurufen. Hier wird bereits Energie fokussiert gesendet. In psychosomatischer Deutung wird der starre Blick üblicherweise mit dem erigierten Penis gleichgesetzt und als Schreckversuch interpretiert (und die dadurch allenfalls verursachte Angst als Orgasmusangst, als Angst vor Kontrollverlust).

Wenn nun die Bedeutung des Blickes nicht Angstmache ist, sondern der Wunsch, ein Herz (und einen Körper) zu entflammen, so wird eine „aufgeschlossene" Empfängerperson entsprechend reagieren: entweder erfreut oder abwehrend, je nachdem. Frauen reagieren üblicherweise fürs erste abwehrend. Immerhin kommt etwas Fremdes, meist wesentlich Energiegeladeneres als sie selbst auf sie zu. Solche Energiequantitäten sind den wenigsten von sich selbst bekannt. Daher müssen sie sich erst an ihre eigenen Empfindungen und Körperreaktionen gewöhnen.

Sehr typisch wird diese erste Abwehr in den klassischen hispanischen und lateinamerikanischen Tänzen symbolisiert: im Fla-

menco oder im Tango, wo die Tänzerin stolz und unnahbar auf-
tritt – aber durchaus auch selbst aktiv werden kann – und sich
erst langsam im musikalischen „Kampf der Geschlechter" vom
Manne erobern läßt. In unseren Ländlern ist derartig weiblicher
Stolz nicht üblich – auch wenn die Dynamik des Tanzgesche-
hens ähnliches andeutet.

In unseren Volkstänzen darf die Frau zwar kokett sein, sie darf
sich aber kaum aktiv dem Manne nähern. Männer dürfen es zwar
klatschen lassen, aber aggressiveres Verhalten ist nicht vorgesehen. Es geht alles recht lieblich zu.

Dabei gehört zum sexuellen Werbeverhalten des Mannes durchaus auch Aggression. Das ist aber auch die einzige Situation, wo
sie hingehört!

Erlauben wir uns wiederum, biologistisch zu denken: ohne Aggression – nicht zu verwechseln mit Brutalität! – könnte der
Mann nicht die Körperschranke der Frau durchdringen (wie auch
nicht das Sperma in die Eizelle eindringen könnte). Seine Ungeduld ist daher sinnvoll. In der Psychotherapie mit erektionsge-
störten Männern fällt ja auch bald ihre Aggressionshemmung auf
– und wenn sie zu ihrer verdrängten Aggressivität zurückgefun-
den haben, stellt sich zumeist synchron die Erektionsfähigkeit
wieder ein.

Aggression heißt auch: um einiges schneller, um einiges kraft-
voller zu agieren, typisch im Yang handeln. Wenn man(n) wartet, daß die Frau den ersten Schritt tut, wäre seine Passivität
demnach klassisch im Yin fundiert.

Wenn aber die Frau diejenige ist, die im Yang agiert, tut sie gut
daran, zu überlegen: Begehrt sie einen ebenfalls Yang-betonten
Mann, werden Krachs unvermeidlich sein, begehrt sie hingegen
einen Yin-betonten Mann, wird es gut sein, sein Anderssein zu
beachten und zu achten, wenn sie nicht gewalttätig sein will.

ZEIT ERLEBEN

Zeit ist das, was uns fehlt, wenn sich zuviel ereignet.

Jürgen Aschoff, „Die innere Uhr des Menschen"[67]

Seitdem die Auffassung, Zeit sei eine „objektive Gegebenheit der natürlichen Schöpfung", wie sie einstens beispielsweise Newton vertreten hatte, zugunsten derjenigen, Zeit sei eine – subjektive – „Art des Zusammensehens von Ereignissen, die auf der Eigentümlichkeit des menschlichen Bewußtseins" beruhe, aufgegeben wurde, gilt Zeit als „angeborene Erlebnisform" und dient so als „Mittel der Orientierung in der sozialen Welt"[68]. Auf viele dieser Orientierungssignale und -symbole haben wir uns in kleineren oder größeren Gruppen geeinigt: Wir stellen die Uhren nach MEZ und halten uns an den gregorianischen, jüdischen, mohammedanischen, chinesischen oder sonst einen Kalender. Wir beachten arbeitsfreie Tage und vertraglich fixierte Fristen. Wir fragen, wie lange etwas dauert, konstatieren, wie lange etwas dauern soll und stellen uns – soferne wir das alters- und reifegemäß bereits bzw. noch können – darauf ein. Und wir werden ärgerlich, wenn unsere Erwartungen dann nicht erfüllt werden.
Subjektive Zeit wird schnell oder langsam erlebt.
Norbert Elias stellte zwar fest, daß Menschen den Druck der täglichen Uhrzeit spüren und, je älter sie werden, auch „die Jagd der Kalenderjahre im Nacken", meinte aber, daß das Verständnis der Zusammenhänge zwischen einer Gesellschaftsstruktur mit einem unentbehrlichen und unentrinnbaren Netzwerk von Zeitbestimmungen und einer Persönlichkeitsstruktur von hoher Zeitsensibilität und Zeitdisziplin den Menschen kein akutes Problem bedeute. Nun – für den Umgang mit der Zeit in der Berufswelt gibt es klare Vorgaben und dementsprechende Erziehung und Propaganda; es liegt auch offen auf der Hand, wer warum daran wel-

ches Interesse hat. Seitdem aber auch unsere Freizeit durch derartige Interessen bestimmt werden soll, bekommen wir audiovisuelle Anleitung für ihren „Konsum".

In zwischenmenschlichen Beziehungen sind wir selbst die Interessenvertreter. Es liegt an uns, den Zeitfluß zu regulieren. Daß uns Zeit zu langsam vergeht, wenn uns Arbeit nicht freut, ist allen klar: Es müssen innerseelische Widerstände überwunden werden. Und wer bei der Arbeit vor lauter Begeisterung die Zeit vergißt, erscheint uns als Genie oder höchst suspekt. In Liebesbeziehungen erwarten wir, daß wir die Zeit vergessen… wie Tom, der Reimer, in dem keltischen Märchen, der die Feenkönigin küßt und ihr dann sieben Jahre dient[69].

„Zeit ist, wie lange wir warten" formuliert der Physiker Richard Feynman kurz und bündig[70]. Als Zeitsinn aber wird unsere Fähigkeit bezeichnet, „zeitliche Dauer und Ordnung von Sachverhalten wahrzunehmen"[71]. Und dieser ist üblicherweise nicht sehr entwickelt, wage ich zu behaupten. Wir blockieren uns bei der Entwicklung dieses Könnens zumeist genauso wie bei der Entfaltung anderer Künste durch unsere Neigung zu Bewertungen: kurz und lang, angenehm und unangenehm, daher gut oder böse. Übrig bleiben dann Vorfreude und Erwartungsangst, Ungeduld und Langeweile.

> *Warten*
> *ist wohltuend.*
> *Unmerklich entfernt sich das Ufer*
> *gleichmäßig wie meine ruhigen Bewegungen*
> *darauf zu.*
>
> *Zuerst wünschte ich sie herbei*
> *die Stunde*
> *unsere zukünftige Zusammenstunde.*
>
> *Je näher sie rückt*
>
> *um so ferner wär' sie mir lieb.*
>
> Susanne Beschaner[72]

Unsere Möglichkeiten, qualitativ zu erleben, spielen sich – wie alle Wahrnehmungen in unserer dualen Welt – zwischen zwei Polen ab. Und da alles, was lebt, „schwingt" und daher eine Frequenz aufweist, kennt unser Erleben nicht nur Zeitabstände, sondern auch Höhen und Tiefen. Was wir als Höhenflüge oder Abstürze klassifizieren, hängt von der Bewertungsskala ab, die wir zur Verfügung haben. „Welche Bedeutung aktuelle Erlebnisse haben, das hängt also auch von der biographischen Zeitregel ab, welche bestimmt, welches phaseneigentümliche Thema der biographische Werdegang gerade hat" schreibt Wilhelm J. Revers[73] und weist damit darauf hin, wie ein und dasselbe Erlebnis in verschiedenen Lebensaltern verschieden gewichtige Bedeutung haben kann.

In der Jugend hat vieles größere Bedeutung als im Alter, wo mehr Erfahrung und somit mehr Vergleichsmöglichkeiten zur Verfügung stehen. Im Alter ist aber auch – zumindest bei den meisten Männern – die „Spannung" (und auch die Bereitschaft zur Anspannung) weniger quälend als in jüngeren Jahren.

Die Verlangsamung des Orgasmus

Laufen Verhalten und Gefühle synchron, so ist unsere übliche Beobachtung: Wir erleben einen Mangel (eine Sehnsucht, Begierde), entwickeln ein geistiges Bild, wie dieser Mangel zu beheben wäre, und die notwendige Erregung, um aktiv zu werden, und machen uns daran, unser Ziel zu erreichen. Je mehr wir uns dem Ziel (einem Höhepunkt) nähern, desto mehr steigt die Spannung. Am Gipfel folgt die Umkehr, der Erregungsabfall, die Entspannung.

Und wiederum bestimmen Vorbilder, Eltern und Elternersatzfiguren ebenso wie die geheimen Erzieher aus den Flimmerkisten unsere Glaubenssätze und unser Verhaltensrepertoire zwecks Bewirtschaftung unserer leibseelischen Hungerzustände: Wir denken, daß „unten einverleiben" wie „oben einverleiben" funktioniert und schlingen wie die Comics-Männchen und -Weibchen im Pornofilm. Und weil heutzutage kaum noch Sexualtabus ernst genommen werden und daher Sex jederzeit – nur so als „Kommunikationsform" – konsumiert wird, anstatt daß Sexualität „vollzogen" würde, bleiben wir oberflächlich und flüchtig und letzten Endes ohne Genuß.

Und so glauben Frauen wie Männer an den Mythos, daß der Appetit beim Essen kommt und lassen sich ohne emotionale oder körperliche Signale in Intimbeziehungen ein. Danach wundern sie sich aber, wenn Befriedigung ausbleibt; die braucht nämlich vorher verspürte Unzufriedenheit.

Ein anderer Mythos besteht darin, zu glauben, den Spannungszustand der Erwartung nicht aushalten zu können. Wir beschleunigen deshalb unsere Bemühungen und wundern uns, wenn wiederum nicht das große Glück eintritt. „Das Geheimnis liegt in der Kunst, uns im Zustand hoher Erregung entspannen zu können und dadurch in die zeit- und raumlosen Sphären einer ekstatischen Stille getragen zu werden…"[74] – das Geheimnis besteht darin, sexuelle Energie bewußt entfachen und lenken zu können.

Je unproblematischer es ist, einen Mangel zu beheben, desto diffiziler wird die Frage, wie er behoben werden soll. In Zeiten intensiver Sexualunterdrückung und -kontrolle mußte Spannung ertragen werden; heute müßte sie nicht mehr ertragen, sondern könnte genossen werden – und bleibt aus.

„Adressat des Genießens ist nicht der Leib in einem Mangelzustand, sondern das reflektierende Selbst, das im Erleben fühlend gegenwärtig ist und das Objekterlebnis in das Selbsterleben einschmelzt" macht Wilhelm J. Revers aufmerksam[75]. Reflektieren, nicht agieren – der methodische Grundsatz der Psychoanalyse fällt mir ein, sich bewußt ins Fühlen zu wagen, ins Yin…

Traditionalisten teilen sexuelle Initiative und Aktivität dem Manne zu, der damit auf seine biologische Rolle reduziert wird. Ob sie sich damit auf die Bibel, Darwin oder Hitler beziehen, soll uns hier nicht weiter irritieren. Sie sehen auf jeden Fall den Mann als verkörperte Yang-Energie und die Frau als empfangendes Yin. Aber auch wenn wir im Sinne der Polarität unserer dualen Welt uns als Mann und Frau, Yang und Yin, gegenüberstehen, so bestehen wir innerseelisch ebenfalls aus Yang und Yin und erleben je nach Bewußtheit das individuelle Wechselspiel dieser Kräfte. Damit stehen wir vor der Lebensaufgabe, eine intrapsychische Balance zu finden. Auch wenn ein konkreter Mann sein inneres Yin – seine Schwachheit, Sensibilität, sein Zögern, sein Versagen – nicht wahrnehmen will, es wird ihm früher oder später nicht erspart bleiben.

Vor allem im Sexualakt haben viele Männer mit Yin-Zuständen Probleme. Zum Beispiel diejenigen, die zur ejaculatio praecox – zum vorzeitigen Samenerguß – neigen. Wenige bekennen Leidensdruck. Viele klammern sich an die Populärdeutung „besonderer Potenz" – wieder ein Beispiel klassischer Abwehr durch „Verkehren ins Gegenteil" –, da sie doch superschnell zeugen können – soferne der Samenerguß nicht schon außerhalb der Scheide erfolgt. Sie deuten ihre Unfähigkeit – oder Unwilligkeit! – zur kraftvollen Anspannung als Yang-Aktivität. Fließen ist aber Yin!

Im Endeffekt verweigern sie, der Frau ein Mann zu sein. Sie bleiben braves Bubi, machen, was Mammi will, und nicht, was ihnen selbst gut täte. Auf diese Weise befriedigen sie weder sich noch die Frau: Das ist auch eine Form verdeckter Aggressivität.

Durch das Hinauszögern des Samenergusses würde ihre eigene Lust gesteigert – vorausgesetzt, sie halten so viel Lust aus und vorausgesetzt, die Angst vor der verschlingenden Vagina ist nicht so groß, das man(n) sich anmacht.

Angst, aber auch Trotz, kommt auch zum Vorschein, wenn Männer mit diesem Symptom therapeutische Hilfe suchen. Sie wollen der Frau nichts geben, vor allem kein Stückchen von sich selbst (das eint diese Patienten mit denjenigen, die an verzögertem oder ausbleibendem Samenerguß leiden!). Andere wiederum haben sich einfach noch nicht mit dem Gedanken vertraut gemacht, daß man(n) den Samenfluß zurückhalten kann wie den Urinstrahl auch; sie lassen ihn „rinnen" wie ein kleiner Bub sein Lulli. Hier genügt dann oft die einfache Information, wie man(n) seine Beckenbodenmuskulatur trainieren kann (nämlich durch abgestopptes Urinieren). Und wie man Ejakulationskontrolle erwirbt, kann man(n) notfalls auch aus Fachbüchern lernen[76].

Ich erinnere mich an einen Klienten, Musiker, hochnervös und hochbegabt, der zwar seine Ejakulation in der Selbststimulation erfolgreich verzögern konnte, kaum näherte er sich aber seiner Geliebten, sausten die wundersamsten Melodien in seinen Ohren und jede Selbstbeherrschung war dahin. Die Beseitigung des Problems erarbeiteten wir berufsspezifisch: Er gewöhnte sich – zuerst in der Masturbation, dann im Geschlechtsakt – an, sich im Rhythmus seiner geistigen Musik zu bewegen und zu verströmen – und gab von Mal zu Mal einfach mehr Takte dazu.

Carol Gilligan[77] hat in ihrer Untersuchung zum unterschiedlichen Moraldenken bei Mann und Frau aufgezeigt, daß Männer dazu neigen, im Konfliktfall in Entweder-oder-Mustern zu denken, Frauen dagegen in Sowohl-als-auch-Schemen und nach dem Motto „vielleicht gibt es noch weitere Lösungen". Diese Geschlechterdifferenz wird auch genital symbolisiert: der Penis ist entweder hart oder weich, Zwischenstadien meist nur von kürzester Dauer (außer es läuft einer andauernd mit einem „Halbsteifen" herum, was Indikation für eine Psychotherapie sein sollte!), die Vagina ist flexibel und anpassungsfähig – aber nicht immer anpassungsbereit!

Leider scheuen – europäische – Männer häufig den Yin-Zustand der Hingabe. Dabei könnte schon die Tatsache der Ejakulation dahingehend gedeutet werden, daß sich der Mann physisch hingeben will – während die Frau die Nehmende ist. Wollte der Mann „sowohl als auch" leben, müßte er Yang (seine Sexualkraft) und Yin (seine sanfte Verlangsamung, nicht zu verwechseln mit forcierter Zurückhaltung) zelebrieren. Er müßte kraftvoll und langsam sein.

Schön –

die Geilheit

in deinen Augen,

das Beben

in deinem Bauch

das Pulsieren

in deinem Schwanz –

Und langsam

die Erregung

in meinen Körper

hinübergleiten lassen

Angela Kostecki[78]

So erklärt sich, daß ein Großteil der westeuropäischen Männer ihre Möglichkeit, zu einem ganzheitlichen anstelle des üblichen „Penisspitzen"-Orgasmus zu gelangen, durch schnelle, heftige Penisstöße verhindern. „Problem der Männer ist der oberflächliche Orgasmus, begrenzt auf die Umgebung direkt um den Penis" zitiert Tor Norretranders Willy Thrysoe vom Universitätszentrum Roskilde. „Sie bekommen oft nicht das saugende und mystische Ganzheitserlebnis, über das Frauen berichten. Der männliche Orgasmus pflanzt sich selten in den Körper fort." Auf Befragung fand Norretranders heraus, daß als Hauptproblem dieser Konzentration um den Penis und besonders die Eichel Spannungen in der Muskulatur des Unterleibes angegeben wurden, besonders in den Oberschenkeln und im Bauch. Thrysoe meint dazu: „Die Männer haben von Kindesbeinen an gelernt, sich zu bremsen, sich zurückzuhalten und den Unterleib anzuspannen. Man hat gelernt, die Lust niederzuhalten, das Lusterlebnis zu bremsen."[79]

Hecheln. Das sieht man im Pornofilm, das hört man vielleicht auch aus Nachbars (oder Vaters?) Schlafzimmer. Oder man hört nichts. Dann hält man die Luft an. Nur nicht fließend atmen. Die Lust könnte zu groß werden... Würden Männer sich verlangsamen und sich ganz ihrem Fühlen und Empfinden hingeben, hätten sie ein Entgrenzungserlebnis, echte Ekstase. Das aber kann möglicherweise zu viel Angst, die Kontrolle über sich selbst zu verlieren, auslösen. Das ist übrigens auch die Angst zahlreicher orgasmusgehemmter Frauen: mangelndes Vertrauen in sich selbst, aber auch in den Mann. Da bleibt man(n) doch lieber beim wohlvertrauten „kleinen" Orgasmus des Samenaustritts.

Diesem Penisspitzen-Orgasmus entspricht der Klitoris-Orgasmus der Frau, ebenfalls meist ein Yang-Orgasmus, selten ein gleichmäßig flutender Yin-Orgasmus, auf keinen Fall ein ganzheitlicher.

Streß, Du Feind meiner Liebe,
sitzt mir im Nacken,
schickst mir Angst
und Enge.

Geliebter,
laß Deine Finger
meinen Hals liebkosen,
nicht nur mein Geschlecht.

Nichts will ich mehr steifhalten:
nicht meine Ohren
und nicht mein Becken,
nur Dein steifes Glied will ich bewundern.

Bring mich in Schwingung.
Laß mich die Pflichten vergessen,
die ehelichen
wie die außerehelichen.

Fließen will ich:
zu Dir hin
und in Dich hinein
und tu es auch.

So verweigere ich den Trivialorgasmus,
den fokussierten,
ob gerieben oder gestoßen,
geleckt oder gesaugt.

Mit jeder Faser verströme ich meine Energie,
fülle Dich mit meinem Leib und mit meiner Seele,
so wie Du mich erfüllst
mit Deiner Kraft und Deiner Herrlichkeit.

Preis der Gleichberechtigung?

Übernimmt die Frau im Sinne einer zunehmenden Androgynität
den Yang-Part, bedeutet das, daß sie mit Yin-Reaktionen seitens
des Mannes zu rechnen hat. Sie muß warten lernen. Bleibt sie im
Yin, versucht verführerisch zu wirken, ist noch lange nicht gesagt, daß ihre Sogwirkung den Geliebten anzieht. Sie muß möglicherweise genauso warten.

> Meine Haut hat tausend Augen, die Dich sehen…
> Meine Haut hat tausend Ohren, die Dich hören…
> Meine Haut hat tausend Nasen, die Dich riechen…
> Meine Haut hat tausend Münder, die Dich küssen…
> Mit allen Sinnen will ich Dich erfühlen…
> Komm nicht näher!
> Ich würde Dich verschlingen…
> Komm!

„Individualität" schreibt Jessica Benjamin, „ist im Idealfall eine
Spannung zwischen der Fähigkeit, sich zu behaupten, und der
Fähigkeit zur Beziehung, in welcher der oder die andere anerkannt wird."[80] Der oder die andere – das kann die Person sein,
die geliebt und begehrt wird – oder diejenige, die Macht ausübt,
also Begehren verbietet, die den Besitz oder den Gehorsam der

Frau beansprucht, die die Spielregeln des Zusammenlebens gestaltet, die sich als Vaterfigur aufspielt.

„Es rettet uns kein höh'res Wesen / Kein Gott, kein Kaiser, kein Tribun / Uns aus dem Elend zu erlösen / Können wir nur selber tun" heißt es im Lied der Internationale.

Die emanzipierte Frau erkennt, daß sie selbst etwas tun kann, soll und muß, wenn sie ihr Ziel erreichen will. Also tut sie es. Und bekommt ihren ersten Korb. Auf Fehlversuche ist frau ja nicht vorbereitet; sie hat doch gelernt, das Männer ohnedies „immer nur das eine wollen". Im weiblichen Rollenselbstverständnis sind selbsterworbene Abfuhren nicht vorgesehen, ebensowenig wie die vorausgehenden aggressiven Grenzüberschreitungen. Ebensowenig vorgesehen sind Bewältigungsstrategien für „danach": Resignation? Schmerz? Wut?

Zur Individuation, zur Entwicklung des innersten und eigensten Persönlichkeitskernes gehört, sich von vorgegebenen Mustern zu befreien; das gelingt meist erst, nachdem man alle ausprobiert hat. Die große Gefahr für Frauen besteht darin, bei jedem Schritt in Räume der so lange verbotenen Männerwelt Männer nachzuahmen.

In der Sexualberatung beklagen Männer oft die mangelnde Initiative ihrer Partnerin: „Sie könnte doch auch einmal anfangen!" Frauen interpretieren diese Aufforderung nach Männerweise: Sie sollten voll Lust und Begehren „handeln". Tun sie es dann auch, erleben sie nur zu oft „tote Hose". Ihr aktiver Zugriff war eine Grenzverletzung – man(n) fühlte sich bedrängt, vergewaltigt, kastriert; er hatte keinen Freiraum mehr – ein Erleben, das Frauen nur allzugut kennen.

In der Tiefenarbeit stellt sich hingegen allzuoft heraus, daß man(n) nichts anderes gemeint hat, als daß frau Signale zärtlicher Erwartung hätte geben sollen. Einen Blick, ein sanftes Streicheln…

Von der Kunst, einander nahezukommen, ohne einander zu nahe zu treten

Jede Entwicklung, jede Handlung hat ihre spezifische Zeit. Die Annäherung zwischen einem konkreten Mann und einer konkreten Frau genauso wie die Entstehung neuen Lebens oder ein individuelles Sterben; auch das Sterben eines Annäherungsversuches. Sexuelle Annäherung ist ein schrittweises Geschehen. Jeder Schritt ist eine Grenzüberschreitung – und wir wissen nie, wo der oder die andere, überhaupt: die anderen ihre Grenzen haben. Nicht alle informieren uns. Nicht alle setzen uns Grenzen: manche, weil sie „spielen", andere, weil ihnen diese Fähigkeit aberzogen – verboten – wurde, und wiederum andere, weil ihre Grenzen durch sexuelle Gewalthandlungen zerstört und noch nicht – durch eine Psychotherapie oder eine heilende Liebesbeziehung etwa – repariert wurden.

Kontakt

Der erste Schritt ist der Kontakt: Wir müssen überhaupt erst einmal in Kontakt zueinander kommen und einander wahrnehmen. Die transaktionsanalytisch orientierte holländisch-österreichische Psychotherapeutin Quirine Diem-Bloemendaal unterscheidet dabei zwei Schritte: Zuerst wird man aufmerksam – auf sich selbst, die eigenen Reaktionen, und auf den anderen; dann sucht man nach Möglichkeiten der physischen und psychischen Annäherung. Man schließt Kontakt.

Wie oft werden aber Kontakte intensiviert, ohne daß es „geblitzt" hat – ohne daß wir „chemisch" positiv aufeinander reagieren, Gefallen aneinander gefunden haben, uns innerlich klar geworden sind, daß wir einander näher kennenlernen wollen. Der Kontakt sollte aber erst dann persönlich, die Aufmerksamkeit erst dann gezielt aufeinander gerichtet werden. Das braucht Zeit.

Beziehung

Erst wenn geklärt und daher klar ist, daß es gefunkt hat, daß man füreinander wichtig ist – daß einer für den anderen wichtig ist – beginnt Beziehung: Die beiden bewegen sich konzentriert aufeinander zu, beginnen einander kennenzulernen, richten ihre Energien aufeinander, weben ein Kraftfeld.

Der Umgang miteinander ist nicht mehr unverbindlich – er hat seine innere Bedeutung. Miteinander reden ist jetzt mehr als Austausch von Informationen, zusammen arbeiten mehr als Teamwork, einander unterstützen mehr als Nächstenpflicht, zusammen Freude erleben und Leid teilen mehr als Gruppenerleben oder Schicksalsgemeinschaft.

Auch wenn sich die beiden jetzt schon recht nahe kommen: Es ist noch immer Raum zwischen ihnen; noch immer besteht für jeden die Möglichkeit, die Distanz wieder zu vergrößern, sich abzuwenden, sich wieder zu entfernen.

Wenn du
mir wortlos
näher und näher kommst,
bis kein
Zwischenraum
Platz hat
zwischen uns beiden,
wenn das Gewicht
deines Körpers
mir nicht
zur Last wird,
weil ich nur
Wärme spüre,
deine und meine,
wenn dein
Herzschlag

in meinen pocht,
schließe ich
mit geschlossenen
Augen
mit meinem Mund
deine Lippen.
Und du
bist nicht nur
in Gedanken
dort,
wo du
noch fremd bist
...
Und ich,
an deinen
Zärtlichkeiten verglüht,
presse die Finger
in deinen Rücken
und will dir
nicht weh tun
und will dich
noch halten
und nichts
von allem
vergessen.

Eleonore Zuzak[81]

Intimität

Intimität ist dann erreicht, wenn die beiden mit ihren physischen und/oder psychischen Grenzen aneinander angelangt sind; jetzt kann sich einer – oder können sich beide – fallen lassen, sie werden einander in die Arme sinken, einander Halt geben. Jetzt fühlen sich beide – zeitweilig! – symbiotisch, ohne dennoch ihre Eigenheit zu verlieren.

Wir alle haben ein tiefes Bedürfnis nach Intimität. Deswegen ist es so wichtig, autonom zu werden – damit wir das Risiko so großer Nähe wagen und es uns zutrauen!

Heute wissen wir, daß Sex nicht unbedingt Intimität erzeugt. Wenn wir die sexuellen Aktivitäten zu früh oder mangelhaft aufgeklärt beginnen, können sie sogar eine positive Entwicklung behindern.

Elizabeth Davis, „Muster der Sinnlichkeit"[82]

Wenn wir das Stadium der Intimität erreicht haben, können wir es wagen, weich zu sein, unsere Panzer abzulegen, wir vertrauen dem anderen und vertrauen uns auch an. Jetzt können auch vertrauliche Gespräche geführt werden – zum Beispiel darüber, ob beide den nächsten und letzten Annäherungsschritt machen wollen: den Vollzug der Sexualität. Noch immer kann und darf „Nein – bis hierher und nicht weiter!" gesagt werden.
Oft werde ich in Beratungsgesprächen gefragt, wann der richtige Zeitpunkt sei, dem Partner, der Partnerin die Frage nach der Wahl des Verhütungsmittels oder den Wunsch nach Safe Sex mitzuteilen. Dann, wenn die beiden intim miteinander sind! Und bevor der nächste und letzte Annäherungsschritt gemacht wird.

Sexualität

Erst wenn beide intim miteinander sind, ist der Zeitpunkt gekommen, wo Sexualität vollzogen werden könnte: Jetzt sind die Zeitrhythmen der Liebe so weit aufeinander abgestimmt, daß die physischen Grenzen aufgegeben werden können.
Wird die Reihenfolge der Annäherungsschritte nicht eingehalten, sind psychische Beschädigungen oder Verletzungen die Folge, manchmal sogar physische (zum Beispiel bei der über-raschenden Abfolge Kontakt – Sexualität = Vergewaltigung).
Leider phantasieren viele Menschen, sie könnten sich die „klei-

nen Schritte" ersparen – sie könnten „fliegen". Ich erinnere in diesem Zusammenhang gerne an das Märchen vom „Kleinen Däumling", der mit „Siebenmeilenstiefeln" sofort dort anlangt, wo er hinkommen will.

Man könnte dies als das „Märchen vom Glauben, man könne Schritte auslassen" bezeichnen; vorzugsweise Männer glauben, sie könnten auf Beziehung und Intimität verzichten, und Fernsehwerbung und Pornofilme bestärken sie noch darin. Vielleicht liegt hier auch eine der Wurzeln der unvollkommenen Lusterlebnisse, vor denen die skandinavischen Sexuologen in Tor Norretranders Buch „Hingabe" warnen? Vielleicht wurzelt dieses Hudeln aber auch in der Angst, der jeweils nächste Schritt würde nie stattfinden? Und in Wirklichkeit braucht die Frau (oder der Mann) nur mehr Zeit...

Denn ein anderes Märchen in diesem Zusammenhang lautet: „Der eine Schritt führt notwendigerweise zum nächsten". Im Klartext heißt das, die Möglichkeit, zu wählen – und daher auch nein zu sagen – wird abgelehnt. Was folgt, sind die klassischen Machtspiele von Dominanz und Unterwerfung, sind „schiefe Beziehungen"[83]. Wer dieses Märchen glaubt, vermeidet Intimität – aus der Angst heraus, dann auf jeden Fall bumsen zu müssen.

Ein weiteres Märchen heißt: „Du kannst die Schritte gar nicht machen." Dieses Märchen erzählen diejenigen, die nicht wissen, wie sie die Schritte setzen sollen, die keine Modelle kennen – oder die schmerzhafte Erfahrungen gemacht haben. Eine Variation dieses Märchens lautet: „Du darfst die Schritte nicht machen" und wird oft von Homosexuellen gespielt, die sich auf diese Weise ihre Unabhängigkeit von heterosexuellen Klischees beweisen wollen.

Es gibt aber noch eine Fülle anderer Zeitmärchen, die im Endeffekt unsere Erlebensmöglichkeiten einschränken. „Fühlen und Tun können nicht getrennt werden" gehört beispielsweise dazu, oder „Gefühle und Empfindungen führen notwendigerweise zum Tun". Auch „Männer brauchen oft und regelmäßig Geschlechtsverkehr" ist ein Märchen, ebenso „Frauen brauchen weniger oft Geschlechtsverkehr als Männer". Es sind Geschichten, die uns erzählt werden, damit wir nicht an die Grenzen der anderen herankommen oder damit wir unsere eigenen Grenzen nicht wahrnehmen.

Vom Umgang mit Grenzen

Grenzen definiert Quirine Diem-Bloemendaal „dort, wo der eine Mensch beginnt und der andere aufhört". Sie unterscheidet externe Grenzen und interne. Zu den externen – äußeren – gehört etwa die Haut; an dieser Grenze werden Berührungen wahr- und angenommen, Streicheln, aber auch kämpferische Angriffe. Nur zu oft nimmt jemand lieber solch einen Angriff in Kauf, als ganz ohne Berührung auskommen zu müssen – Kinder etwa, die – so die Interpretation ihrer brutalen Eltern – um „Schläge betteln".

Die inneren Grenzen nehmen wir hingegen wahr, wenn wir unsere Aufmerksamkeit auf unsere Gefühle und Empfindungen richten: Dann wird's uns ums Herz so weit (und tiefer unten auch), oder wir spüren, wie wir uns verhärten. Wir fühlen Freude, Liebe (und auch sexuelle Empfangsbereitschaft), oder Abwehr, Abneigung, Ekel. Wir fühlen vielleicht sogar deutlicher, als uns lieb ist, die Übergänge von einem Gefühl zum anderen und wehren uns auch oft gegen diese Veränderungen.

Wir spüren aber nicht nur die Gefühlsbewegung und ihre Verkörperung quasi räumlich, wir spüren auch ihre Zeitdimension, ob etwas schneller oder langsamer abläuft, in welchen Zeitabständen Erneuerung oder Wiederkehr eintritt und ob den Abläufen spontane Lebendigkeit innewohnt oder sie starre Wiederholung sind.

Den größten Teil unserer Zeit gestalten wir ohne Kontakt zu anderen, auch wenn wir Zeit gemeinsam verbringen.

Dazu müssen wir uns gar nicht auf uns selbst „zurückziehen"

wie beispielsweise beim Lesen oder Musikhören, beim (angenehmen) dolce far niente oder beim (unangenehmen) depressiv im Bett liegen, beim (hoffentlich angenehmen) Tagträumen oder beim (meist unangenehmen) Grübeln, vom Wegschlafen ganz zu schweigen...

Meist haben wir ausreichend „Rituale" zur Verfügung: Grüßen ist so ein Automatismus; wir fragen „Wie geht es Ihnen?" und erwarten alles andere als eine ehrliche Antwort. Ich pflege auf diese Frage meist mit „Wollen Sie das wirklich wissen?" zu antworten und höre dann amüsiert ein erschrecktes „Nein, nein!" als sofortige Abwehr drohender Bekenntnisse.

Natürlich gibt es außer diesen Begegnungsritualen noch viele andere, Sitzungs- und Verhandlungsrituale, Veränderungsrituale (die Initiationsriten anläßlich der Geschlechtsreife, des Berufseintritts, aber auch Hochzeitsbräuche, Begräbnisriten und andere Abschiedsrituale) und selbstentworfene oder familiär erlernte Demutsgesten wie Pantoffelholen...

Auch mit „Zeitvertreib" vermeiden wir Kontakt: Wir beschäftigen uns mit Hobbys oder finden andere Ausreden für Sport, Musik, Spiele, ja sogar der Kaffeeklatsch ist nicht mehr als Zeittotschlagen –, mit Kontakt, Begegnung oder gar Beziehung hat er nichts zu tun!

Qualifizierteres Zeiterleben ohne echten Kontakt zu anderen nennen wir „Aktivität". Dazu zählen alle Formen von Arbeit, und die definieren sich als „Erfüllung von Pflichten und/oder Aufgaben, eventuell gegen Geld", woraus wir schließen können, daß vielerlei sexuelle Annäherung an die leiblichen Grenzen einer anderen Person nicht mehr als Zeitvertreib oder Aktivität sind.

Diesen vier Formen des „beziehungslosen" Umgangs mit der Zeit stehen nur zwei Formen des Kontakts mit und zu anderen gegenüber: „Spiele" und „Intimität".

„In ihrem Kern sind Spiele nichts anderes als in der Kindheit von den Eltern erlernte Methoden, Stimulation zu erhalten", erläutert Claude Steiner, ein Schüler Eric Bernes[84]: Sie enthalten ein Muster von Verhaltensabläufen, die Zuwendung, Strukturierung der

Zeit und Bestätigung eines weltanschaulichen Standpunkts (z. B. „Mit dir kann man ohnedies nicht reden!") garantieren. Da „Spiele" unbewußt gespielt werden, ist es schwer, aus ihnen auszusteigen. Steiner schreibt: „Gibt eine Person ein bestimmtes Spiel auf, dann muß sie hierfür einen Ersatz finden, um sich weiterhin mit strukturierten Zeitabläufen und Streicheleinheiten zu versorgen. Bis ihr dies gelingt, befindet sie sich in einer ähnlichen Situation wie die von Spitz beschriebenen marastischen Kinder, die nicht genügend Körperkontakt hatten."

„Spiele" haben immer den Zweck, die eigene Machtposition zu bestätigen. Steiner spricht daher auch von „power play". Der Kontakt zum anderen wird dazu benutzt, den eigenen Glaubenssätzen und damit auch Vorurteilen und Urteilen, den eigenen Vorlieben und der eigenen Körperkraft in einer (verbalen oder nonverbalen, also auch physischen) Kampfsituation zum Sieg zu verhelfen. Wie es dem anderen geht, was er oder sie denkt, fühlt, empfindet, erträumt, ist unerheblich – es würde ja der oder die andere als gleich anerkannt und könnte sich eingeladen fühlen, nahe zu kommen... in den Intimbereich. „Spiele" sind also Grenzsetzungen, allerdings der verdeckten Art und mit dem Ziel, von der anderen Person, gegen deren Willen, etwas zu bekommen, die andere Person zu kontrollieren, zu beseitigen.

Der Neid auf die „andere" Sexualität

„Fast alle Heterosexuellen glauben, daß Homosexuelle und andere ‚Perverse' ein zwar moralisch zu beanstandendes, aber weitaus lustvolleres Geschlechtsleben führen als sie selbst", resümierte Ernest Borneman 1983 im Zuge seiner Untersuchung zum Geschlechtsleben der Österreicher[85], und „der Grund des enormen Hasses der ‚Normalen' auf die ‚anderen' ist also nicht so sehr moralische Abscheu wie simpler Neid."

144

Umgekehrt verhält es sich diffiziler: Zwar klärte mich der Chefredakteur des Nachrichtenmediums der Wiener Sadomasochismus-Initiative, „Unter Druck", auf, daß der im Text neben „S/M-Heteros" immer wieder auftauchende Geheimcode „StiNos" die „Stinknormalen" bedeute, doch ließ er deutlich erkennen, daß er für diese – „beides ausprobiert, kein Vergleich" –, wenig Interesse und kaum Emotionen aufzubringen bereit wäre (gefühlsmäßige Bindungen der Vergangenheit ausgenommen).

Als Reise in sich hinein, als Ausloten von Grenzen – so beschreiben Sadomasos ihr Erleben; sich ausliefern, dem anderen vertrauen, das sei das Besondere, betonen etliche Männer, denn „normalerweise ist Vertrauen ja gar nicht gefordert!"[86].

„Das Erlebnis ist, wenn es gut ist, tief unten im Herzen angesetzt" schwärmt „minuit"; sie habe sich durch ihr Engagement in der S/M-Szene von Depression und Isolation befreien können. Als aktiver Teil ist sie nun fähig, in innigem Kontakt zu anderen Menschen zu verweilen, die völlig von ihr abhängen... und wo die durchgestylten „Minidramen mit Kostüm und Environment" von langer Hand geplant werden. „S/M kann man nicht machen, wenn man unaufmerksam ist, so nebenbei, so als One Night Stand", bekommt sie männliche Unterstützung; daher seien auch Alkohol oder Drogen obsolet. Sonst könnte ja was passieren. S/M erfordert Vorbereitung, Einsatz, sehr viel Hingabe.

Wieder dieser Begriff. Tor Norretranders fällt mir wieder ein mit seiner Kritik am „Penisspitzen-Orgasmus" des Mannes. Und Tantra: „Steuern wir zu schnell auf den Orgasmus zu, bleibt die sexuelle Spannung niedrig und ist zumeist ausschließlich auf die Genitalien beschränkt" schreiben Plesse/St. Clair[87]: Im „normalen" Geschlechtsverkehr erlebten Menschen nur Bruchstücke einer umfassenden Intensität des „explosiven" Orgasmus. Und die Erfahrungen aus der Sexualberatungsstelle? Die „StiNos" reden selten von Hingabe, finden das alles altmodisch, romantisch, kitschig, suchen eher nach Quickies, nach Dynamik und „action", denn „nur action bringt satisfaction".

Und wie ist das bei Homosexuellen? „Das ‚Fremde‘ zu erkunden, zu erspüren, zu erfühlen, geht mitunter rascher, leichter – es ist doch nicht ganz so fremd“, meint Dieter Schmutzer. „Bei lesbischen Frauen wird – wie auch sonst – ihre Sexualität in der Öffentlichkeit kaum wahrgenommen. Frau wird alleweil noch über den Mann bestimmt, allerdings wird der Frau zugestanden, besser als Männer zu wissen, was frau guttut – zumindest solange, bis ihr ein Mann zeigt, was ihr wirklich guttut!“ Lesbische Sexualität, so meint er, sei in der Phantasie vieler nur ein „Durchgangsstadium“, sei es, weil der „Richtige“ noch nicht gekommen sei, sei es, weil die Frau sich „frustriert von Männern abgewandt“ hätte.

Balzrituale würden unter Schwulen problemlos verstanden, weil sie stark „ritualisiert“ seien: „das ‚Cruisen‘ im Park, auf oder in der Nähe öffentlicher Toilettenanlagen, bestimmte Blicke, eine kleine Kopfbewegung – und man(n) hat sich gefunden. Fünf Minuten. Ein Kopfnicken, allenfalls ein flüchtiges Händeschütteln, das war's. Zufriedenheit kommt selten auf, Befriedigung ebensowenig. Aber man kennt es nicht anders, hinterfragt nicht, leidet vielleicht eine Zeitlang, resigniert möglicherweise, streunt wieder durch den Park…“

Allerdings habe die Lesben- und Schwulenbewegung in den letzten Jahren einiges in Gang gesetzt: unter anderem die Reflexion über Rollenverhalten, über Selbstbestimmung auch und gerade in der Sexualität. „Schwule Männer stehen nicht nur dazu, daß sie Männer sind – schnell, aggressiv, fordernd – sie entdecken und zeigen auch ihre weiblichen Anteile. Sie sind nicht entweder nur auf den mann-männlichen Quickie aus und/oder nur ‚verkappte Weiber‘. Lesbische Frauen sind nicht nur kuschelweiche künstliche Soft-Sex-Geschöpfe à la Hamilton und nicht nur kurzgeschorene, bedrohliche Mannweiber.“ Den von Borneman recherchierten Neid ortet Schmutzer ebenfalls: Er bekomme in seiner Beratungstätigkeit oft Vorurteile zu hören, daß „die sich was trauen“, was die anderen nicht einmal zu träumen wagen, „promiskuitiv leben, Ausschweifungen, Unangepaßt-

146

heit..." wagten und was es halt sonst noch an verschiedenen Phantasien gebe.

In unserer Sexualität sind wir besonders verletzlich: Wenn unser Körperselbstbild, unsere Selbsteinschätzung als liebenswerte Menschen, unsere Potenz, Befriedigung zu spenden und zu erfahren, in Frage gestellt werden, so ist das seelische Mißhandlung. Und die geschieht kaum ohne Grund: sie ist Teil eines Machtplans.

Wenn also ein Regime planmäßig die liebende Partnerwahl oder die im informierten, freiwilligen Einverständnis unter Erwachsenen vereinbarten Sexualpraktiken verächtlich macht und mit Konsequenzen „verpönt", verbirgt sich dahinter eine Strategie: nicht nur die, einen Grund zu haben, unliebsame Mitmenschen – sogenannte „Untermenschen" – zu beseitigen, sondern auch, unerwünschte Sexualgewohnheiten hintanzuhalten – nämlich alles, was nicht der Zeugung dient. Da macht es wenig Unterschied, ob von der „Sünde der Unzucht" gesprochen wird, oder die Parole „Der Führer braucht Soldaten" lautet.

Nicht der Zeugung dient jeglicher Geschlechtsverkehr ohne vaginale Penetration, also homosexuelle und lesbische Liebes- und Sexualbeziehungen und alle sogenannten „Perversionen". Nicht der Zeugung dient jeglicher Geschlechtsverkehr ohne Samenerguß in der Scheide – alle langsamen, kontrollierten Vereinigungen wie im Tantra oder Karezza.

ZEITFALLEN

Zu den häufigsten Zeitproblemen jenseits des direkten Geschlechtsaktes, die mir in den Beratungs- und Therapiegesprächen auffallen, gehört das Verweilen in der „falschen" Zeit.

Wenn wir in der Schule Grammatik lernen, lernen wir Zeitwörter und ihre Formen in Vergangenheit, Gegenwart und Zukunft. Wir lernen mit diesen Formen elegante Sätze zu bilden. Was wir nicht lernen, ist darauf zu achten, in welcher Zeit wir uns gerade gefühlsmäßig befinden.

Fesseln der Vergangenheit

Hanno beispielsweise liebt seine Evelyn am meisten, wenn er mit ihr telefoniert. Da sieht er sie nämlich nicht, so wie sie sich real, samt ihrer dynamischen Körpersprache, präsentiert, sondern hat ein Bild aus der Vergangenheit vor seinem geistigen Auge, in dem sie genauso aussieht, wie er sie haben will, weiblich-friedlich, und kann sich ganz dem Klang ihrer Stimme hingeben, zumindest so lange, solange die Stimme nicht schrill wird, und er kann bei Fluchtimpulsen jederzeit auflegen – unter Hinweis auf die Kosten natürlich! – und braucht sich nicht live anhören: „Du bleibst jetzt im Zimmer!"

Evelyn merkt natürlich, daß Hanno sich ihr entzieht. Das macht sie ja gerade so wütend, und sie versucht dann, ihn zu erhaschen und festzunageln.

Fritz Riemann beschreibt in seinem grundlegenden Werk vier „Grundformen der Angst"[88], und wie so oft paaren sich gerne die einander entgegengesetzten Typen. Die „Schizoiden", die in der Bandbreite vom klassischen Eigenbrötler bis zum pathologi-

148

schen Autisten vorkommen, können gut allein sein; Nähe macht ihnen Angst. Im Gegensaz dazu stehen die „Depressiven", in Abstufung vom Familienmenschen bis zum schweren Melancholiker, denen Einsamkeit Angst macht. Sie suchen Nähe und neigen dazu, sich in Panik festklammern zu wollen, wenn die Verlustangst zu groß wird.

Eine andere Polarität bilden die „Zwanghaften" – vom Ordnungsfanatiker bis zum Zwangsneurotiker –, denen Chaos Angst macht und die alles kontrollieren wollen (oder müssen) und die „Hysteriker" – von der Stimmungskanone bis zur pathologischen Form mit organischen Fehlfunktionen –, denen starre Strukturen ein Greuel sind und eine permanente Herausforderung, Grenzen zu übertreten.

Auch bei Evelyn und Hanno sind diese Grundmuster der Kommunikation deutlich erkennbar: Wenn ihm die Beziehung zu dicht wird, zieht er sich zurück – zuerst in sein Schneckenhaus; er verstummt, wird immer langsamer, hält sich an der Vergangenheit fest: „Das war doch immer so! Das haben wir immer so gemacht!" Nützt dies nichts, muß er den Ort des Geschehens verlassen – ab in seine Bastelwerkstatt, aufs Flugfeld, ins Ausland. Evelyn versucht dann mit allen Mitteln, ihn festzuhalten, und löst damit nur noch intensivere Ausreiß-Impulse aus.

Evelyn will eine Beziehung im Hier und Jetzt. Sagt sie. Damit meint sie, Hanno solle bei ihr sein. „Gegenwärtig". Hanno empfindet das nicht so. Für ihn ist Gegenwart, wenn sich nichts ändert. Er erlebt sie als eine, die stets in die Zukunft strebt. „Wenn sie plant, schalt' ich einfach weg!" ist seine Devise. Ihre Pläne, ihre Zukunftsvisionen machen ihm Angst – vor allem deshalb, weil er von ihnen angesteckt wird und dann nicht nur seinen langsamen, konservativen Rhythmus verliert, sondern auch seine Ziele. Etwa bei der Frage, in welchem Ort Weihnachten gefeiert werden soll. „Die Powerlady ist mir einfach zu schnell!" klagt er, „ich mag doch nicht schon im Oktober für Weihnachten planen! Das können wir doch dann entscheiden, wenn es soweit ist!" Evelyn wirft ihm daraufhin vor, er sei zu „lasch", zu wenig beteiligt. „Ich mag diesen Druck nicht!" versucht er, sich ihr verständlich zu machen, „Du setzt mir immer Termine: Bis dahin hast du das zu tun! Und ich laß' mich dann anstecken, denk dann gleich ‚Ich geb den Job hier auf, such uns ein Haus...' und irgendwann stürz' ich dann aus diesem Luftschloß, deinem Luftschloß! und dann fällt mir ein: Das kann ich doch gar nicht, ich bin ja vertraglich gebunden – und dann ärgere ich mich, weil ich Zeit verloren hab', mit Gedanken an eine Zukunft, die ich gar nicht will und die augenblicklich auch gar nicht verwirklichbar ist."

Für Hanno ist es ein enormer Fortschritt, als er in der Therapie daraufkommt, daß er bei Evelyns Höhenflügen ja nicht mit in die Höhe steigen muß – auch wenn sie noch so drängt, er solle alles gemeinsam und eng mit ihr verbunden machen –, er kann den Landeplatz bieten, wenn sie wieder auf den Boden zurückkommen will. Er muß nicht blitzartig in die Zukunft starten, er darf sich langsam entwickeln – von Tag zu Tag.

Die Frage, die sich Menschen wie Hanno tagtäglich stellen sollten, ist, ob die Spielregel von gestern heute noch Geltung haben soll. Dann könnte er – für sich allein, aber auch im Zwiegespräch mit seiner Partnerin – regelmäßig Bilanz ziehen und alte, überholte Gewohnheiten gegen neue, entsprechendere Lösungen austauschen.

Zu derartigen Altlasten, die Beziehungen empfindlich stören können, gehören vor allem auch Gewohnheiten der Kinderbetreuung. Viele Frauen sind stolz darauf, ihr Kind noch keine Nacht allein gelassen zu haben, klagen aber gleichzeitig, daß sie nie mit ihrem Partner ins Kino oder Theater, ins Restaurant oder zu Freunden kämen. Fragt man dann nach, wie alt das Kind denn sei, stellt sich oft heraus, daß es zehn Jahre oder älter ist. Hier ist ein Fürsorgemuster, das zu einem Vorschulkind paßt, das das Telefon noch nicht bedienen kann, aus welchen Gründen auch immer nicht der altersgemäßen Selbständigkeit angepaßt worden.

150

Manche Mütter und Väter entziehen sich ihrer Erziehungs-
verantwortung häufig nach dem Motto „Wer nichts tut, macht
auch keine Fehler" und weichen einfach der Gewalt kindlicher
Heulexzesse, wenn sie sich erstmalig abends auf zwei, drei
Stunden verabschieden wollen. Dabei ist durchaus verständlich, daß jede Neuerung – die ja eine Anpassungsleistung erfordert – vorerst einmal auf Widerstand stößt. Von George
Bach stammt die Formel „Je weniger Information, desto grös-
ser die Aggression"[89], und unvorbereitete, nicht informierte
Kinder – wie alle anderen Menschen, die über genügend Selbst-
behauptungskräfte verfügen auch – gehen da sicherheitshalber
einmal in Opposition.

Die Orpheusfalle

Umschalten von einer Zeit auf die andere braucht Rituale. Um-
schalten von der Kleinkindzeit auf die Schulkindzeit ebenso wie
Umschalten von der Singlezeit zur Paarzeit, aber auch von der
Berufszeit auf die Privatzeit.
Was dem Schulkind seine Schultüte und der Braut ihr „Ganz
in Weiß" oder was auch immer ihre Verkleidung ist, fehlt
vielen Menschen, wenn sie nach getaner Arbeit heimkommen.
Und sie wundern sich dann, wieso sie sich nicht entspannen
können.
„Verkleidungsberufe" sind da eindeutig von Vorteil. Ärzte oder
Krankenschwestern z. B. können ihren Berufsfrust symbolisch
im weißen Mantel lassen. Manche Menschen aber nehmen ihren
Ärger sogar noch in der Aktentasche mit nach Hause und breiten
ihn auf dem Eßtisch aus und wundern sich dann, wenn die Vergangenheit des Arbeitstages in die Gegenwart des Familienle-
bens hineingreift.
Jörg etwa, PR-Manager eines internationalen Konzerns, hat solche Abschaltschwierigkeiten. Selbst im Bett dominieren vor seinem geistigen Auge die Firmenerfolgs- statt seiner persönlichen

Erregungskurven. Kein Wunder, spricht er mit seiner ebenfalls in der PR-Branche tätigen Gattin doch ausschließlich über die Chancen und Risiken der Unternehmungen, die Konkurrenz und allenfalls die persönlichen Nachfolger, sprich Kinder. Zwischendurch streichelt er vielleicht noch seine Katze, erwartet aber, daß Kumpel Frau ihn märchenschnell von all den Zaubernetzen befreien kann, in die er sich im Laufe des Tages eingesponnen hat.

Frau ist aber keine Fee und keine Hexe. Sie kann ihm nur mit gesundem Hausverstand die trivialen Vorschläge machen, die sich in ihrem eigenen Leben bewährt haben, welche er natürlich nicht befolgt. Es sind ja ihre Erfahrungen, nicht seine.

Jörg steckt in der Orpheusfalle. So wie der sagenhafte Sänger der griechischen Mythologie sein geliebtes Weib Eurydike an Hades, den Gott der Toten und der Unterwelt, verlor, verliert Jörg jeden Tag seinen geliebten Beruf an die Nacht. Orpheus wollte sein Weib wieder an die Oberwelt und zu den Lebenden zurückholen. Dies wurde ihm auch von den Göttern, an die er sich flehentlich gewandt hatte, gestattet, allerdings unter einer Voraussetzung: Er durfte sich während des Aufstiegs ans Licht nicht nach Eurydike umdrehen. (Daß Orpheus das nicht schaffte, Eurydike daher auf ewig verlor und in der weiteren Folge von seinen Fans zerrissen wurde, ist bekannt.)

Nun, Jörg sollte sich auch nicht umdrehen. Er sollte die Vergangenheit des verflossenen Arbeitstages „hinter sich" lassen und sich nicht umdrehen. Wenn die Sonne wieder aufgeht, ist alles, was ihm so wichtig ist – seine Projekte, seine Kollegen, sein Büro – wieder bei ihm. Dreht er sich aber um, kann er nicht loslassen, so blüht ihm das gleiche Schicksal wie Orpheus: Seine Fans zerstören ihn. In Jörgs Fall: seine Gedanken, die verhindern, daß er sich regeneriert und für die gesundheitsnotwendige Balance zwischen Beruf und Freizeit sorgt.

Anders Julia, eine Topjournalistin: Sie ist sich der Problematik des Nicht-Abschalten-Könnens voll bewußt. Daher achtet sie sehr darauf, daß sie sich, kaum daß sie das Vorzimmer der gemeinsamen Wohnung betreten hat, nicht von Herwig, ihrem Bett- wie auch Berufskollegen, nach den neuesten News ihrer Redaktion ausfragen läßt. Das kann er alles erfahren, wenn sie später mitsammen zum Italiener Pizza essen gehen. Zuhause will sie Frau sein und ihn zum Mann haben – nicht als Werkspion und nicht als Sitzredakteur.

Initiationsriten

Ich halte es für einen Fehler, daß in der heutigen, schnellebigen Zeit häufig auf Rituale verzichtet wird; auf alte genauso wie auf Neuschöpfungen.
Rituale geben Halt und Struktur, wenn von einem Zeit-Raum in einen anderen übergegangen werden soll.
„Das Ritual verläßt die Zeitachse und hat die Tendenz, im Augenblick stattzufinden", führt Rüdiger Dahlke in seiner „Psychologie des blauen Dunstes"[90] aus. „Für die Alten war das Feiern eines Rituals, wie etwa der Wintersonnenwende oder Weihnacht, nicht die nostalgische Erinnerung an früheres Geschehen, sondern alles geschah jetzt tatsächlich, so wie ja auch das Licht ganz konkret von jetzt ab seinen Siegeszug durch das Jahr antrat. Ein Ritual hat im Augenblick des Hier und Jetzt seinen eigenen Zeit-Raum, weshalb es auch soviel erfüllender und gewaltiger sein kann als alles quantitative Bemühen."
Auch Psychotherapie bezieht einen Gutteil ihrer Wirksamkeit daraus, daß sie Rituale bietet: jede Woche zur gleichen Zeit eine Stunde etwa; die veränderte Körperhaltung durch das Liegen auf der Couch ohne zu sehen, zu wem man spricht; aber auch das Zerlegen einer (oft unüberwindlich scheinenden) Lernportion in kleine Einzelschritte, wie es in der Verhaltenstherapie geschieht oder auch in der NLP-Therapie.
Viele derartige Lernschritte können wir uns mit ein bißchen Nachdenken selbst zuschneiden. Wir brauchen dazu eigentlich

nur den Mut zur Wahrheit, dazu den Istzustand und die Möglichkeit, ihn zu verändern, zu erkennen; die Phantasie, den Sollzustand zu beschreiben – auch wenn er uns recht unrealistisch vorkommt; und die Geduld, den Weg zwischen diesen beiden Polen in mehrere kleine Abschnitte mit deutlich erkennbaren Veränderungen einzuteilen. Genau so wichtig ist es, die Schritte in die Zukunft im richtigen Tempo zu vollführen.

Was zu schnell an uns herankommt, erleben wir als Gewalt. Dem Gewalttäter hingegen kann alles noch viel zu langsam vorkommen. Nur wir selbst können feststellen, was für uns Gewalt darstellt – das ist auch der Grund, weshalb Opfer von Gewaltdelikten bei Gericht meist ein zweites Mal „viktimisiert" werden.

Insoferne zeugt es von grenzenloser Unsensibilität, wenn Eltern ihre kleinen Kinder ausschimpfen, wenn die zum Beispiel Angst vor einem Hund haben, der auf sie zukommt: „Na geh – das ist doch ein liebes Hundi, da brauchst du doch keine Angst haben!" Für ein Kleinkind ist ein Hund mittlerer Größe ähnlich bedrohend wie für einen untrainierten Erwachsenen ein Pferd, das auf ihn zugaloppiert. Es hängt wie so oft von Information, Vertrautheit, Erfahrungen ab, wie eine Situation bewältigt werden kann.

Abschiedsrituale

Ähnlich geht es uns, wenn Veränderungen abrupt auf uns zukommen und wir uns nicht die nötige Zeit nehmen können – oder sie uns verweigert wird –, das Neue zu verdauen.

Auf meinem Laken

noch die Wärme
deines Körpers –

in meinem Schoß
verebbt der Rhythmus
des Erfülltseins –

das kalte Licht
des Tages
holt mich ein

Katja Schmidt-Piller[91]

Klaus, ein attraktiver Enddreißiger, erfolgreicher und erfolgsge-
wohnter Chirurg – und vielleicht gerade auch deshalb so er-
folgsorientiert, weil er erst vor wenigen Jahren aus dem Ostblock
in den Westen emigriert ist – sucht therapeutische Hilfe, weil er
auf das Scheitern seiner ersten ernsthaften Liebesbeziehung mit
einer berufsbehindernden depressiven Verstimmung reagiert.
„Das, was mich so kaputt macht", präzisiert Klaus seine Gefühle des Betrogenseins, „ist der Schock, vor vollendete Tatsachen
gestellt zu sein!"
Hätte ihm Lissy, seine Fast-Lebensgefährtin, anvertraut, daß sie
sich – aus welchen Motiven auch immer, im konkreten Fall hatte
sie sich vernachlässigt gefühlt – zu einem anderen Mann hinge-
zogen fühlt, preßt er zwischen den Zähnen hervor, wäre er zwar
fast wahnsinnig vor Schmerzen geworden, aber er hätte Zeit gehabt zu protestieren, sich zu überlegen, wie er reagieren wolle –
er hätte zumindest eine winzige Zukunftsperspektive gehabt.
Vielfach liegt aber eben in der erfühlten Notwendigkeit, eine
Anpassungsleistung zu erbringen, auch die Gefahr einer Denk-
blockade. Zukunftsentwürfe zu entwickeln, ist wichtig, nur zu
viele dürfen es nicht sein. Dann nämlich, wenn zu viele Zukunftsentwürfe rasend schnell, daher scheinbar gleichzeitig vor
dem geistigen Auge ablaufen, schaltet das Denkvermögen ab. In
diesem Falle hilft: Verlangsamen!
Schließlich sind wir die Regisseure unserer geistigen Bilder! Wir
sind nicht ihre Sklaven, unserer Horrorvisionen genausowenig
wie unserer Wunschträume. Sie stellen wahrscheinlichstenfalls
eine Möglichkeit dar. Es gibt noch andere! Wenn wir also Situationen oder Geschehnisse phantasieren – und genau das tun wir
ja ausgiebig, wenn wir eifersüchtig oder neidisch sind, wir sind

uns dessen nur nicht immer voll bewußt –, besteht der erste Schritt, um aus diesem Teufelskreis herauszukommen darin, uns *bewußt* zu machen, daß wir phantasieren. Wir sind gewohnt, uns ganz bestimmte Bilder oder ganze Filme vorzustellen – und zwar Tragödien! Natürlich leiden wir dann. Wir könnten aber genauso gut Komödien konzipieren! Denn wir können jederzeit das geheime Drehbuch ändern! Wir können Zeitlupe verordnen oder Zeitraffer! Wir können jeden Entwurf – einen nach dem anderen – deutlich als „Entwurf" definieren, langsam durchdenken und die Gefühle, die er auslöst, überprüfen. Wenn uns diese Gefühle dann für unsere persönliche Entwicklung nicht dienlich erscheinen, können wir weiter überlegen, was wir an unserem Skript ändern sollten[92].

Damit ich jetzt nicht mißverstanden werde: Ich meine nicht, daß wir uns unsere Gefühle ausreden sollen. Natürlich tut verschmähte, verratene Liebe weh. Natürlich braucht Liebeskummer, Trennungsschmerz, „Trauerarbeit" Zeit zum „Ausdrücken" – ob durch Gespräch, Gesang, Tanz, Malerei, Tagebuchschreiben oder andere Rituale. Es gibt viele Formen, sein Herz zu erleichtern, sozusagen für den seelischen Stoffwechsel, die Seelenreinigung, zu sorgen. Aber wir sollten dazu für einen geschützten, störungsfreien Rahmen sorgen, uns also wirklich Zeit dafür nehmen. Wir sollten nicht ununterbrochen, zu jeder Zeit, unsere Seele mit Nachschub an tiefschwarzen Gedanken vergiften!

So verstehe ich auch die „Kunst des positiven Denkens": nicht als unrealistisches Verdrängen (frei nach dem Refrain der Johann-Strauß-Operette „Die Fledermaus": „Glücklich ist, wer vergißt, was doch nicht zu ändern ist!"), sondern als Verzicht auf unnötige Selbstquälerei.

Wir programmieren uns – unbewußt – unaufhörlich mit mehr oder weniger fördernden Autosuggestionen. Wenn man „den Teufel an die Wand malt", ist er da. Wenn man hingegen einen Engel auf die Wand malt, hat man ein positives Bild, damit auch eine andere Suggestion. Es liegt an uns, uns dieser Mechanismen

156

bewußt zu werden. Selbst wenn uns jemand anderer den Teufel an unsere Heile-Welt-Wand malt, liegt es an uns, ob wir wie gebannt davor stehenbleiben und den Blick nicht wenden, oder ob wir uns vorstellen können, die Wand wieder zu weißen – und diese Zukunftsvision in die Tat umzusetzen!

> *Die Veränderung des Zeitgefühls beginnt mit dem Auslöschen der Zukunft und umfaßt schließlich auch das Auslöschen der Vergangenheit.*

Judith Lewis Herman, „Die Narben der Gewalt"[93]

Andere Menschen holen sich ihre Leidensportion dadurch, daß sie parallel zu ihren durchaus vorhandenen Zukunftsvisionen den Kalender mitlaufen lassen. So jammert Susanne, wenn sie an ihren Wut- und Schmerzanfällen arbeitet: „Ich weiß nicht, wann ich es schaffe, daß es mir wieder besser geht – wann hört das denn endlich auf? Und wenn dann in meinem Hirn einmal Ruhe ist, frage ich mich: Wann geht es wieder los?"

Bei Susanne läuft sozusagen der Tourenzähler weiter, obwohl sie keine Kilometer macht. Ihre Lernaufgabe ist nicht nur, bewußt zu verlangsamen, um sich mit ihrer Angst vor der Endlosigkeit zu konfrontieren, sondern auch, Zeit auf einen Punkt zu bekommen, zu stoppen: Jetzt bin ich in dieser Verfassung – und irgendwann werde ich in einer anderen sein, und wann, das werde ich schon merken.

Oder Wibke, eine Krankenschwester, deren Mann Peter nach dreißigerjähriger „glücklicher" Ehe plötzlich das dringende Bedürfnis verspürt, „neue Erfahrungen" – was auch immer für Zukunftsphantasien sich hinter dieser Leerformel verbergen mögen – zu machen (ohne die Ehefrau, versteht sich). Sie hingegen hält an der (gemeinsamen) Vergangenheit fest. Sie will und will nicht wahrhaben, daß sich etwas geändert hat, daß ein Abschnitt zu Ende gegangen ist. Es fällt auch ihr schwer, einen Punkt zu machen: „Wie soll das denn weitergehen?" fragt sie sich und andere. Die Frage, soll es überhaupt weitergehen, stellt sie weder sich noch ihm.

Dieses Nachtrauern ist auch die Ursache dafür, daß es nach Trennungen so viele Rückfälle gibt. Das unsichtbare Band ist noch nicht ganz gelöst, die Verletzungen, die durch das allzuschnelle Losreißen passiert sind, sind noch nicht verheilt, die neue Haut ist noch nicht dick genug, die Kruste sitzt noch und wir kratzen daran herum, wie bei körperlichen Verletzungen auch, und nähren die Hoffnung, die Vergangenheit in die Zukunft hinüberretten zu können und uns damit die Arbeit der Neuorientierung zu ersparen.

Trennungen sind immer Krisen und laufen daher in Phasen ab, wie andere Krisen auch. Die Phase des Nicht-Wahrhaben-Wollens ist daher ganz normal; sie gehört ausgeredet. Nicht sich selber, sondern aus sich heraus.

Wenig hilfreich ist es, Rekonstruktionen durchsetzen zu wollen. Wenn sich in der Beziehung etwas geändert hat, muß sich auch im äußeren Rahmen etwas ändern. Er muß weiter werden oder enger, je nachdem.

Der Versuch, alles beim Alten zu lassen und Änderungen zu ignorieren, kann sonst so fatale Folgen haben wie bei Reinke und Dita. Obwohl ihre Scheidung schon einige Monate zurücklag, obwohl Dita bereits mit Hannes, ihrem Scheidungsgrund, zusammenlebte, landeten sie bei jedem Treffen zwecks Aushandlung des Unterhalts für den gemeinsamen Sohn im Bett. Bis Dita durch eine Tripperinfektion schmerzlich daran erinnert wurde, daß Reinke nicht der trauernde Exmann war – und Hannes keiner, der nostalgische Reminiszenzen schätzte: sein Tobsuchtsanfall war offenbar nötig, um Dita ins Hier und Jetzt zurückzuholen.

Warum macht es so vielen Menschen Schwierigkeiten, deutlich zwischen Vergangenheit, Gegenwart und Zukunft zu unterscheiden?

Zeitspiele

Besonders in Paarberatungen fällt mir immer wieder auf, wie der eine oder die andere auf der Zeitlinie der gemeinsamen Vergangenheit irgendwo ein Komma setzt und alles, was vorher war, löscht – besonders, wenn es eigene Verhaltensweisen umfaßt, die für die Geschehnisse nach dem Komma bedeutungsvoll wären.

So werden lineare Verschuldensbeweise konstruiert, die möglichst in der Person des/der anderen ankern, und eigene Mitverantwortlichkeit wie auch äußere Umstände können dann entsprechend dieser Argumentationskette verleugnet werden.

Nun mögen diese „Gerichtssaalspiele" zwar eigenen Verfolgungs- oder Rachebedürfnissen dienen, einer verbesserten Paarbeziehung dienen sie sicher nicht! Nichtsdestoweniger sind sie beliebtes Alltagsrepertoire, wenn es darum geht, jemandem Schuldgefühle zu machen oder ihn bzw. sie zum Sündenbock zu stempeln.

Es gibt noch andere „Spiele", die eine echte Beziehung vermeiden helfen: Dem anderen ausweichen, den anderen verwirren, ihn anlocken und sich schadenfroh amüsieren, wenn er oder sie wieder in die Irre getappt ist – das mag als Schäferspiel im Rokoko seinen Reiz gehabt haben, waren doch „Schäfer" wie „Schafe" durch allerlei Sexualtabus im allzufreien Ausleben ihrer Begierden geschützt.

Deine Annäherung
schmeichelt mir

        solang du mir
        vom Leib bleibst

Deine ungesagten
Wünsche
rühren mich

        solange du
        nicht tätlich wirst

Deine Liebesworte
klingen angenehm

        solange du nicht
        auf Antwort wartest

Gern nehme ich
Dein Herzblut

das du mir
so verschwenderisch darreichst

                              solang du mich
                              nicht damit besudelst

Ich kühle mein Mütchen
an deinem Mangel an Mut
aber das
laß ich dich nicht merken.
Schweig du nur still, denn
ich will nicht stillhalten.
Was ich will ist
dich hinhalten.

Susanne Beschauner, „An einen Verschmähten"[94]

Flirten war bis zur Allgemeinverfügbarkeit empfängnisver-
hütender Mittel ein angenehmer Zeitverteib erotisch unter-
versorgter Ehefrauen. Geschützt durch das Eheband durften sie
ihre Augen sprechen oder auch ihren Busen wogen lassen, den
Hausfreund schmachten lassen oder, begleitet durch einen
„Elefanten" (eine Anstandsdame), abenteuerlustigen Offizieren
nachsteigen.
Heute muß frau damit rechnen, daß der Glutblick als Aufforderung zum alsbald vollziehbaren Geschlechtsverkehr mißdeutet
(oder aber zu recht decodiert) wird. Kneifen gilt nicht mehr.
Wozu also noch flirten? Zur Selbstbestätigung als sexuell attraktive Frau/attraktiver Mann (und damit Dominanz über die Konkurrenz)? Aus liebgewonnener Gewohnheit aus frühen Kinder-
tagen (und chronischer Geschwisterrivalität)? Oder aus Rache-
motiven?

Zukunftsspiele

„Wenn wir uns rücksichtslos gegen uns selbst für andere aufopfern, folgt daraus, daß wir auch versuchen, unsere Träume und Phantasien durch sie zu verwirklichen", schreibt Elizabeth Davis[95] und zitiert das Bonmot „Frauen heiraten in der Hoffnung, ihren Partner zu ändern; Männer heiraten in der Hoffnung, ihre Partnerin werde sich nie ändern". In diesem Arrangement sind Verlust und Enttäuschung vorprogrammiert.

Eine andere Strategie, die auch der Produktion von Schuldgefühlen dient, ist, dem Partner/der Partnerin den Vorwurf zu machen, er oder sie hindere an der Selbstverwirklichung. In diesem Fall wird – anderen, aber meist auch sich selbst – eine aussichtsreiche Zukunft vorgegaukelt, auch wenn diese, objektiv betrachtet, noch so unrealistisch scheint.

So wie Hjalmar Ekdal in Henrik Ibsens „Wildente" tagtäglich auf dem Sofa über seine künftige große Erfindung sinniert, die natürlich nie zustande kommt, ihm aber einen guten Vorwand liefert, sich nicht mit trivialen Alltagsaufgaben herumschlagen zu müssen, so träumen viele Menschen von all den Erfolgen, die sie im Beruf oder beim anderen Geschlecht hätten, wenn – ja wenn nur nicht dieser Bremsklotz an ihrem Bein wäre!

„Gerichtssaalspiele" – die Durchforstung der Vergangenheit des anderen nach Beweisen seiner alleinigen Schuld – werden genauso von den Verhaltensvorbildern der frühen Kindheit übernommen wie der „Marschallstab im Tornister", die Verlagerung der Selbstverwirklichung in eine ferne Zukunft. Solche Champion-Zwänge verhindern nur, daß Kinder und später Erwachsene die Chancen des Augenblicks nutzen. Sie bleiben ewige Hoffnungsträger – bis irgendwann einmal rückblickend festgestellt wird: Er (sie) *war* einmal (m)eine große Hoffnung.

Die ewige Vertochterung

Oder sie bleiben ewig Kinder, Pappis liebe Tochter oder Mammis lieber Junge. Im Partner, in der Partnerin werden dann nicht nur die wesentlich mit Gefühlen besetzten Eigenschaften der eigenen Eltern erschnuppert (wie es uns allen ergeht, auch wenn wir meist erst sehr spät daraufkommen!), sondern es wird mit einem hohen Grad an Bewußtheit ein Mann „wie Vater" gesucht.

Männer pflegen diese Sehnsüchte weniger deutlich ausgesprochen auszuleben; noch immer gilt für sie die Generationen- und damit auch Inzestschranke weniger streng als für Frauen. Sie dürfen „Töchter" zur Partnerin haben und sie zu „Müttern" machen, mehr für sich selbst als für die Nachkommenschaft. Sich wirklich eine – auch altersmäßig entsprechende – Mutterfigur, mit der man(n) auch bumsen darf, zu suchen, wagen erst die emanzipierten „neuen" Männer. Die „alten" haben Angst vor dem Verlust ihrer Dominanz gegenüber einer Frau mit Vorleben. Sexualität vorleben darf noch immer nur er. Sie soll sich von ihm (und ihn sich) einführen lassen.

Daher wird Frauen diese Vertochterung gerne nachgesehen. Ganz im Gegenteil, sie wird sogar noch belobt, verstärkt sie doch die Position des jeweiligen „Vaters", der auf diese Weise „junges Blut" zugeführt bekommt. Damit ist er fast ein Vampir.

Und es sind auch meist dämonische Männer, die diesen Reiz auf die ewigen Töchter ausüben, nicht faßbare, untreue, unduldsame Männer.

Elise zum Beispiel leidet Höllenqualen, wenn Johann, ein gut fünfzehn Jahre älterer Sozialarbeiter, der mit extremen Randgruppen arbeitet, von ihr weggeht. Sie wird dann von der Furcht übermannt, er komme nie mehr wieder. So wie sie als Zweijährige ihrem Vater nachgetrappelt war, telefoniert sie jetzt hinter ihm her, nicht wissend, was sie ihm denn eigentlich sagen will. Als sie erkennt, daß dies keine reife Form der Problemlösung ist, kann sie mit einem befreienden Lachen aus diesem Kleinkindmuster heraustreten.

Oder Sieglinde: Die attraktive Startfünfzigerin, Akademikerin, Bestverdienerin in leitender Position, schaffte es nicht, sich ihren zwanzig Jahre älteren Ex-Ehemann, einen Künstler, dessen Bestzeit schon längst Vergangenheit ist, als besserwisserischen Dreinredner vom Hals zu halten. Immer noch glaubt sie ihm, wenn er ihre Erfolge heruntermacht und sich als Oberlehrer aufspielt. Ihr Vater war im Krieg geblieben und ihr die ewige Sehnsucht nach ihm. Ihr fällt es viel schwerer als Elise, aus der Tochterrolle herauszuschlüpfen. Für eine symmetrische Partnerschaft hat sie kein Modell. Als es ihr endlich gelingt, Ferdinand klar zu machen, daß er sich gefälligst anzumelden hat, wenn er sie besuchen will, und ebenso seine Ratschläge nur austeilen soll, wenn er um diese gebeten wurde, füllt sie den entstehenden Zeit-Raum in ihrem Leben mit wesentlich jüngeren Männern. Solchen, die Versöhnung wagen.

Das Venusbergsyndrom

Tannhäuser berichtet in der Romerzählung von seinem vergeblichen Versuch, vom Papst Absolution für seinen Aufenthalt im „Venusberg" zu erhalten:

Hast du so böse Lust geteilt,
Dich an der Hölle Glut entflammt,
Hast du im Venusberg geweilt:
So bist nun ewig du verdammt!
Wie dieser Stab in meiner Hand
Nie mehr sich schmückt mit frischem Grün,
Kann aus der Hölle heißem Brand
Erlösung nimmer dir erblühn!

Richard Wagner, „Tannhäuser"[96]

Mit „Venusbergsyndrom" bezeichne ich die Taktik, aus der Sexualbiographie eines Menschen irgendein Detail aufzugreifen, das sich für moralische Empörung eignet und ewiglich als Argument für Distanzierung – von der Verweigerung des ehelichen Geschlechtsverkehrs bis zum Abbruch jeglichen Sozialkontakts – herhalten kann.

Ein Beispiel aus meiner Praxis: Zuerst kam Wilma allein in meine Praxis, eine schöne, stolze Frau Ende Fünfzig, schlank, elegant, mit auffallenden, hellen Augen und silberweißem Bubikopf. Mit Hermann, der sie vor über dreißig Jahren geheiratet hatte, verband sie „eine ganz besondere Liebe"; das wurde sie nicht müde, immer und immer wieder zu betonen. Jetzt aber leide sie sehr unter ihm – nicht seine schwere, körperbehindernde Erkrankung sei es, die ihr zu schaffen mache, sondern seine Art, sie mit bösen Sprüchen zu verletzen, die er ostentativ liegen lasse, quasi als Botschaft. Und überhaupt, untreu sei er, und das halte sie nicht aus, das mache sie ganz krank. Ihre Stimme bekam einen tragischen Klang: Vor zwei Jahren sei sie „sehr, sehr krank" gewesen. Während sie sprach, zog sie ihre Mundwinkel dramatisch Richtung Kinn, bleckte die untere Zahnreihe und vermittelte eher Haß denn Betrübnis.

Ob sie mehr darüber sagen wolle, was an seiner Untreue sie so kränke, fragte ich. Und: wie er trotz seiner schweren Erkrankung Energie und Gelegenheit fände, fremd zu gehen?

Nun ja, meinte Wilma, jetzt sei er ja solide, obwohl da auch eine Mitarbeiterin in seiner Firma sei, mit der er sich auffallend gut verstehe... Aber vor Jahren, da gab es einmal eine Geschichte, da habe er die Freundin eines Freundes, der plötzlich aus dem Leben geschieden sei, getröstet, und dann seien sich die beiden näher gekommen, sehr nahe. Der Treuebruch sei zwar mittlerweile fast zwanzig Jahre her, aber sie müsse dennoch immer daran denken – obwohl sie, das gebe sie schon zu, erst Jahre später davon erfahren habe, denn während der Affaire habe sie wenig gemerkt, Hermann sei wie immer gewesen, die besondere Liebe eben – aber der Gedanke, daß Hermann ein Doppelleben geführt habe, daß „ihr" Hermann eben nicht „ihr Hermann" gewesen sei, sondern ein Lüstling, ein Sexmaniac, der nicht einmal vor der Quasi-Witwe seines Freundes zurückscheue, das könne sie nicht ertragen. Und außerdem stehe ihm immer der Sinn nach ihr – und sie würde gerne als Ehefrau, sprich Bettpartnerin, in Pension gehen.

Abgesehen davon, daß es therapeutisch von Vorteil ist, Beziehungsprobleme „in Beziehung" zu bearbeiten, wollte ich den „Sexprotz" kennenlernen.

Es kam ein freundlicher Mittsechziger, charmant, ein bißchen verlegen, der in bewundernswertem Gleichmut versuchte, der grausamen Krankheit Lebensqualität abzuringen, vorausgesetzt, der Tagesablauf war regelmäßig strukturiert, sah genügend Erholungspausen vor und – brachte keinen Streß, denn: „Streß frißt Lebenskraft!"

Ein streßfreies Leben an der Seite Wilmas war derzeit ein frommer Wunsch, das konnte ich live beobachten: Was auch immer Hermann sagen wollte, es dauerte Wilma zu lange, entsprach weder ihrer Weltsicht noch ihren Zielen und provozierte sie zu Unterbrechungen und Kritik. Hermann verfiel daraufhin jedesmal wie ein kleines Kind, das ausgeschimpft wird.

Du bist stets das Opferlamm
und ich der blöde Hammel –
unsere gemeinsame Strafe:
wir sind beide Schafe.

Heinz Mittlböck

Wilma wollte nur davon sprechen, welch Bösewicht Hermann sei, der nicht nur eine außereheliche Beziehung gehabt habe, sondern auch mit einer weiteren Frau gelegentlich Spaziergänge unternommen habe, wo niemand (nämlich Wilma) wußte, was da alles passiert sei.

Wer nachträgt, hat viel zu schleppen!

Heinz Mittlböck

Hermann wollte davon sprechen, wie sehr er Wilma begehre, wie wichtig für ihn ein bißchen Zärtlichkeit, ein bißchen Sex sei, weil dies seine Lebenskräfte stütze – und daß er schon lange keine Außenbeziehung mehr habe. Der Friede mit Wilma sei sein wichtigstes Ziel – obwohl er bei dieser anderen Frau, das gebe er schon zu, Verständnis und Herzenswärme gefunden habe wie bei Wilma schon lange nicht mehr.

Unsere Sprache ist nicht mehr die Sprache der Liebe...
wo einer die Gedanken des anderen erriet,
wo zwei Seelen ein Gedanke waren,
wo die Sehnsucht schmerzen konnte,
wo zwei mal eins eins war...
vielleicht lernen wir es wieder.

Heinz Mittlböck

Wilma hielt mit aller Kraft an einem Status fest, der Jahre zurücklag. Hermann wies immer wieder auf die Gegenwart hin – vergebens. Ich will jetzt nicht weiter auf den Therapieverlauf eingehen; es war schwer genug, die Bedingungen herzustellen, daß sich Wilma den Raum – und die Zeit! – nehmen durfte, die sie brauchte, um sicher zu sein, daß sie in ihrer bedauernswerten Lage wahrgenommen würde: einerseits nicht mehr Heldin des Schauspiels von der besonderen Liebe, sondern Krankenschwester zu sein, andererseits aber auch nicht nur Pflegerin, sondern ebenso eine wohlsituierte Gesellschaftslöwin mit Eigeninteressen. Und noch schwerer war es, sie zu der Einsicht zu begleiten, daß in ihr nicht gerade Mutter Teresa auf Verwirklichung dränge, sondern daß sie auch aggressive, egozentrische Anteile habe, und daß die auch leben wollten.

Genau diese Aggressivität war es, die sie nicht wahrhaben wollte und verdrängt hatte. Wer darf schon auf einen Schwerkranken eine Wut haben?

Da ist es schon viel einfacher, einen Fehltritt zu konservieren, denn über den darf man ruhig wütend sein! Außerdem hilft das Schwelgen in der Vergangenheit (auch wenn damit etliche Unlustgefühle verbunden sind), den Partner als gesund zu sehen – und „auf einen Gesunden braucht man nicht so viel Rücksicht nehmen wie auf einen Kranken". Das gilt für viele als Spielregel.

Rücksicht: das bedeutet wohl, nicht nur auf das eigene Ziel zu blicken, sondern darauf zu achten, wo die anderen, der oder die andere bleibt – und wie es ihm oder ihr geht.

Gnade vor Recht
das taugt mir schlecht
Liebe als Pflicht
das mag ich nicht
Liebe als Gnade
auch das ist schade

Heinz Mittlböck

Manche Menschen sind gnadenlos, wenn es ums Verdammen anderer geht. So wie der Papst in Richard Wagners „Tannhäuser": „Im Venusberg verweilt? Hinweg mit dir!" Das ist die primitivste Form von Ethik: Wer den Gemeinschaftsfrieden stört, muß beseitigt werden. Wer den Seelenfrieden stört, auch. Wie es dem „Störenfried" geht, wird nicht gefragt.

Wieder ein Beispiel: Ruth litt fast ein Jahr lang an einer tiefen Depression. Als Fachärztin für Psychiatrie konnte sie sofort bei Auftreten der ersten Symptome den Zusammenhang mit den auslösenden lebensgeschichtlichen Ereignissen herstellen. Dennoch stand sie ihrer eigenen Psychodynamik relativ hilflos gegenüber. Was war geschehen? Ruth war von einer ‚großen Liebe' ergriffen worden: zu Reimund, dem Verwaltungsdirektor eines Spitals, an dem sie regelmäßig Supervision gab. Für sie war es Liebe auf den ersten Blick, eine scheue, intensive Zuneigung, die ihr das Herz weitete und sie unsicher machte. In seiner Gegenwart fühlte sie sich wieder jungfräulich, gestand die Mutter zweier fast erwachsener Töchter, „so als wäre mein ganzes Sexualleben bisher nicht existent gewesen, und irgendwie komplett: Er muß nichts tun, ich muß nichts tun, nur dasein, ihn einatmen, meine Gefühle spüren – ich habe gar nie gedacht, daß es so etwas Inniges gibt!" Daß Reimund fast sieben Jahre jünger ist, verstärkt Ruths Hemmungen. Sie befürchtet, nicht attraktiv genug zu sein, nicht mit seinen, wahrscheinlich viel jüngeren Partnerinnen konkurrieren zu können. Als Reimund wegen einer Stoffwechselstörung zu ihr in Behandlung kommen möchte, lehnt sie ab und bittet um Klärung der Beziehung: Sie will ihm als Frau begegnen, nicht als Ärztin.

Die folgenden Jahre leben sie eine Beziehung des Hin und Her, mal näher, mal entfernter. „Ich habe ihm gesagt, daß ich nicht weiß, was ich für ihn sein will, Kollegin, Freundin, Therapeutin, Liebhaberin oder Geliebte", arbeitet sich Ruth an den Zeitpunkt ihrer Verwundung heran, „und er hat gemeint, er wolle sich alles offen lassen – so vage, aber das habe ich seiner Krankheit zugeschrieben, da werden die Menschen so. Und zwischendurch gab es immer wieder ein bißchen mehr Nähe, Berührungen, Umarmungen, ich habe ihn gespürt, und daß er mich begehrt wie ich ihn, aber so richtig ausgeredet haben wir uns nie; ich habe mich immer bemüht, im Hier und Jetzt zu bleiben, nur nicht in die Zukunft phantasieren! Ich habe mich wirklich bemüht, nur den Augenblick wahrzunehmen!" Die Versuche, sich auf einem der zahlreichen Ärztekongresse zu treffen, auf die sie fahren mußten, scheiterten an widrigen Umständen: Daß im letzten Moment im Spital eine mittlere Katastrophe ausbrach und er unabkömmlich war oder seine Frau krank wurde und er wieder nicht wegkonnte.

Zeit trägt nie Zinsen –
wir leben allemal
vom Kapital.
Und alle ungenützten Stunden
sind für immer verschwunden.

Heinz Mittlböck

Seine Rücksichtnahme auf seine Frau löst bei Ruth Neid aus
und kurze depressive Verstimmungen. Auf sie habe nie ein
Mann Rücksicht genommen, weint sie in der Therapie, der eigene Ehemann auch nicht, der sei mit seinen Freundinnen in Ur-
laub gefahren und sie sei mit ihren kleinen Mädchen zu Hause
gesessen und habe Verständnis gehabt, daß er seine Freunde besuchen wollte – ohne Familie. Sie habe immer Rücksicht genommen, auch auf Reimund, habe ihm nicht gesagt, daß sie von
Nachbarn aus seiner Wohnstadt wisse, daß seine Frau einen
Freund habe; sie habe mitgehört, wie über ihn gesagt wurde:
„Der Arme, mit der zweiten Frau hat er genauso ein Pech wie mit
der ersten! Die ganze Stadt weiß, daß sie ihm Hörner aufsetzt,
nur er nicht!" Aber weil sie es unfair gefunden hätte, ihm zu
ihrem Vorteil weh zu tun, hatte sie darauf verzichtet, ihn aufzu-
klären: „Er hat ohnedies manchmal gegrübelt, welche fremden
Männerstimmen auf seinem Anrufbeantworter hörbar sind, so
mit ‚Bussi, Bussi!', oder wer da anruft und auflegt, hat sogar ver-
mutet, daß das mein Mann sein könnte. Aber der steht über solchen Dingen, ich hab' ihn ja informiert, daß ich tiefe Gefühle für
den Kollegen empfinde, und er hat nur traurig gesagt: ‚Ich re-
spektiere deine Gefühle, aber bitte, tu nichts, was unsere Partnerschaft überfordert!'"
Sie habe immer geschwiegen, wenn sich Reimund damit getröstet habe, daß die Sitten in der Branche seiner Frau eben locke-
rer seien und habe gewartet, daß er selbst draufkomme. Daß
dieser Mann skrupelhaft sei, eben kein Weiberer, habe sie
besonders berührt, und sie sei noch behutsamer geworden

169

und habe ihren Neid und ihre alten Wunden weggeschoben und sich gesagt: „Das ist meine Vergangenheit! Und was mir Gegenwart und Zukunft bringen, weiß ich nicht, aber ich werde es erwarten!", und die Atmosphäre zwischen ihnen sei immer dichter geworden, brennendheiß, und dann habe er begonnen, in die Zukunft zu denken, zu planen: „Da war seine Frau einmal ein paar Wochen weg, da sind ihm so ein paar Halbsätze ausgekommen, weil ich gesagt hab', ich möchte ihn einmal woanders treffen als immer im Spital, das hat er ja auch einmal angeboten, und da hat er urplötzlich gemeint, er schlafe ungern in einem fremden Bett. Ans Bett hab' ich dabei gar nicht gedacht! Nur daran, einmal nicht immer Angst haben zu müssen, daß jemand kommt, wenn wir einander ganz nahe waren! Aber natürlich war ich ganz erwartungsfroh bei unserem nächsten Zusammensein: Wird er mich mitnehmen oder nicht? Aber er hat mich doch nicht mitgenommen, weil er Angst habe, so hat er gesagt, daß ihn seine Frau fragt, ob er ihr treu war, und er wolle nicht lügen, weil sie so eine brave Frau sei und so viel Geduld mit ihm habe, wo er doch so ein Ekel sei (was schon auch stimmt)."

Man kann nicht so tun, was man möchte, sondern nur, wie man kann.

Heinz Mittlböck

Zwei Tage später kam es zum Eklat: Sie hatte im Spital einen Termin mit einem Kollegen, schaute wie gewohnt bei Reimund vorbei und der witzelte: „Ich weiß ja nicht, welches ‚Verhältnis' ihr beide miteinander habt!" und sie fragte, ob er das wirklich wissen wolle, und er sagte „Ja doch!" Da habe sie geschwankt, im Konflikt, ob sie sich besser machen solle – oder die Wahrheit sagen, und habe sich für die Wahrheit entschieden: „Er war vor zwölf Jahren mein Geliebter!", eine Übertreibung zwar, denn er war bestenfalls ein Liebhaber. Daraufhin wurde Reimund wütend und fauchte, was sie denn überhaupt noch da wolle. Und sie war entsetzt über seine Reaktion, dann aber doch ganz Therapeutin – sie versuchte sich in diese schützende Rolle zu retten – und habe ihm zugehaucht, jetzt sei er wohl wütend. Daraufhin habe er getobt, nein, er sei nicht wütend – und dann: doch, er sei wütend! Und sie habe ihn so geliebt, so geliebt, wie er auf einmal so lebendig war, wie diese Gefühle losgebrochen seien, und habe gewußt, das ist jetzt auch eine Chance für seine Gesundung, und habe gestammelt, daß sie nur nicht wollte, daß er das von irgendjemand anderem erfahre, und er habe gezischt, das sei ihm egal, er sei nur deshalb so wütend, weil sie so indiskret sei, und sie habe protestiert, das wüßten ohnedies etliche, das sei kein Geheimnis, habe aber deutlich gemerkt, das komme bei ihm nicht mehr durch.

Erst in der Therapie wird sich Ruth bewußt, daß seine Wut damit zusammenhängt, daß sich ein anderer das zu nehmen getraut hat, was er nicht wagt. Und sie erkennt, daß seine Wut nicht zu ihr gehört, sondern zu einer Krankenschwester, mit der er einmal eine Liaison hatte, und die das im ganzen Spital herumerzählt hatte. Ihre Versicherungen, sie werde nichts herumerzählen, konnten da gar nicht mehr in sein Bewußtsein dringen.

Damals hatte sie gewartet, ob und bis er sich wieder beruhige. Aber das tat er nicht, ganz im Gegenteil, es sei immer ärger geworden – und sie wäre noch immer so voll Liebe zu ihm gewesen und sei es auch heute noch. Und dann sei er aufgesprungen und habe gefaucht, worauf sie denn noch warte und was sie denn noch wolle und sie habe geflüstert, „Ich kämpfe um meine Selbstachtung!" und habe dabei von ihm solche Ladungen von negativer Energie empfangen, „den ganzen Frauenhaß seines Lebens hab' ich aushalten müssen". Und er regte sich immer mehr auf und sie habe gedacht, jetzt wird er psychotisch, er habe nur immer wiederholt, sie solle gehen, und dann habe er nach dem Telefonhörer gegriffen und sie habe gedacht „Jetzt ruft er den Portier und läßt mich rauswerfen" und sei daher blitzartig aus dem Zimmer gehuscht, die Sekretärin habe sie angeglotzt wie ein Gespenst. Unmittelbar danach sei sie in die Ambulanz und habe perfekt funktioniert.

Tags darauf habe sie an sich schon das Maskengesicht diagnostiziert und dann sei ein Symptom nach dem anderen dazugekommen. Seitdem schwanke sie zwischen Liebeskummer, Herzweh, Sehnsucht und blanker Wut: Erstens weil er ihr so Unrecht getan habe, in dem Augenblick, wo sie ihm tief vertraut habe – sie hätte ja auch einen Scherz machen können. Und zweitens, weil er sie gerade in diesem Augenblick tiefsten Vertrauens verstoßen habe: Hinweg, schlechtes Weib! „Ich bin doch nicht mehr die, die ich vor zwölf Jahren war!" empört sich Ruth, reflektiert dann aber wieder: „Vielleicht wollte ich ihn doch auch reizen, so aus Rache, weil er so wenig manns war, weil er mich nicht zu erobern wagte. Vielleicht war das alles eine ‚versuchte Kastration' meinerseits – und er hat sich gewehrt und mich kastriert?"

Ruth hat den Weg ins Leiden – in die Selbstbestrafung – gewählt. Die Verlangsamung durch die Depression schützt sie vor Wut und Verzweiflung, aber auch davor, ihre Sehnsüchte nach Reimund loszulassen; sie bleibt in sicherer, weil asexueller Abhängigkeit und kann so quasi im Winterschlaf abwarten, ob ein neuer Frühling kommt. Vor einer erfüllten Sexualität scheint die verheiratete Ärztin ebenso Angst zu haben wie ihr ebenfalls gebundener Kollege.

Reimund hingegen schützt sich vor seinem sexuellen Begehren, indem er die sexuelle in aggressive Erregung umwandelt: So braucht er sich nicht weiter quälen, daß er „verbotene" Gelüste verspürt. Für ihn ist es nun Ruth, die „Verbotenes" tut bzw. getan hat. Dafür muß sie durch Kommunikationsabbruch bestraft werden.

In Richard Wagners „Tannhäuser" werden die Verdammer beschämt: Der päpstliche Bischofsstab beginnt zu grünen und zeigt so, daß alte Sünden vergebbar sind.

Nicht mitzuhassen, mitzulieben bin ich da.

Sophokles, „Antigone"[97]

Es ist unsere freie, wenn auch zumeist unbewußte Entscheidung,
wo wir auf der Zeitlinie unserer oder einer fremden Biographie
die Satzzeichen setzen: welche Zeiträume wir besonders hervor-
heben – und welche wir gnädig der Vergessenheit anheimfallen
lassen.

> *Heil! Heil! Der Gnade Wunder Heil!*
> *Erlösung ward der Welt zuteil!*
> *Es tat in nächtlich heilger Stund'*
> *Der Herr sich durch ein Wunder kund:*
> *Den dürren Stab in Priesters Hand*
> *Hat er geschmückt mit frischem Grün:*
> *Dem Sünder in der Hölle Brand*
> *Soll so Erlösung neu erblühn!*
> *Ruft ihm es zu durch alle Land'*
> *Der durch dies Wunder Gnade fand!*
> *Hoch über aller Welt ist Gott.*
> *Und sein Erbarmen ist kein Spott!*

Richard Wagner, „Tannhäuser"[98]

DOPPELLEBEN

Den anderen wahrnehmen, erspüren, „erkennen" und sich ihm hingeben erfordert, im Hier und Jetzt zu leben, um sich auf derselben Zeitlinie zu treffen.

Der Totstellreflex

Daß jemandem Lebenszeit abhanden gekommen ist, weil sie oder er sich für Minuten oder auch länger „totstellen" mußte, ist oft für diejenigen, denen Gewalterlebnisse erspart geblieben sind (oder die sich damit gar nicht auseinandersetzen wollen, weil sie sonst vor den Ruinen ihrer vermeintlich glücklichen Kinder- und Jugendzeit stehen würden), unverständlich. Besonders tragisch ist es, wenn es in Gerichtsverfahren um Zeugenaussagen geht. Nicht immer verbirgt sich hinter dem „Stillstand der inneren Lebensgeschichte"[99] eine endogene Depression (Hans Heimann beschreibt sie beispielsweise mit psychomotorischer Verlangsamung, Denkhemmung, „Unfähigkeit zu trauern"), eher ist es umgekehrt: Eben wegen des Traumas „trauert" der Körper, und wir „anderen" wollen uns damit nicht auseinandersetzen, kleben daher das Krankheits-Etikett auf den Mitmenschen und diagnostizieren eine Depression. Meiner Ansicht nach gibt es nur eine exogene, reaktive, auf äußeren Ursachen beruhende Depression. Wir finden nur nicht immer die Verknüpfungen der Verursachungen, und wenn wir dann erforscht haben, daß der Körper vom „Normal"-Zustand abweichende Muster (z. B. bestimmter Hormonverteilungen) verinnerlicht hat, sprechen wir von „endogener Depression".

Die Diagnose „endogene Depression" heißt für mich: Wir haben den Zugang zur Quelle der Störung – noch – nicht gefunden, wohl aber die (chemischen) Barrieren, mit denen die Quellstelle geschützt wird. Ich vermute aufgrund meiner psychotherapeutischen Erfahrung mit Patienten und Patientinnen, denen diese Diagnose zuteil wurde, daß die Quelle endogener Depressionen mißglückte Abtreibungsversuche der Mütter der Patienten und Patientinnen sind. Um diese existentielle Gefährdung nicht erleben zu müssen, stellt sich das Ungeborene mit seinen verfügbaren Mitteln energetisch „tot" und behält dieses Muster von Anbeginn nicht nur als Überlebens-, sondern als Lebensstrategie bei.

Sexuelle Traumatisierungen können eine Asynchronizität bewirken. Wenn ich meine Aufzeichnungen aus Therapien mit „AMACs" (Adults Molested As Child – Erwachsene, die als Kinder sexuell belästigt wurden) durchlese, finde ich immer wieder sprachliche Hinweise auf dieses zeitliche „Hintennachhinken": „Sie trifft ihre Entscheidungen relativ schnell – aber ich bin dann immer noch nicht so weit!", „Bis ich draufkomme, was er mir sagen will, vergeht so viel Zeit, daß er keine Rücksicht mehr auf mich nimmt!", „Er hat ja nicht wissen können, daß ich – wenn er mich angreift – das erst eine halbe Stunde später spüre!" Menschen, die nicht diese Lücken in der Biographie haben, haben dieses Problem nicht: Sie wissen sofort, daß sie noch Bedenkzeit brauchen, sie protestieren auch sofort, wenn etwas für sie nicht stimmt.

Auch wenn Kontakt, Beziehung, Intimität und Verschmelzung mit dem geliebten anderen Menschen noch so gewünscht werden – es fehlt bei solchen Menschen immer ein „Takt". Oder anders: In die Melodie des Lebens wird eine Dissonanz eingespielt, die die Tonart stört. In der sexuellen Begegnung wird dann oft „falsch" geatmet – verkehrt – und so der „Orgasmusreflex" (Wilhelm Reich)[100] verhindert: Der „Totstellreflex" schwindelt sich immer wieder in den Atemrhythmus.

Wer Glück hat, findet einen Partner oder eine Partnerin so voll der Liebe, daß sie geduldig „warten" – im Doppelsinn des Wortes. Sie leisten auch Hilfestellung, den Atemrhythmus zu korrigieren. Beim Einatmen müßte das Becken zurückschwingen, beim Ausatmen vor, dem, der Geliebten entgegen, sanft, strömend. In der Sexualtherapie lassen wir diese Beckenschwünge üben, damit sie ins Bewußtsein dringen und verankert werden, geben „Hausaufgaben" zum Partnertraining. Aber die Gefahr, daß sich die Last des Schmerzes immer wieder aufdrückt, besteht ewig weiter. Und die Gefahr, daß die jeweiligen Partner ungeduldig und damit ärgerlich werden, auch.

Judith Lewis Herman schreibt über die Therapie von Menschen, die an einem posttraumatischen Belastungssyndrom leiden: „Er hat nun zwei Aufgaben zu bewältigen: Er muß nicht nur die Trümmer seiner eigenen Vorstellungen über den Sinn des Lebens und die Ordnung und Gerechtigkeit in der Welt neu zusammensetzen, sondern auch einen Weg finden, mit den Menschen zurechtzukommen, deren Wertvorstellung er nicht mehr teilen kann. Er muß sein Selbstwertgefühl wieder aufbauen und darauf vorbereitet sein, daß er es gegen die kritischen Urteile anderer Menschen verteidigen muß."[101]

In der Paartherapie hört sich das dann konkret so an: „Was kann ich denn dafür, daß sie (er) kaputt gemacht wurde!" Welche Rohheit spricht aus diesen Worten! Was kann denn sie (er) dafür, daß sie (er) kaputt gemacht wurde – ihr Vertrauen in andere Menschen, aber auch in sich selbst! „Frei atmen" dürfen, können, sich Luft machen dürfen – auch das setzt Vertrauen voraus. Die Partner hätten die Parzival-Chance, heilsam zu sein. Wenige wissen sie zu nützen, noch wenigere bekommen wie Parzival eine zweite Chance.

Ausweichmanöver auf der Zeitlinie

Die Fixierung auf Vergangenheit oder Zukunft verhindert zwar nicht Kontakt bzw. Beziehung, wohl aber Intimität. „Ich bin nicht da, wo du mich suchst". Körperlich ist man(n), frau anwesend, geistig aber woanders.

Darin besteht der Unterschied zu den Zeit-Spielen: Wenn im power play relativ bewußt in der Vergangenheit gewühlt wird, geht es darum, sich von unverarbeiteten Seelenqualen zu befreien; „Du hast mir weh getan, also tu ich dir weh, damit es mir wieder gut geht, wenn es dir dann endlich auch schlecht geht!" Oder wenn von einer alles gutmachenden Zukunft geträumt wird, lautet das power play: „Belästige mich nicht mit deinen Hinweisen auf die wenig befriedigende Gegenwart, mach, was ich will, und alles wird gut werden!"

Andere Varianten: Die „ewige Tochter" sendet bis ins Greisinnenalter permanent die Botschaft: „Schau wie klein (hilflos, putzig,…) ich bin – du mußt mich beschützen!" oder die „Päpste" drohen mit dem Venusbergsyndrom: „Nie wird dir verziehen werden!" Es geht immer um Macht: Einer ist groß und stark oder will es werden, der andere soll in die unterlegene, schuldbewußte Position gebracht werden.

Wenn jemand ein Doppelleben führt, geht es selten um Macht. Eher um den Versuch, innerseelische Konflikte zu bewältigen, den einer Rollenkonfusion etwa, zwei widersprechenden Anforderungen gerecht zu werden. Oder um den Versuch, bestimmte Wahrnehmungen ins Bewußtsein zu integrieren oder bestimmte Indoktrinationen aus dem Bewußtsein zu eliminieren.

Glucken

Ein klassisches Beispiel der Rollenkonfusion ist die Mutterrolle: Sie kollidiert weniger mit Berufsanforderungen, als man(n) vielfach glaubt, als mit der Rolle der Partnerin und Geliebten. In einer intensiven Zweierbeziehung hat ein Dritter (oder Vierter…) keinen Platz. Und wenn diese intensive Dyade mit dem eigenen Kind gelebt wird, rutscht meist der Ehemann (selten, aber doch gelegentlich auch die Ehefrau) in die Position des unerwünschten Dritten; es ist ja auch viel leichter, mit dem Babysohn oder der Babytochter traute Zweisamkeit zu inszenieren!

Obwohl die Gluckhenne, der Gluckhahn körperlich präsent ist und scheinbar dem Partner, der Partnerin zugewendet, weilt ihre, seine Libido, die emotionale Energie beim Kind. Das Kind wird dadurch überfordert: Es ist in seiner Phantasie oder sogar in den Elternworten Mammis „kleiner Mann" oder Pappis „kleine Frau" und wird damit am Kindsein gehindert und emotionell, leider oft auch sexuell ausgebeutet. Wenn dieser Zustand bis in die ödipale Phase der psychosexuellen Entwicklung des Kindleins dauert, in der nicht nur die Geschlechtsidentität wesentlich ausgeformt wird, sondern auch das Paarbildungsverhalten, kann man ziemlich sicher sein, daß dieses Kind als Erwachsene/r verheiratete und oftmals auch generationsältere Partner/innen wählen wird.

Der Mythos vom gleichzeitigen Orgasmus

Von Mythen sprechen wir immer dann, wenn ein Wunsch- oder Alptraum, ein Klischee, ein stereotypes Verhalten absolut gesetzt und damit verallgemeinert wird. Mythen wirken suggestiv, entfalten daher auch meist die Wirkung einer self fulfilling prophecy – einer sich selbst erfüllenden Prophezeiung – und hindern uns vor allem daran, uns selbst in unserer Individualität zu entdecken.

Ein solcher Mythos ist das Märchen vom gleichzeitigen Orgasmus, ein schönes Märchen zwar, und manchmal wird es auch wahr, wenn zwei Liebende dicht miteinander verwoben in die Ekstase entschweben. Dazu ist übrigens nicht einmal Genitalkontakt notwendig! Liebe und intensive Nähe, sprich Intimität und die „gleiche Wellenlänge" – die unmerklich erfolgte Abstimmung der Neurotransmitterausschüttungen – können bewirken, daß der Energieaustausch auch ohne die übliche Rubbelei erfolgt.

Da staunt dann der Laie – in diesem Fall aus meiner Praxis ein junger Journalist –, und der Fachmann wundert sich nicht, wenn jener erlebt, daß er mit seiner Freundin auf einer Schihütte übernachten soll, nur ein Matratzenlager für viele und das vollbelegt zur Verfügung steht, und er sich traurig dareinfügt, die Liebste nur vollbekleidet im gemeinsam genutzten Schlafsack an sich drücken zu können, und plötzlich erleben beide gleichzeitig den intensivsten Orgasmus ihrer gemeinsamen Biographie.

Dem Orgasmus ist es egal, wie man ihn erlangt. Er ist ein Reflex der Entladung, der erfolgt, wenn ein bestimmtes Erregungsniveau erreicht ist. Wann und wie er abläuft und wie er subjektiv oder objektiv erlebt wird, ist individuell unterschiedlich. Da sind schon etliche Überraschungen drinnen!

Angelika etwa sorgt sich gelegentlich, ob oder daß John gar nicht mitbekommt, daß sie bereits orgastisch reagiert, wenn er lediglich seine Aufmerksamkeit auf sie richtet. „Da habe ich ihn gefragt, ob ich ihm eigentlich gefalle", schildert sie verwirrt, wie sie sich ihm vorsichtig genähert habe, „und er hat so ganz sanft geantwortet: ,Du hast mir doch immer schon gefallen!' und in dem Augenblick hat es in mir zu pulsieren begonnen, und eine Welle nach der anderen hat mich durchflutet, und mir war das so peinlich, weil wir ja auf einem Kongreß waren und rund herum lauter Leute, die uns kennen… aber immer wenn ich spüre, jetzt richtet er seine Eenrgie auf mich, auch wenn es nur ganz wenig ist, wenn ich etwa am Telefon sage ,Ich möchte dich sehen' und er antwortet ,Ich dich auch!', da geht es schon los, zart, aber unaufhörlich, das habe ich noch bei keinem anderen Mann erlebt!"

Demgegenüber steht das übliche Verhalten, wo man(n) der Meinung ist, einen „richtigen" Orgasmus „hat man" gleichzeitig. Und jetzt müht sich der perfekte Techniker, wohl wissend, daß „Frauen länger brauchen", mit ausgiebigem Vorspiel, die weibliche Lust auf die Spitze zu treiben, die männliche hingegen zu drosseln; frau spielt vielfach auch vor, aber meist mit dem Ziel, Bubi nicht zu enttäuschen, wo er sich doch so plagt. So treiben es beide, aber nicht zum Gipfel, denn so übertreibt man(n) und würgt die Lust ab.

Vorspiel wird meist als digitale, manuelle oder orale Stimulation verstanden. Sie soll die Frau erregen, aufreizen. Solche Praktiken zähle ich bereits zum eigentlichen Geschlechtsakt. Wenn einer der beiden zu diesem Zeitpunkt (noch) keine Lust (mehr) hat, heißt die körpersprachliche Botschaft: Du willst nicht. Sie wird meist überhört.

Nach meiner Definition heißt Vorspiel Annäherung. Senden. Rückantwort bekommen. Merken, wie Erregung wächst. Erkennen, wann Paarungsbereitschaft besteht. Bei beiden! Die Zeiten der „ehelichen Pflicht" sind ja doch längst vorbei!

Der „Erregungsaufbau" – ein fürchterliches Fachwort! – braucht bei Frauen außer in Hochzeiten extremer Verliebtheit und Hitze mehr Zeit als bei Männern. (Zumindest bei den Frauen und Männern, deren sexuelle Reaktion das Material für die Forschungen von Masters & Johnson[102] lieferten. Ob ein neuer Zeitgeist dreißig, vierzig Jahre später anderes „Material" zeitigt, werden neue Forschungen aufzeigen müssen.)

Der Mythos von der gleichen Lust

Frauen haben ein anderes biologisches Programm (und damit auch andere Körperrhythmen) als Männer: Geht es bei diesen um den Akt des Zeugens, geht es bei jenen um Schwangerschaft und Brutpflege. Nur: diese biologischen (Stammhirn-)Programme sind durch Erziehung (nicht nur durch Eltern und Schule, sondern auch durch medial vermittelte Informationen aus Wissenschaft, Kunst, Kitsch und Kommerz) und Bewußtwerdungs-(Großhirn-)Prozesse veränderbar.

Nur zu leicht entgleist Erziehung – und dabei besonders Sexualerziehung – zu gewaltsamer Manipulation und Indoktrination. Jahrhundertelang schädigte Sexualunterdrückung im Namen von Religion und Tradition Körper, Seele und Geist: von verstümmelnden Operationen über Angstmache bis hin zum inszenierten Wahnsinn. Wer die Macht hatte – und das waren zumeist die Organisationsapparate der großen Glaubensgemeinschaften, eventuell noch sogenannte Experten, die den jeweiligen Gesetzgeber berieten –, setzte seine Sicht der Dinge durch. Der „mündige Bürger" war da nicht vorgesehen. Und Frauen waren als die Machtloseren von diesen „Verordnungen" immer mehr betroffen als Männer, das zeigt der junge Wissenschaftszweig der Frauenforschung deutlich auf.

„Feministische Sichtweise – und damit auch feministische Wissenschaftssicht – bedeutet, kritisch zu überprüfen, wie weit die Position des Beobachters und Berichterstatters eine männerbegünstigende bzw. frauendiskriminierende ist" schrieb ich in „Zuliebe zu Leibe"[103], „männerbegünstigend wären demnach alle Positionen, die männliche Herrschaft über Frauen – und Mädchen – fordern, begründen und rechtfertigen und damit den Frauen die Möglichkeit der Selbstbestimmung, der Selbstäußerung nehmen." Genauso ist aber auch zu hinterfragen, wie weit solche Positionen auch eingenommen werden, um Männer daran zu hindern, ihre eigene individuelle Sexualität zu entdecken!

Solch eine Position lauert hinter dem Mythos von der gleichen Lust: Die Sehnsucht, das Begehren, die Erregung und der Höhepunkt der Frau werden dann – von Männern wie Frauen im historisch verständlichen Einklang mit der jahrhundertealten patriarchalen Bestimmungsmacht – als gleich den auf Aktivität zielenden männlichen definiert, und dementsprechend kritisiert, wenn zu wenig Gleichheit festgestellt wird.

Frauen wagen kaum, Forderungen nach mehr Gleichheit – mehr Einfühlsamkeit, „Empfänglichkeit" – an Männer zu richten. Männer könnten sich ja sofort „kastriert" fühlen, wenn ihnen zugemutet wird, auf ein wenig Raum – Freiraum, Revier, aber auch Erweiterung ihrer Aura – zu verzichten.

Das hängt wohl mit der Symbolik der Genitalien zusammen: wo bei der Frau wirklich „Frei-raum" besteht, wo sie verkörpert, wie flexibel und anpassungsfähig sie ist – wahrscheinlich mit ein Grund für die höhere Lebenserwartung von Frauen! –, ist der

Mann raumgreifend, starr oder schlapp oder irgendwie dazwischen und symbolisiert damit sein „Entweder – oder", während die Frau „sowohl – als auch", nämlich „sowohl ich – als auch du" vermittelt.

Der Mythos von der Ungleichheit von Mann und Frau

Genauso wäre es aber falsch, allein aus der Unterschiedlichkeit der Genitalien darauf zu schließen, daß es eben eine unüberbrückbare Geschlechterdifferenz gibt. Da beginnt die Zahl der altvertrauten Mythen unüberschaubar zu werden! Was im Einzelfall am Verhalten eines Individuums in einer bestimmten Situation in Beziehung zu einer bestimmten Person – von einem bestimmten Beobachter – wahrgenommen wird, kann zwar durchaus ein Muster, ein Lieblings-„Spiel" dieser Person sein; wird daraus ein Klischee oder sogar ein Mythos, drängt sich mir die Frage auf, wer seinen Vorteil daraus zieht, und ich antworte: die Person, die das Klischee, den Mythos formuliert. Sie stützt damit ihr Selbstbild samt Platz in der Welt und wehrt damit gleichzeitig Einsichten ab, die diese heile Welt gefährden könnten.

Francesco Alberoni etwa, Jahrgang 1929, italienischer Soziologieprofessor und mehr noch Zeitungskolumnist, zeichnet in seinem von manchen Männern mit Autoritätscharakter ausgestatteten Buch „Erotik"[104] ein Frauenbild, das ich zwar auch, nämlich aus Filmen und Schwulstromanen, kenne, nicht aber aus der Realität von Beratung, Psychotherapie oder Erwachsenenbildung jeglicher Form, und stellt ihm ein – sein eigenes? – polares Männerbild gegenüber.

Ein Beispiel: Wenn er gleich zu Beginn schreibt: „Sir Francis Galton, ein Cousin Darwins, hatte bereits im letzten Jahrhundert nachgewiesen, daß Frauen eine sehr viel differenziertere Sensibilität für Berührungen besitzen. Havelock Ellis hat zu Anfang dieses Jahrhunderts die ausgeprägte Hauterotik von Frauen beschrieben...", so zeichnet er damit sprachlich ein ganz bestimmtes Bild und schafft damit ein Klischee von „weiblichen" Eigenschaften; er fragt nicht, durch welche Erziehungsmaßnahmen solch ein Geschlechtsunterschied gefördert wird – wie Jungen, Männern Hauterotik verboten wird –, sondern übernimmt offenbar unkritisch aus der Literatur, wie sich im Laufe des Buches zeigt, vor allem aus der „schönen", nicht aus der Fachliteratur; persönliche Forschung scheint ihm hier abzugehen. Sie würde allerdings auch die Gefahr bergen, erwünschte Antworten durch – bewußt oder unbewußt – entsprechend formulierte Fragen zu provozieren. Genau das ist es aber, worauf Psychoanalytiker der Freudschen oder Jungschen Schule besonders achten: das „Material", das Klienten liefern und mit dem gearbeitet wird, nicht durch eigene Phantasien – Wünsche, Ängste, Erfahrungen – zu verunreinigen.

Aus meiner psychotherapeutischen Arbeit mit Einzelpersonen wie mit Paaren zeigt sich ein ganz anderes Bild: nämlich das von Frauen, die zwar Sehnsucht haben, gestreichelt zu werden (und damit oft signalisieren, daß sie in ihrem sexuellen Handeln eher oral-frühkindliche Bedürfnisse befriedigen wollen als genitale), die üblichen Anbahnungsberührungen ihrer Partner aber ablehnen. Sie wollen Blicke, Töne, Worte – oder die energetische Ausstrahlung spüren. Männer wollen greifen, „in Besitz nehmen" – aber auch selbst angegriffen werden. Immer wieder höre ich die Klagen der Männer, sie würden zu wenig berührt. Ich höre aber auch von ihren Ängsten, als unmännlich zu gelten, wenn sie derartige Wünsche äußern würden. „Angriff" darf nur von ihrer Seite und nur mit Eroberungswillen geschehen.

Die Frauen Alberonis pflegen die Erotik der Dreigroschenromane. Aus der Existenz dieser Trivialliteratur schließt er, daß sie einem primären Bedürfnis der Konsumentinnen entsprechen ebenso wie die hard-core-Pornographie einem Bedürfnis der Männer.

Schafft nun Nachfrage das Angebot oder das Angebot die Nachfrage? Eine ähnlich fundamentale Frage wie „Was war zuerst: Henne oder Ei?"

Ich meine, daß das Angebot die Nachfrage schafft und verweise auf meine Erfahrung aus gut zwanzig Jahren Beratungspraxis: In die allgemeine Familienberatung (mit Schwerpunkt Empfängnisregelung, Konflikte mit Partnern, Kindern und Eltern) kamen im Jahresdurchschnitt zwei Drittel Frauen, ein Drittel Männer; in den spezialisierten Sexualberatungsstellen war es fast genau umgekehrt[105]. Dieses Phänomen war Anlaß genug, die Hintergründe nachzufragen. Die männlichen Ratsuchenden präzisierten: durch das Etikett „Sexual-" fühlten sie sich eher angesprochen, und auch die ratsuchenden Frauen berichteten in Überzahl, daß sie von ihren Partnern quasi zum „Service" geschickt würden.

Ich sehe in der Geschlechterdifferenz, wie sie Alberoni schildert, nur Abbilder der vordergründigen Polaritäten, wie sie schon in den Mythen des Altertums (nicht zu verwechseln mit dem Fachausdruck „Mythos" für verinnerlichte Vorurteile!) oder Märchen zum Ausdruck kommen: diese Mythen waren eine Art Psychologielehrbücher der Zeit, in der nur Hochprivilegierte schreiben konnten und überlieferten durch wiederholtes Erzählen den Zuhörern Anleitung, wie bestimmte Krisensituationen zu bewältigen seien. Sie sind keine Verhaltensanleitung!

Polarität heißt: aus der Fülle der Möglichkeiten, einander ähnlich, „angenähert" und damit nahe oder ganz anders, daher entfernt und damit weit weg zu sein, die Extrempositionen einzunehmen. Das kann dann Faszination bewirken oder Abstoßung. Diese Faszination oder Abstoßung kann aber auch suggestiv propagiert werden: weil „Meinungsmacher" – Literaten und Schulbuchautoren, Lehrer aller Hierarchiestufen, Prediger und Propagandaminister, vor allem aber die Helden und Heldinnen der Print- und audiovisuellen Medien – in Einwegkommunikation mit Autoritätsanspruch ihre Ansichten vorgeben.

Alberoni philosophiert über Geschlechterunterschiede und versucht nachzuweisen, daß Frauen Kontinuität suchen, Männer aber Diskontinuität. Er interpretiert Kontinuität als die angeblich weibliche Sehnsucht, den Mann festzuhalten und an sich zu binden und greift dazu auch in die biologistische Mottenkiste vom Säugetierweibchen, das den besten Beschäler wählt. Schon richtig, diese animalischen Verhaltensmuster gibt es – nur: sie scheinen von Machtverhältnissen abzuhängen, nicht vom Geschlecht.

Ich beobachte nämlich seit den späten achtziger Jahren in meiner klinischen Praxis eine weitgehende Rollenumkehr: immer mehr Frauen verlassen ihre Männer, und zwar nicht mehr nur, weil sie deren Verantwortungslosigkeit oder Brutalität nicht mehr ertragen wollen, sondern weil sie sich selbst weiterentwickelt haben, der Mann aber nicht, weil sie von ihm nicht blockiert – zur Kontinuität gezwungen – werden wollen, sondern Freiheit suchen, auch Freiheit in erotischen Kontakten. Im vorigen Jahrhundert hätten meine Berufskollegen in solchen Fällen wohl von abweichendem Sexualverhalten, von Perversion gesprochen und die Frau als psychisch abnorm klassifiziert. Derartige Diskriminierungen sind heute nicht mehr aufrechtzuerhalten. „Das Sein bestimmt das Bewußtsein", und ökonomisch unabhängige Frauen definieren ihre Freiräume selbst; sie lassen sich nicht mehr durch Vaterfiguren welcher Profession auch immer gegen ihren Vorteil einschränken.

Einschränken läßt sich eine Frau nur, wenn sie hilflos ist – unwissend, körperlich oder wirtschaftlich schwächer, erpreßt oder vergewaltigt – oder wenn sie liebt. Dasselbe gilt aber auch für Männer. Manche Männer haben großes Interesse daran, Frauen in der schwachen Position zu halten. Es lenkt von ihren eigenen Ängsten ab, schwach zu sein und damit nicht dem Rollenbild des Helden zu entsprechen. Aber diese Männer werden immer weniger – auch wenn den professoralen Prototypen dieser „letzten Patriarchen" besonders gern in Medien Raum gegeben wird; ihr Unterhaltungswert ist ja auch enorm, denn sie polarisieren weiter, egal, wo sie „auftreten".

185

Aus psychotherapeutischer Sicht bedeutet die traditionelle „Schwäche" der Frau einen Entwicklungsrückstand – sie bleibt kindlich – und die „Stärke" des Mannes Abwehr: Er vermeidet, sich seinen Schwachheitsgefühlen zu stellen und überkompensiert. Beide sind damit in ihren Potentialen beschränkt.

Es gibt aber noch eine andere Form von Einschränkung: wenn die liebende Frau versucht, ihren Geliebten genital zu „umfassen". Dann verzichtet sie auf ihre „Weite".

Was also braucht eine Frau von ihrem Liebhaber?
Hilfe dabei, ihr weitgespanntes Bewußtsein auf sich
selbst, ihren Körper und sexuelle Lust zu konzentrieren.

Elizabeth Davis, „Muster der Sinnlichkeit"[106]

Sich auf einen Mann wirklich einzulassen – und ihn nicht nur traditionsgemäß als Zeuger oder Ernährer zu brauchen oder zu mißbrauchen – erfordert von der Frau hohes Selbstbewußtsein: Sie muß wahrhaftig und leibseelisch spüren können, daß sie diesen Mann will, nicht nur einen und dazu noch möglichst attraktiven. Männer fordern diesen Mutsprung von der Frau: Endlich wollen sie eine Liebende – und damit eine alles gewährende Mutterfigur – ganz für sich allein und mit ihr auch schlafen dürfen und alles tun, was sie wollen, ohne kritisiert oder bestraft zu werden, und testen das nur zu oft – bewußt oder unbewußt – mit Exzessen, Nervensägerei und Gewalt. Selbst scheuen sie den gleichen Schritt: Er würde Abschied vom ewigen kleinen Jungen bedeuten und Übernahme von reifer Verantwortung für eben die Bedürfnisse und Befürchtungen, die wir aus der Kindheit kennen: nicht gut genug zu sein, nicht angenommen zu werden, emotional abhängig zu sein und zu leiden.

Wir sind nicht gleich – das vehindert schon unsere jeweilige Abstammung und unsere Biographie. Und doch sind wir gleich: in unseren Wünschen und Ängsten. Nur manche wissen es nicht, wollen es nicht wissen oder geben es nicht zu.

Der Mythos vom Pornographen

Heute, wo zumindest in den großen Städten Westeuropas juristisch relativ gute Bedingungen für ein angstfreies Sexualleben – und politische Willensbildungen für allfällige Verbesserungen – vorherrschen, gilt es vor allem, Erziehungsversuche und die Suggestivwirkung der audiovisuellen Medien kritisch zu hinterfragen. „Ein Bild sagt mehr als tausend Worte" wird uns immer wieder „vor Augen geführt": es schafft Realität – wir haben ja die Existenz des Dargestellten mit eigenen Augen gesehen. Es schafft Wirklichkeit – es bewirkt etwas: zumindest eine Ansicht, aber auch Kenntnis, gefühlsmäßige Reaktion, Bewertung, Lust zur Nachahmung – oder Abwehr aus Angst, so etwas erleben zu müssen. Um wie viel größer ist dann erst die Wirkung „laufender Bilder"!

Pornofilme bieten bestenfalls Action, Unterhaltung im Sinne von Comics. Von unten fotografiert sehen ja auch wesentliche Körperteile imposanter aus als von oben herab betrachtet! Unwillkürlich erlebt der Zuschauer den gleichen Blickwinkel wie seinerzeit als kleiner Junge, der zu Papas „Großem" hinauf- und zu seinem „Kleinwinzigen" hinabsieht und sich unzulänglich vorkommt. Was wundert's, wenn dann Männer in Rundfunk-Sexhotlines[107] anrufen oder Beratungsstellen aufsuchen, weil sie unzufrieden sind mit dem, was sie zwischen ihren Beinen sehen. Gefühl, Empfindung scheinen sekundär. Sie orientieren sich am rasanten Ablauf des Geschehens im Pornofilm samt Gehechel und Gespritze, nur – dieser Informationsgehalt ist für ein erfülltes Sexualleben gleich null.

Aufklärungsfilme mit hohem Informationsgehalt hingegen wandeln hart am Rande der Lächerlichkeit, und auch sie sparen in inszenierter Sterilität und Technik den Gefühlsbereich und damit auch das bioelektrische Raum-Zeit-Geschehen aus, die „reine" Sexualität.

„Es gibt die reine Sexualität. Sie hat weder etwas mit Liebe zu tun noch mit dem Gegenteil, mit Haß und Verachtung. Sie braucht auch nicht durch weitere Gefühle oder Liebesbeteuerungen legitimiert zu werden. Sie steht für sich als eine universelle Grundkraft des Menschen", schreibt eine, die sich auskennt, Sabine Kleinhammes[108]. „Diese reine Sexualität unter anderem wollen wir ans Tageslicht heben und begreifen, ohne zu früh von irgendwelchen Gefühlen und Orgasmusprogrammen zu sprechen und ohne sie zu schnell in das moralische Konzept der Liebe einzuspannen, um sie und uns vor anderen zu legitimieren. Da, wo der Blick eines Mannes plötzlich am Dekolleté meiner Spitzenbluse hängenbleibt, oder wo ich bei einem Mann plötzlich eine bestimmte Art des Gangs wahrnehme, da geschieht es im Blitzteil einer Sekunde. Da gibt es diese Energie des reinen Sex, wo man am liebsten gleich um die nächste Hausecke verschwinden würde, wenn dazwischen nicht die Verhaltensunfähigkeit, die Mutprobe und die Frage stehen würde: Wie macht man das jetzt?"

Von der Dynamik „reifer Genitalität" können Pornofilme daher kaum etwas vermitteln. Dazu bräuchte es wohl die Kunst großer Schauspieler. Aber selbst dann erhebt sich die Frage: Kann überhaupt jemand außer Liebenden selbst „Liebe darstellen"?

In Analogie zu Ludwig Wittgenstein, der formuliert: „Wovon man nicht sprechen kann, darüber muß man schweigen"[109], könnten wir das Göttliche in der Verschmelzung von Mann und Frau erahnen und darauf verzichten, uns davon „ein Bild zu machen".

Grenzerlebnisse

Manchmal gelangen wir an die Grenzen von Zeit und Raum.
Dann wird die Zeit zu kurz.

*Experimentell hat sich gezeigt, daß unser Erleben von
Dauer sich aus der Reichhaltigkeit der im Bewußtsein
verarbeiteten Ereignisse ergibt.*

Ernst Pöppel, „Erlebte Zeit und die Zeit überhaupt:
Ein Versuch der Integration"[110]

Wenn innerhalb eines bestimmten Zeitintervalls wenig geschieht
– daher wenig im Bewußtsein verarbeitet und im Gedächtnis gespeichert werden muß – haben wir Langeweile, rückblickend erscheint die Zeit aber kurz. Geschieht hingegen viel – wird viel im
Bewußtsein verarbeitet – dann verfliegt die Zeit schnell, im
Rückblick erscheint sie aber von langer Dauer. Dieses Phänomen heißt auch „subjektives Zeitparadox".
Doppelleben bedeutet auch, sich dieses Zeitparadoxons bewußt zu werden. „Das Sein bestimmt das Bewußtsein" formulier-
ten Marx und Engels. Umgekehrt bestimmt aber auch das Bewußtsein das Sein. Bumsen, um sich von Spannungsenergie zu
entladen – die man(n) womöglich erst künstlich durch Konsum
von Pornographika oder/und manuelle Stimulation erzeugen
mußte –, ist eines, sich im Bewußtsein der durch die andere Person erregten Aufladung dieser behutsam anzunähern und zu zelebrieren, wie – und wie weit – sich Erregung weiter steigern läßt,
ist etwas anderes.
Insoferne verstehe ich die konzentrierte Annäherung im
Tantra als „bewußte" Grenzüberschreitung: mit allen Sinnen –
auch dem energetischen – bewußt zu erleben, wie der materielle
Körper noch an ein und derselben Stelle verweilt, während der
feinstoffliche Ätherleib schon zum anderen hinüber- und in ihn
hineinströmt, und genießen, wenn der stoffliche Körper die Be-

wegung nachvollzieht, und beide wiederum zusammenfließen lassen, und beide spüren, und so die Paarung ganzheitlich erleben.

Die „Entladung" geschieht dann auf einem anderen Niveau: männliche und weibliche Sexualenergie werden abgehoben, von der materiellen Zeugungsebene freigesetzt und miteinander verwoben. Wie intensiv das „verkörpert" wird, hängt wiederum von der Selbstbeherrschung der Liebenden ab. Je unkonzentrierter – schneller, über-rasch-ter, unbewußter – desto stärker wird der materielle Körper reagieren.

Der alltagsgewohnte Samenerguß, die „orgastische Manschette" der Frau (das Zurückweichen des Scheidenvorhofs bei Einsetzen der orgastischen Kontraktionen) werden dann nebensächlich bis entbehrlich; sie dienen nur der Alltagskontrolle des „War ich auch gut?" oder „Hab' ich dir's recht gemacht?" Im „kosmischen" Orgasmus werden die Liebenden zu Gott: Sie vereinigen die Gegensätze, sie werden zur Einheit.

Vielleicht diente das traditionelle Gebot für katholische Ehepaare, nur geschlechtlich zu verkehren, um Kinder zu zeugen, dazu, zu verhindern, daß sie sich frevelhafterweise als göttlich erleben könnten? Daß sie mit dieser Schöpfungskraft nur ja Kinder erschüfen und nicht etwas anderes? Daß sie mit ihrer Sexualenergie keinen Mißbrauch betrieben wie etwa der Satanistenhäuptling Aleister Crowley, der diese Kraft sogar einsetzte, um die Börsenkurse seiner Aktien steigen zu lassen[111]?

Ich sehe in der bewußten Verschmelzung der Sexualenergie von Mann und Frau das wahre „Sakrament der Ehe": Mann und Weib sind ein Leib. Bekanntlich spenden sich die Eheleute dieses Sakrament gegenseitig – nicht der Priester. Der soll um Gottes Segen bitten, daß die Eheleute in den Genuß des Sakraments kommen sollten – verständlich für Zeiten, in denen es keine freie Partnerwahl gab, sondern ökonomische Überlegungen oder die Wünsche der Eltern ausschlaggebend für die Auswahl des Gesponses waren.

Ubiquität

Zu den Grenzerlebnissen Liebender gehört auch die Ubiquität: ich bin hier und doch bei dir.

Wir leben und erleben im Raum-Zeit-Gitter. Aber so wie die Zeitdistanzen aufgehoben scheinen können, kann auch räumliche Entfernung aufgehoben scheinen. „Die Gegenwart ist strenggenommen ständige Verwandlung von Zukunft in Gegenwart und ständige Verwandlung von Gegenwart in Vergangenheit" schreibt Wilhelm Revers[112]. Ebenso ist jeder Gedanke an die Geliebte, den Geliebten eine Verwandlung von emotioneller Distanz in Nähe, in Verinnerlichung, und sogleich folgt wieder ein Entgleiten in die Distanz. Je intensiver wir an die geliebte Person denken, desto näher können wir uns ihr fühlen. So nah, daß wir ihre Lichtabstrahlung – vor dem geistigen Auge oder real – zu sehen vermeinen, daß wir ihre Stimme hören, ihren Duft riechen, ihre Berührung spüren.

Üblicherweise sprechen Angehörige von Psychoberufen dann von Halluzinationen, schizo-affektiven Psychosen oder sonstigen Formen von „Besessenheit". Kritisch wird diese Form der Diskriminierung menschlichen Erlebens erst, wenn derartige Wahrnehmungen über größere Distanzen sich im nachhinein als wirklich wahr und nicht nur hysterisches Phänomen entpuppen. Ulrike etwa hört immer real das Telefon klingeln, wenn René an sie denkt. Wenn sie abhebt, ist keiner dran. Als er einmal „fremdgeht" – was sie nicht wußte –, läutet ihr Telefon Sturm. Als sie abhebt, hört sie deutlich seine Stimme: „Ich komme!" Wie sich später herausstellt, sprach er diesen Satz just im selben Augenblick zu der anderen.

Viele Mütter kennen diese Form der Verbundenheit mit ihren Kindern. Ich nenne sie die unsichtbare Nabelschnur. Wie weit diese Form des Ganz-beim-anderen-Seins nur eine Grenzüberschreitung der normalen Wahrnehmungsbandbreite infolge intensiver Sendung von Gedankenenergie ist oder ein Nicht-loslassen-Können bzw. -Wollen, sei hier nur in den Raum gestellt. In der psychotherapeutischen Arbeit sehe ich den Sinn darin, zu helfen, daß der oder die Betroffene durch solche „Sensationen" sich nicht ängstigen läßt oder anderswie leiden muß.

Doppelgleisigkeit

An dem kleinen Himmel meiner Liebe
will – mich dünkt – ein neuer Stern erscheinen.
Werden nun die andern Sterne weinen
an dem kleinen Himmel meiner Liebe?

Freut euch, meine Sterne, leuchtet heller!
Strahlend steht am Himmel, unverrücklich
eures jeden Glanz und macht mich glücklich.
Freut euch, meine Sterne, leuchtet heller!

Kommt ein neuer Stern in eure Mitte,
sollt ihr ihn das rechte Leuchten lehren.
Junge Glut wird euer Licht vermehren,
kommt ein neuer Stern in eure Mitte.

An dem kleinen Himmel meiner Liebe
ist ein Funkeln, Glitzern, Leuchten, Sprühen.
Denn ein neuer Stern beginnt zu glühen
an dem kleinen Himmel meiner Liebe.

Erich Mühsam[113]

Die häufigste Form von Doppelleben sind nach wie vor Dreiecksbeziehungen.
Wieder tauchen Mythen auf: der Mythos vom von Natur aus polygamen, daher untreuen Mann, der „dem Ruf der Gene folgt und draußen ein paar seiner Chromosomen austeilt"[114] sowie der von der von Natur aus monogamen Frau.
Wenn „die Natur" berufen wird, ist immer höchste Vorsicht an-

gebracht: „Das ‚Natur-Etikett' vor einem Verhältnis, einem Vor-
gang oder einem Verhalten hat den Zweck, dessen kritische Beleuchtung zu verhindern" warnt Volker Elis Pilgrim. „Das mei-
ste, das als natürlich ausgegeben wird, soll unwidersprochen hin-
genommen, darf nicht als vom Menschen künstlich eingerichtet
entlarvt und noch weniger als veränderbar erkannt werden…
Wenn eine Gesellschaft etwas als ‚natürlich' erklärt, will sie damit nur ausdrücken, daß sie etwas als unangreifbar wünscht. Dagegen bedeutet das Etikett ‚unnatürlich', daß das damit gekenn-
zeichnete Verhalten mißbilligt wird und von jedermann angegriffen werden kann."[115]
Wieder tauchen Polarisierungen auf. Sie dienten – und
dienen noch immer – dazu, männliche Untreue zu rechtfertigen
und weibliche moralisch zu verurteilen. Ihr tieferer Sinn lag
wohl darin, durch Angstmache einerseits die Legitimität der
Nachkommenschaft zu sichern; immerhin formuliert eine
Rechtsregel aus dem Römischen Recht „pater semper incertus"
– „Der Vater ist immer ungewiß". Durch die extreme Kontrolle
des weiblichen „Umgangs" sollte verhindert werden, daß die
eigene Angst vor männlicher Konkurrenz allzugroß würde.
Andererseits sollte nicht nur weibliches Fremdgehen unter-
bunden werden, sondern auch weibliches Weggehen: Solange
Männer auf die Dienstleistungen der versorgenden Ehefrau angewiesen waren, bedeutete jedwede Libidoverschiebung auf etwas anderes als Ehemann und Kind Gefahr für das leibliche
Wohl.
Dalma Heyn listet in „Die heimliche Lust"[116] noch etliche weitere Mythen über die natürliche Treue der Frau auf:
„Glücklich verheiratete Frauen haben keine außerehelichen Beziehungen", „Frauen wünschen sich nicht mehrere Sex-
partner", „Frauen müssen einen Mann lieben, wenn sie mit
ihm schlafen", „Frauen verlieben sich in jeden Mann, mit dem
sie ins Bett gehen", „Frauen können nicht mehr als einen Mann
zur gleichen Zeit lieben", „Frauen mögen keinen unverbindlichen Sex", „Frauen haben ehelichen Sex lieber als unehelichen

Sex", „Frauen können Sex nicht von Liebe trennen", „Frauen, die mit anderen Männern außer ihrem eigenen schlafen, leiden an furchtbaren Schuldgefühlen", „Frauen werden durch die körperliche Erscheinung von Männern nicht sexuell erregt". Bei Männern ist alles daher natürlich umgekehrt. Alberoni läßt grüßen.

Ich habe in meiner Praxis festgestellt, daß es untreue Männer sind, die an Schuldgefühlen leiden. Sie kommen häufig in Therapie, weil sie den Zwiespalt nicht mehr ertragen; allerdings kommt eine Bedingung dazu: Sie wurden immer von ihren Freundinnen unter Druck gesetzt, sich von ihren Ehefrauen zu trennen.

Die Geliebte eines verheirateten Mannes zu sein, erfordert ja auch hohe Verzichtsbereitschaft.

„Du weißt doch, was es heißt, die Mätresse eines verheirateten Mannes zu sein", zitiert Anja Meulenbelt die Mahnung einer Freundin. „Und ob ich das wußte. Von früher. Warten auf einen Telefonanruf. Keine Vorwürfe, kein Jammern. Keine Forderungen. Sich mit der Zeit, die übrig bleibt, bescheiden. Leere Wochenenden. Die Urlaube ohne ihn. Verabredungen, auf die du dich seit Tagen gefreut hast und die im letzten Augenblick doch nicht klappen... Und dann kommt er spontan auf einen Sprung vorbei, er hatte gerade eine Stunde Zeit... Oder er ruft an, um dir zu sagen, daß er am nächsten Tag Zeit hat, und du erfindest eine der ungezählten Ausreden, um die andere Verabredung zum x-tenmal zu verschieben. Liebe im Auto. Federn lassen. Herzeleid. Und ob ich das kannte."[117]

Männer – unreife Männer – triumphieren eher über den „gehörnten" Ehemann. Reife Kavaliere genießen und schweigen. Auch wenn sie lieben und leiden.

Das, was Herzeleid macht, ist weniger die Sehnsucht nach dem Objekt der Begierde – es ist abgewehrte Wut darüber, daß der eigene Wille nicht durchgesetzt werden kann. Diese Reaktion auf Versagung und Hilflosigkeit ist „natürlich" – nämlich der erste Impuls aus dem Stammhirndenken, mit dem unser „inneres Kro-

194

kodil" beseitigen will, was stört. Der zweite Impuls der Verlangsamung und des Nachdenkens kommt – hoffentlich kommt er! – aus dem Großhirn; das ist es ja auch, was uns von Tieren unterscheidet[118]. Daß Männer oftmals aggressiver reagieren und Frauen eher depressiv, liegt meiner Ansicht nach wieder an den (elterlichen wie auch medialen) Vorbildern: Im vorigen Jahrhundert durften Männer noch aus Liebeskummer melancholisch, sprich depressiv, sein. Heute ist coolness gefragt – der computerhaft fühllose Mann als Held der Arbeit; und Frauen ziehen nach.

Doppelleben ist anstrengend – wie jeder Versuch, mehrere widersprüchliche Ansprüche zu vereinen, egal ob Eltern- und Berufsrolle, Berufsrolle und eine ehrenamtliche, z. B. politische Funktion oder Ehemann und Belami oder Ehefrau und Mätresse. (Beim Formulieren dieses letzten Satzes suche ich nach anderen Bezeichnungen als Geliebter oder Geliebte, denn dies sagt noch lange nichts über Außer- oder Nebenehelichkeit aus; dabei fällt mir auf, daß es mehr Namen für Frauen gibt: Konkubine, Kebse... höchste Zeit, daran etwas zu ändern!)

Der Haken liegt in der Akzeptanz eines „naturgegebenen" (im Sinne von Pilgrim) Widerspruchs von legitimierter, öffentlicher und illegitimer, geheimer Beziehung: den Mythen, wie sie Heyn anführt. Und wie sie auch viele Psychotherapeuten weitergeben: „Wenn eine Beziehung wirklich stimmt, hat ein Dritter – oder Vierter etc. – keinen Platz zwischen den Partnern" habe auch ich oft formuliert. Inzwischen präzisiere ich: Es hängt davon ab, wie nahe sich die beiden Ehe- oder sonstigen Partner sein wollen; wählen sie bewußt, aus welchen Gründen immer, größere Distanz, und fühlen sie ihre Beziehung so stimmig, dann können Doppelgleisigkeiten beziehungskonform sein. Allzugroße Nähe wäre wohl zu angsterregend.

Ehe heißt Beistand, „in guten wie in schlechten Zeiten". Auch und ganz besonders in Zeiten von Ehekrisen. Nicht jede Frau, nicht jeder Mann stürzt in eine Krise, wenn sie oder er erfährt, daß es noch eine andere Person gibt, die für den Partner, die Partnerin wichtig sind; das hängt weitgehend vom Selbstwertgefühl ab; ob man sich entscheidet, possessiv eifersüchtig zu reagieren – oder souverän, großzügig.

In Zeiten ökonomischer Abhängigkeit wurden Frauen schon von ihren Müttern, Groß- und Urgroßmüttern auf Toleranz programmiert. Viele verweigern heute dieses Lernprogramm. Sie lassen ihrer Wut über das gebrochene Treueversprechen freien Lauf – sie hatten das Ritual ernst genommen. Männer nehmen es für sich meist nicht ernst. Diese Mentalreservation auch Frauen zuzugestehen, müssen sie erst lernen.

In früheren Zeiten hatten Ehefrauen wenig Gelegenheit, anderen Männern als den ehelich angetrauten – oder „Herrschaften" – nahezukommen. Liebe war ohnedies nicht vorgesehen, wenn sich mit der Zeit Achtung und Vertrauen entwickelten, war das schon ein Glücksfall. Wenn über eine Ehefrau Liebe hereinbrach, gab es meist ein Drama, siehe die Beispiele der Weltliteratur: „Anna Karenina", „Effie Briest" oder „Madame Bovary". Heute haben Frauen ebenso viele Kontakte wie Männer und dementsprechend differenziere ich zwischen Fehltritten, Seitensprüngen, Umfallern und Großen Lieben.

Fehltritte passieren ungewollt; sie sind zumeist eine Folge, daß der oder die Ungetreue nicht oder nicht energisch genug Nein sagen können – oft ein Symptom für erlittene sexuelle Traumatisierungen. Seitensprünge zeugen von der Abenteuerlust sexuell „offener" Menschen; sie sind gewollt, oft bewußt provoziert und zielen auf Lust. Bleibt diese aus, war es eben nur ein One Night Stand. Eine Eintagsfliege. Der Umfaller ergibt sich unausweichlich aus einer hocherotischen Situation: oder wie die Polly in Bert Brechts „Dreigroschenoper" singt: „Ja, da muß man sich doch einfach hinlegen – Ja, da kann man doch nicht kalt und herzlos sein…"[119]

Und dann gibt es die Großen Lieben: keine Verliebtheit, keine Liebelei, sondern Liebe, wo weit mehr dahintersteckt als die Augenblicksübereinstimmung der „Chemie". Hier wird sich wohl der reife Ehepartner respektvoll vor solch tiefen Gefühlen zurückziehen, die bisherige Nähe oder Distanz neu definieren müssen – und seine, ihre Minimalbedingungen bekanntgeben, die er, sie braucht, um nicht unnötig leiden zu müssen. Solche Gespräche zu führen, erfordert Behutsamkeit und Mut, Konfliktfähigkeit und Geduld.

Die Angst vor dem Abbruch der gewohnten Beziehung(en) verdeckt nur zu oft die Hoffnung auf ein „Stirb und werde". Treu sein kann man aber nur sich selbst – seinen Gefühlen und Empfindungen. Diese lügen nicht. Das Hirn mit all seinen einprogrammierten Gedanken, Geboten und Verboten, lügt oft. Im Konflikt zwischen Anpassung oder Autonomie entscheiden sich ängstliche Menschen für Anpassung. Sie folgen damit dem Muster ihrer Kindheit, wo sie keine andere Wahl hatten.

Zur Reife gehört auch, Verantwortung für die eigenen Gefühle und Empfindungen und die daraus resultierenden Handlungen zu übernehmen, auch wenn dann aus der Vergangenheit keine Perspektive mehr in die ersehnte Zukunft weist. Was bleibt, ist wirklich Gegenwart.

Erst wenn die Liebe auf der gegenseitigen Anerkennung zweier Freiheiten beruht, ist wirkliche Liebe möglich.

Anja Meulenbelt, „Emanzipation und Seitensprung"[120]

VON DER ZEITLINIE ZUM ZYKLUS

Junge Leute lieben das Interessante und Absonderliche, gleichgültig wie wahr oder falsch es ist. Reifere Geister lieben das an der Wahrheit, was an ihr interessant und absonderlich ist. Ausgereifte Köpfe endlich lieben die Wahrheit auch in dem, wo sie schlicht und einfältig erscheint und dem gewöhnlichen Menschen Langeweile macht, weil sie gemerkt haben, daß die Wahrheit das Höchste an Geist, was sie besitzt, mit der Miene der Einfalt zu sagen pflegt.

Friedrich Nietzsche, „Menschliches, Allzumenschliches I"[121]

Hat Sexualität ein Ende?

Nein. Erinnern wir uns: Wir können nicht „nicht sexuell" sein, denn wir sind als Männer und Frauen geschaffen. Dennoch vermeinen viele, ab einem bestimmten Alter hörten sexuelle Gedanken, Gefühle, Phantasien und Körperempfindungen auf – zumindest bei den Frauen. Welch grausame Fremd- oder Autosuggestion!

Wieder werden wir an die unselige (unseligmachende) Verknüpfung von Sexualität und Fortpflanzung erinnert: Aus dieser weltanschaulichen Sicht wird nur der empfänglichen jungen Frau gestattet, sexuelle Kontakte – und die nur mit dem Ehemann – zu haben.

„Gesicht, Haltung, Figur sagen etwas aus über die Lebensumstände eines Menschen", zeigt Christel Schachtner auf[122]. „Sie lassen erkennen, wieviel Mühe er aufwenden muß, sein tagtägliches Überleben zu sichern." Zum Überleben gehört auch soziale

198

Sicherheit, Gruppenzugehörigkeit, Bestätigung. Das hat Abraham Maslow anhand seiner „Bedürfnispyramide" demonstriert[123]. Frauen machen oft die Erfahrung, daß sie nur akzeptiert werden, wenn sie dem Leitbild der Sexualpartnerin aus dem Pornofilm oder dem patenten Mädel und späteren Muttchen aus der Heimatschnulze entsprechen. Neuerdings kommt noch das working girl, die Karrierefrau dazu. Allen gemeinsam ist, daß sie Leistungen erbringen – und keinen Widerstand „leisten".

Frauen, von denen „mann" sich abwendet, drängt sich die Erkenntnis auf, sie sind nicht mehr so, wie „frau" sein muß, um liebenswert, schön, anziehend, begehrenswert zu erscheinen. Sie sind anders, und diese Andersartigkeit bestimmt sich als Gegensatz zur Schönheit.

Christel Schachtner, „Störfall Alter"[124]

Wird frau älter und verliert die „Schönheits"signale der fruchtbaren Frau, darf sie höchstens der Jugend nachtrauern und soll recht viel an Mogelmoden, Kosmetika, Hormonsubstitution, Schönheitsoperationen, body styling und was da noch auf dem Jahrmarkt der Eitelkeiten auftaucht, konsumieren und kaufen.
Daß jedes Alter seine Tugend und seine Schönheit hat, wird totgeschwiegen, ebenso, daß jedes Alter seine Zeitrhythmen der Liebe kennt.

Tabu Alterssexualität

Möglicherweise hängt die Tabuisierung der Sexualität älterer Menschen damit zusammen, daß wir das Älterwerden primär an unseren Eltern erleben – und deren Sexualität ist eben tabu.
Aber auch deren Älterwerden macht Angst: Sie, die immer als groß, stark und mächtig erlebt wurden, werden kleiner – nicht nur, weil ihre Kinder ihnen über den Kopf wachsen,

sondern auch, weil ihre Bandscheiben an Flexibilität verlieren. Es kann sein, daß sie plötzlich von Schwächeanfällen geplagt werden und ihren Kindern kostbare Zeit, Pflegezeit, abverlangen. Und es kann geschehen, daß sie als Babysitter ausfallen.

Es könnte aber auch sein, daß sie als Babysitter ausfallen, weil sie sich händchenhaltend mit anderen Lustgreisen und -greisinnen in Parkanlagen herumtreiben oder heimlich auf drei Stunden ins Hotel Orient verschwinden und womöglich dem Altersgespielen, der Altersgespielin das längst verplante Erbe vermachen.

Wen wundert's also, wenn die Jugend darauf pocht, allein das Recht auf Sexualität gepachtet zu haben? Eifrige Fürsprecher findet sie in der Katholischen Kirche, die zwar Frauen am liebsten als ewige Jungfrauen sähe, dann als keusche Witwen und zuletzt als Schwangere oder Mütter[125], aber doch auf Fortpflanzung orientiert, denn nur zu deren Zwecke dürfte ja geschlechtlich verkehrt werden. Das gleiche gilt für deutschnationale Kreise, die sich um das Aussterben der Herrenrasse sorgen.

Der Leib ist es, der am sichtbarsten zeigt, an welcher Stelle seines Lebensverlaufes der einzelne steht. Er ist der Ort, an dem Zeit stattfindet: Leibzeit ist gleich Lebenszeit... Der alternde Körper erinnert an die Befristetheit menschlichen Lebens, an die Nähe des Todes.

Christel Schachtner, „Störfall Alter"[126]

Schachtner schlägt vor, neue Weibs-Bilder zu kreieren, die das „Zwangsbündnis von Weiblichkeit und Schönheit" hinter sich lassen. Aber auch bei Männern geht es um Attraktivität, ergaben ihre Forschungen; allerdings bedeutet sie bei ihnen den sichtbaren Beleg, daß ihre Körperkraft ungeschmälert ist.

200

Seiten-Wechsel

Schönheit und Kraft – Venus und Mars, die Schöne und das Biest: der Mythos der Geschlechterdifferenz taucht wieder aus der Tiefe des Unbewußten empor. Dabei ist gerade der Wechsel, das Klimakterium der Frau, die midlife crisis des Mannes, die Chance, ein „ganzer" Menschen zu werden, das jeweilige Gegengeschlecht dazuzuerwerben.

Im Wechsel vermindert sich der Östrogenspiegel der Frau – sie wird männlicher. Darunter wird allerlei subsumiert: ihr Körper verliert die „zarte Anmut" der jungen Frau, sie wird hager oder rundlich, ihre Gesichtszüge werden energischer, manchmal gröber, ihre Stimme wird tiefer, manche Frauen bekommen sogar einen „Damenbart" und manche eine Glatze... und sie werden widerborstig. Das Klischee der „mürrischen Alten" wird dann abgerufen. Ein Klischee einer souveränen, sinnlich-eleganten Frau von Welt jenseits der Sechzig muß erst neu entwickelt werden, und ebenso ein Modell sexueller Aktivität, das weder als „senile Enthemmung" pathologisiert noch als Anstandslosigkeit benörgelt werden kann. Wen wundert's, daß viele Frauen im fortgeschrittenen Alter zaudern, ihr Begehren zu zeigen?

Meine Haut sehnt sich danach
dich zu umschließen.
Schön bist du
selbst über die Entfernung eines ganzen Raumes.
Ich lasse mich in deine Tigeraugen fallen
und finde Halt
an dieser wunderschönen Stelle
zwischen deinem Hals und der Grube deiner Schultern.
Viel zu gerne möchte ich dich halten
als daß ich wagte
meine Hände nach dir auszustrecken.

Irene Kabanyi, „Betrunkener Nachmittag"[127]

Ob dies nun allein dem – auch nicht bei allen Frauen gleich-
laufenden – Hormongeschehen zuzuordnen ist, oder ob nicht
umgekehrt psychische Erfahrungen das Hormongeschehen und damit diese üblicherweise aufgelisteten Symptome be-
einflussen, wissen wir – noch – nicht; es fehlen psychologische Untersuchungen, die die schulmedizinischen ergänzen
könnten!

Ich habe in meiner Praxis beobachtet, daß viele sogenannte
Wechselbeschwerden verschwanden, sobald frau sich – erfüllt –
verliebt hatte. Kaum fühlte sich eine begehrt, geliebt und gut behandelt, glätteten sich ihre Züge, bekam die Stimme einen
schmeichelnden Unterton, die Haut machte keine Beschwerden
mehr und die Stimmungslage war ausgeglichen. Sie hatte ihre
Hitzen „an den Mann gebracht"...

Nur: Widerborstig bleiben sie. Aber ist Selbstbehauptungskraft
eine Störung? Wer wird dadurch gestört? Ich sehe in der Diskriminierung von Frauen, die „ihren Mann stellen" einen kläglichen
Versuch, sie „unter"zukriegen, sie nicht „groß werden zu lassen"
– und diese Beeinflussung geschieht gar nicht so sehr von Män-
nerseite, sondern viel mehr von ihren eigenen Müttern!

Auch Männer erfahren einen Wechsel. Bei ihnen ist es der Testo-
steronspiegel, der absinkt. Sie werden weiblicher; allerdings
werden sie nicht diskriminiert, wenn sie häuslicher werden (was
ihren plötzlich unternehmungslustig gewordenen Frauen meist
gar nicht paßt!), rundlicher, weichere Züge bekommen und oft
auch eine hellere Stimme. Ganz im Gegenteil, ihre Ganzwerdung wird als „Weisheit des Alters" belobigt.

Außerdem ändern sie ihre Sexualrhythmik: Sie werden langsamer, zärtlicher. Ist das der Grund dafür, daß manche – wesentlich jüngere – Frauen wesentlich ältere Männer bevorzugen?
Und umgekehrt?

Die ältere Frau bekennt sich heute mehr denn je zur sexuellen Aktivität und zum jüngeren Mann; zum Teil, weil ihr die
Männer ihrer eigenen Generation zu langweilig – oder zu neuro-
tisch sind, zum Teil, weil der jüngere Mann in seiner „Überspannt-

202

heit" ihrem sexuellen Appetit mehr zu bieten hat als der „entspannte" Senior, soferne sie primär auf sexuellen Genuß aus ist. Und das sind immer mehr Frauen jenseits der fruchtbaren Jahre.

Ohne die emotionale Komponente ist das Vorspiel möglicherweise kaum mehr als ein Aufreizen.

Elizabeth Davis, „Muster der Sinnlichkeit"[128]

Viele ältere Frauen erleben, daß sie Lust auf Sex ohne emotionale Komponente haben. Manche schämen sich dafür. Denn es gilt: nur keine „unwürdige Greisin" sein. Fast alle sind dankbar für die Gunst des Augenblicks. Es ist ja noch nicht selbstverständlich, daß frau in jedem Alter ihre Sexualität leben darf.

Ich seh dich
auch wenn du nicht da bist
ich hab deine stimme
im ohr
ich spür deine wärme
in meinen warm-
gestreichelten händen
ich spür dich
im blut meiner lippen –
durch deine liebkosung
wieder zum fließen gebracht
ich spür dich
im zucken
in meinem schoß
der sich
an dich erinnert

Elfriede Haslehner[129]

Wer Leistung als Kriterium für die Anerkennung anderer Menschen wählt, wird wohl den Leistungsabfall im Alter als Argument heranziehen, um auf andere Menschen herabzusehen und sich so über andere Menschen zu erhöhen. Das wäre eine Rache der Jüngeren gegenüber den früher dominanten Älteren. Weil sie jetzt die Schnelleren sind, erlauben sie sich, die Langsameren wegzustoßen. Und die wagen sich daraufhin nicht mehr hinaus... Genau das passiert, wenn man das Leben als Rennstrecke definiert, in der viele in Konkurrenz zueinander laufen. Dann kommt es darauf an, wer sich mehr Platz schaffen kann, wer früher am Ziel ist. Aber an welchem?

Im Alter, wenn die verbleibende Lebenszeit immer schneller verrinnt so wie der Sand in der Sanduhr, begreifen viele Menschen, daß es darauf ankommt, den Augenblick zu genießen: den Blick in liebende Augen, den Ton der begehrenden Stimme, den Hauch des erwartungsvollen Atems, das Tasten der zärtlichen Hand, die Vereinigung der pulsierenden Genitalien.

„Wenn Menschen zärtlich zueinander sind, überwinden sie zeitweise ihre Begrenztheit, ihre Welt weitet sich aus, sie lassen sich von zwei Seiten zusammenfließen", schreibt Christel Schachtner[130] im Gefolge der These von Georges Batailles[131] von der Überführung der Diskontinuität des menschlichen Individuums in Kontinuität, wie sie in der Situation des Sterbens sowie im Liebesakt möglich wird: „Die Charakterisierung von Zärtlichkeit und Sexualität als sich grenzenlos verausgabende, unmanipulierbare und damit die Wahrheit aufdeckende Kräfte beschreibt ihre ideale Möglichkeit, nicht ihre Tatsächlichkeit, denn dieser stehen gesellschaftliche und individuelle Restriktionen entgegen." Gerade dieses Ideal kann im Alter näherrücken, vorausgesetzt, Männer definieren sich nicht als Versager, wenn sie ein Nachlassen ihrer Potenz spüren, und Frauen nicht als unmoralisch oder abnormal, wenn sie kein Nachlassen sexueller Phantasien merken.

Alle Arten von Liebe sind es wert, anerkannt und kultiviert zu werden.

Francesco Alberoni / Salvatore Veca, „Die neue Moral der Liebe"[132]

Die Zukunft wird zeigen, wie weit es uns gelingt, uns endlich von Rollenzwängen freizumachen und zu einer selbstbestimmten Sexualität zu gelangen: Jahrhundertelang gab die Katholische Kirche vor, wer unter welchen Bedingungen zu welchem Zweck Sexualität vollziehen durfte – oder besser, wer alles was nicht durfte. Scheinbar in Opposition dazu und dennoch sinnkonform betrieben die Ideologen des Dritten Reichs ihre Bevölkerungspolitik und erließen dazu zusätzlich Rassengesetze. So kam es zu der noch immer vorherrschenden Sicht von Sexualität als Mittel zur Fortpflanzung und damit Dominanz bestimmter Eliten. Alles, was nicht der Fortpflanzung – der Zucht – dient, ist aus diesem Blickwinkel Unzucht.

> *Die Vergangenheit dringt ständig in die Gegenwart ein und erstickt sie häufig ganz.*
>
> Francesco Alberoni / Salvatore Veca, „Die neue Moral der Liebe"[133]

Die Generation, die ihre Sozialisation in und durch die Ideologiefabriken des Nationalsozialismus erhalten hat, hat heute das Großelternalter erreicht. Wofür werden sich diese Menschen entscheiden? Für das, was ihnen in der Jugend eingetrichtert wurde – oder für das, was neuere medizinpsychologisch-wissenschaftliche Untersuchungen aufzeigen: Wie sehr Zärtlichkeit und gelebte Sexualkontakte die Immunkräfte stärken?

> *Wie schnell ist der Tod!*
> *Denkt man oft*
> *und fällt wieder in die*
> *alten Gewohnheiten,*
> *als hätte man*
> *unbegrenzt*
> *Zeit zur Verfügung.*
>
> Maria Sukup, „Ignoranz"

Vielleicht gibt erst das Alter mit seiner Aufhebung der – zwecks besserer Ausbeutung von weiblicher Fortpflanzungstätigkeit und männlichem Kriegsheldentum – propagierten starren Geschlechterpolarität Zeit für eine wirklich selbstbestimmte Sexualität.

Psychosexuelle Regressionen

Im Alter kann aber auch Abbau stattfinden, nicht nur körperlich, sondern auch seelisch und geistig.

Dann wird oft analog den Phasen der psychosexuellen Entwicklung in der Kindheit eine umgekehrte Reihenfolge erkennbar – bei den einen über Jahre hin, bei anderen im Laufe der letzten Tage: Der ödipalen Phase entsprechen nörgelnde Versuche, phantasierte Elternfiguren (beispielsweise die eigenen Kinder, von denen Versorgungsleistungen erwartet und eingefordert werden) auseinanderzudividieren.

Der phallischen Phase entsprechen Formen von Altersexhibitionismus. Der zeigt sich bei der alten Dame, die dem zwanzig Jahre jüngeren Nachbarn, der sie im Altersheim besuchen kommt, unbedingt ihren Busen zeigen will, weil der ja noch „wie bei einer Jungen" ist; oder beim Großvater, dessen Enkelin verzweifelt in die Sexualberatungsstelle kommt, weil der alte Herr zur Nachbarin humpelte und sie mit gespielt verzweifelter Miene um Hilfe bat, er „komme allein nicht zurecht"; dabei wies er verschmitzt auf seinen entblößten Penis, den er sorgfältig mit Leukoplast umwickelt hatte und nun – noch mehr – „befreit" haben wollte. Und er zeigt sich auch in verbalen Protzgebärden, im „Maulhuren". In vielen Beratungs- und Therapiegesprächen stellt sich heraus, wie oft Enkelkinder auf diese Weise von ihren babysittenden Großvätern sexuell belästigt – und in ihrer sexuellen Selbstbestimmung und Abgrenzung behindert werden.

Der analen Phase entspricht diejenige, wo sich alles Interesse nur mehr um Stuhlgang und die Methoden, sich die Lust der Darmkontraktionen zu verschaffen, dreht. Und wo Respektverlust und ein Verlust der Betreuung durch Familienangehörige droht, wenn der alte Mensch zum Baby wird, das seine Ausscheidungen nicht mehr kontrollieren kann.

Wird der Zustand der Oralität erreicht, besteht nur mehr für Essen und Trinken Interesse. Und in einer letzten Phase kann – und soll wohl auch! – nur mehr über Hautkontakt kommuniziert werden.

Interessanterweise kann man auch bei jüngeren Menschen, deren Lebenspartner stirbt und die danach auch ein aktives Sexualleben verlieren, vorübergehende Regressionen beobachten: Mir ist aufgefallen, daß Witwen und Witwer oft in anale Verhaltensweisen (Sammelzwänge, Geiz, Zornausbrüche, Trotzaktionen etc.) zurückfallen, diese aber wieder aufgeben, sobald sie eine neue Partnerschaft eingehen.

Im Falle des geistigen Abbaus ist es für den anderen, nicht regredierten Partner oft sehr schwer, Verhaltensweisen zu entwickeln, die ein halbwegs harmonisches Zusammenleben ermöglichen. Vor allem dort, wo der Regredierte in seiner Vergangenheit lebt, also beispielsweise die Ehefrau mit früheren Freundinnen verwechselt und als solch eine anspricht und behandelt. Das kränkt dann oft den noch auf seiner geistigen Höhe befindlichen Partner oder nervt einfach.

Hier hilft das Konzept von „Validation" von Naomi Feil[134]: Es ist der Versuch, alten Menschen ihre Würde zu bewahren. In der „senilen Enthemmung" sehe ich den Versuch des alten Menschen, sich die Würde seiner Sexualität zurückzuholen, indem er gedanklich in die Zeit eintaucht, in der er sie noch hatte. Vielleicht ist es auch eine Form von „magischem Denken"?

Jedenfalls ist es auch ein Zyklus.

Zyklen

Ich lebe mein Leben in wachsenden Ringen,
die sich über die Dinge ziehn.
Ich werde den letzten nicht vollbringen,
aber versuchen will ich ihn.

Ich kreise um Gott, um den uralten Turm,
und ich kreise jahrtausendelang;
und ich weiß noch nicht: bin ich ein Falke, ein Sturm
oder ein großer Gesang.

Rainer Maria Rilke, „Zyklen"[135]

Astrologen sprechen von der „Qualität der Zeit" und verstehen darunter die Herausforderung, Chance, Gefahr oder Lernaufgabe, die sich uns individuell, aber auch kollektiv allezeit und zu bestimmten Zeiten unseres Lebenszyklus stellt. Die Jungianische Psychoanalytikerin Sigrid Strauss-Kloebe spricht in diesem Kontext von der Prägung durch das „kosmisch Unbewußte"[136]. Demgemäß können wir auch in unser sexuelles Erleben, in unsere Paarungen und in das Gelingen unserer Beziehungen die erfolgreiche Bewältigung oder das Mißglücken unserer Bemühungen um das jeweilige „Sollen" hineindeuten – und in Beachtung der zyklischen Planetenläufe darauf vertrauen, daß wir die wesentlichen Lernaufgaben immer wieder gestellt bekommen. „Ein jeder Mensch sucht seinen Gral, ein jeder Mensch ist Parzival."

Ein alter Juristenspruch unkt, „ein Geschiedener macht den gleichen Fehler noch einmal". Oder wohlwollender formuliert: Wir tragen den Wagemut in uns, immer und immer wieder neu zu probieren, was beim ersten Mal nicht gelang.

Du ruhst und ich kann dich umarmen.
Entdecke Zeitspuren an Deinem Körper
und will schon die meinen verbergen.
Da plötzlich lobst Du mein Weichsein.

Damals vor fünfzehn Jahren
waren wir wohl beide hart –
und zu. So hast du nie erfahren,
daß und wie sehr ich dich liebe.

Heute schließ' ich den Kreis:
alt bin ich geworden – und offen.
Zeit, ich bin dir so dankbar,
für die Wiederkehr des Verdrängten.

Zurück zu den Wurzeln; erinnern, wiederholen, durcharbeiten.
Der eine wählt das Vergessen – und testet damit seine Nächsten,
ob sie ihn diesmal mehr annehmen als die realen Eltern: Wie sehr
Kind darf ich sein? Ein anderer wählt einen Fixpunkt – wie eine
Schallplatte mit Sprung – und rotiert um eine bestimmte Zeit seines Lebens: Nehmt mir doch endlich die Last! Zeigt mir doch
endlich, wie es geht! Gebt mir doch endlich die Bestätigung, die
ich brauche!
Und wieder ein anderer geht zurück und macht gut, was seinerzeit schlecht lief, setzt Entwicklung wieder in Gang, wagt, stetig
weiter zu wachsen. Ganz zu werden. Um dann zu vergehen. Stirb
und werde.

Es ist die jeweils für Männer und Frauen
lebensbestimmend gewordene Geschlechtsrolle, vor
deren Hintergrund sich ihr Verhältnis zur eigenen
Sexualität auch im Alter entfaltet und die
entweder die Verminderung des Sexualitätspotentials
oder das Verspüren sexueller Wünsche als störend
empfinden lassen kann.

Christel Schachtner, „Störfall Alter"[137]

Wenn nach dem Wechsel das Gegengeschlecht dazuerworben wird, wenn den Männern Weiblichkeit und damit Milde zuwächst und Frauen Männlichkeit und damit Aggressivität, könnte der Mythos von der unabänderlichen Geschlechterdifferenz eigentlich aufgegeben werden: Männer stünden dann nicht mehr unter dem Zwang, zur Unzeit ihre andauernde sexuelle Bereitschaft demonstrieren zu müssen. Sie bräuchten dann keine geistigen Krücken wie frauenverachtende Gewaltpornographie, um sich – und ihren Penis – aus dem Gefühl der überlegenen Macht heraus aufblähen zu können (anstatt sich aus Freude über ihr Begehren und ihr Geliebtwerden zu vergrößern). Sie müßten dann auch nicht männliche Kinder vor deren Zeit in diese zwanghafte, genitalfixierte Leistungsdrucksexualität hineinprägen und so Sexualisierung perpetuieren.

Frauen hingegen dürften ihre leibfeindliche Erziehung zur pflichterfüllenden Dienerin überwinden und begehren, zu jeglicher Zeit, rund um die Uhr, ohne Angst vor unerwünschten Folgen (und nicht nur vor oder nach dem Eisprung oder gerade dann, je nachdem, ob sie keine oder eine Fortpflanzung anpeilen), und könnten ihre Zärtlichkeiten verschwenden, ohne daß der gleichaltrige Mann gleich anspringt „Ich komme schon!" – oder auch auf Zärtlichkeiten verzichten, wenn der jüngere Partner gleich auf ihre Locksignale reagiert.

Jürgen Aschoff beschreibt im Zusammenhang mit den „Zeit-Nischen", die dazu dienen, daß zwei im gleichen Biotop lebende Arten Konflikte vermeiden können, als Beispiel die „Synchronisation der Geschlechter": „Bei vielen Arten sind die Weibchen nur zu einer begrenzten Zeit des Tages zur Begattung bereit. Insekten-Weibchen signalisieren diese Bereitschaft den Männchen durch Abgabe chemischer Lockstoffe nach einem circadianen Programm. Die Männchen sind entsprechend so programmiert, daß sie zur Zeit der Lockstoffabgabe am empfindlichsten reagieren."[138]

Wann werden Frauen aufhören zu versuchen, mit sozial erlernten Handlungen – von der Nostalgie des fallenden Taschentuches bis zum Haarlockendrehen und Schlafzimmerblick, wie es viele stumpfsinnige Sexratgeberkolumnen immer wieder aufs neue publizieren – die Aufmerksamkeit des begehrten Mannes auf sich zu ziehen und statt dessen bewußt ihre energetische Ausstrahlung einsetzen?

Es liegt wohl an uns allen, Männern wie Frauen, ob wir andere – Vater, Mutter, Erzieher, andere Autoritäten, Medien oder Partner, Partnerin – bestimmen lassen, wann wir was dürfen, müssen oder sollen, oder ob wir selbst erkennen, wann wir was wollen. Nicht jede/r schafft es, sich von Konventionen zu lösen. Zum Beispiel von der Konvention „linearer" Zeitquantitäten mit einem Beginn und einem Ende. Zeit kann auch eine zyklische Qualität sein, ein ewiger Kreislauf weiterer Qualitäten, ein Kaleidoskop wechselnder Blickpunkte und Einsichten, Gedanken, Gefühle, Phantasien und Empfindungen. Dann könnten wir, mit den Worten von Christel Schachtner, „eine Sexualität vorleben, in der nicht die Norm, sondern die Lust die Oberhand hat, eine Sexualität, die das Nicht-Wollen bzw. -Können einschließt."[139]

DANKSAGUNG

Ich bedanke mich für die freundliche Unterstützung bei der Arbeit an diesem Buch bei Dr. Quirine Diem-Bloemendaal, Prof. Dr. Reginald Földy, Dr. Dieter Schmutzer und den Mitgliedern der Libertine Sadomasochismus Initiative, die mir zahlreiche wichtige Auskünfte erteilt haben.

Weiters bedanke ich mich bei Dr. Irene Kabanyi, Mag. Heinz Mittlböck und Maria Sukup für die Genehmigung zum Abdruck ihrer Gedichte in diesem Buch sowie bei Dr. Sylvia Treudl vom Wiener Frauenverlag für die Erteilung des Abdrucksrechtes der Gedichte aus den Bänden „Eisfeuer" und „Fell aus Titan".

QUELLENVERZEICHNIS

Statt eines Vorwortes: eine Zeitreise

1) Gottfried LISCHKE, „Von der Hoffnung der Sexualtherapie", Vortrag auf der Tagung „Sexualität als Problem", Wien, 4. 10. 1990

2) Khalil GIBRAN, „Der Prophet", Walter 1973

3) Rotraud A. PERNER, „Scham macht krank. Sexualerziehung – das Aschenbrödel der Gesundheitsförderung?" in: Barbara WINTERSBERGER (Hg.), „Ist Gesundheit erlernbar? Beiträge zur Gesundheitspädagogik", Wiener Universitätsverlag 1991

4) Elizabeth DAVIS, „Muster der Sinnlichkeit. Die Zyklen weiblicher Sexualität", Krüger 1994, S. 21

Start und Endspurt

5) Rotraud A. PERNER, „Der Mythos vom weiblichen Masochismus" in: Peter HUEMER/Grete SCHURZ, „Unterwerfung. Über den destruktiven Gehorsam", Zsolnay 1990, S. 308

6) Christiane OLIVIER, „Jokastes Kinder. Die Psyche der Frau im Schatten der Mutter", dtv 1989, S. 51 ff

7) Alice MILLER, „Am Anfang war Erziehung", Suhrkamp 1980

8) Annette BOLZ, „Sex im Gehirn. Neurophysiologische Prozesse in der Sexualität", Verlag Bruno Martin 1992, S. 75 ff

9) Rotraud A. PERNER, „Zuliebe zu Leibe. Von der Möglichkeit und Unmöglichkeit kindlicher Erotik", Edition Tau 1991, S. 15 ff

10) La Toya JACKSON, „Mein Leben mit dem Jackson-Clan", Knaur 1991, S. 10

11) Ruth MARTIN, „Zeitraffer. Der geplünderte Mensch",
Krüger 1993, S. 49

12) Wilhelm REICH, „Die Funktion des Orgasmus", Fischer
1972, S. 253 ff

13) Sandor FERENCZI, „Sprachverwirrung zwischen dem Erwachsenen und dem Kind (1933)" in: Sandor FERENCZI,
„Schriften zur Psychoanalyse Band II" Fischer 1982, S. 303

14) Judith Lewis HERMAN, „Die Narben der Gewalt", Kind-
ler 1993, S. 53

15) Gerhard S. BAROLIN, „Unser Gesundheitssystem auf
dem Prüfstand", W. Maudrich Verlag 1991, S. 169

16) Judith Lewis HERMAN, a.a.o., S. 256

17) Judith Lewis HERMAN, a.a.o., S. 251

18) Elisabeth KÜBLER-ROSS, „Über den Tod und das
Leben", Die Silberschnur 1989

19) Rotraud A. PERNER, „Blick-Muster", in: Sabine
PERTHOLD (Hg.), „Rote Küsse", Konkursbuchverlag
Claudia Gehrke 1990, S. 63

20) Judith Lewis HERMAN, a.a.o., S. 125

21) Hans-Jürgen SEEMANN/Rainer MEIER, „Das Prinzip
Bosheit. Die Alltäglichkeit der Schikane", Beltz 1988, S. 120

22) SEEMANN/MEIER, a.a.o., S. 121

23) Jessica BENJAMIN, „Macht und Begehren der Frau" in:
Christa ROHDE-DACHSER (Hg.), „Beschädigungen.
Psychoanalytische Zeitdiagnosen", Sammlung Vanden-
hoeck 1992, S. 120

24) Ursula WIRTZ, „Seelenmord", Kreuz 1989, S. 20

25) Bert BRECHT, „Traue nicht deinen Augen", aus „Gesammelte Werke", © Suhrkamp Verlag, Frankfurt am Main
1967

26) Claudia SZCZESNY-FRIEDMANN, „Die kühle Gesellschaft. Von der Unmöglichkeit der Nähe", Kösel 1991, S. 60

27) Judith Lewis HERMAN, a.a.o., S. 66

28) Claudia SZCZESNY-FRIEDMANN, a.a.o., S. 59

29) Judith Lewis HERMAN, a.a.o., S. 10

30) Johann Wolfgang von GOETHE, „Faust I", Nacht/Dialog mit Famulus Wagner, Goethes Werke Band II, Büchergilde Gutenberg 1951, S. 663

Von Schnecken und Ameisen

31) Reginald FÖLDY/Erwin RINGEL, „Machen uns die Medien krank? Depression durch Überinformation", Universitas 1993, S. 60

32) 1. Buch Mose, 3/5

33) Rotraud A. PERNER, „Scham macht krank", a.a.o., S. 209

34) DSM III = Diagnostisches und Statistisches Manual Psychischer Störungen, Beltz 1989/1991

35) Reginald FÖLDY/Rotraud A. PERNER, „Die starken Zweiten – Träger des Erfolges. Motive und Motivation zur Spitzenleistung", Wirtschaftsverlag Langen Müller 1992, S. 100

36) Rotraud A. PERNER, „Erfolg feminin – Anleitung zum Selbstmanagement", Service Fachverlag 1993, S. 61

37) Elizabeth DAVIS, a.a.o., S. 202

38) LA FONTAINES Fabeln, in neuer Auswahl und bearbeitet von Friedrich HOFFMANN, Verlag Rudolph Chelius 1864, S. 14

39) Ursula NUBER, „Die Egoismus-Falle. Warum Selbstverwirklichung so oft einsam macht", Kreuz 1993, S. 102

40) FÖLDY/PERNER, a.a.o.

41) Annelie KEIL, „Gezeiten", prolog Verlag 1993, S. 29

42) Rainer Maria RILKE, „Wenn es einmal so ganz stille wäre", aus: „Sämtliche Werke ", © Insel Verlag Frankfurt am Main 1955

43) Rotraud A. PERNER, „Zeugin der Lüste. Lust und Frust der Rundfunksexualberatung", Edition Tau 1991, S. 23

44) Deborah TANNEN, „Du kannst mich einfach nicht verstehen. Warum Männer und Frauen aneinander vorbeireden", Kabel 1991, und „Das hab' ich nicht gesagt! Kommunikationsprobleme im Alltag", Kabel 1992

45) Cheryl BENARD/Edit SCHLAFFER, „Laßt endlich die Männer in Ruhe – oder Wie man sie weniger und sich selbst mehr liebt", Rowohlt 1990, S. 17

46) Senta TRÖMEL-PLÖTZ (Hg.), „Gewalt durch Sprache. Die Vergewaltigung von Frauen in Gesprächen", Fischer 1984

47) Virginia SATIR, „Selbstwert und Kommunikation. Familientherapie für Berater und zur Selbsthilfe", Pfeiffer 1975/1985, S. 85ff

48) Karin IVANCSICS, „Blutbad", in: Sylvia TREUDL (Hg.), „Fell aus Titan. Gedichte zum Thema Schmerz", Wiener Frauenverlag 1989, S. 41

49) Rosemarie STEINHAGE, „Sexueller Mißbrauch an Mädchen, Ein Handbuch für Beratung und Therapie", Rowohlt 1989, S. 25

50) Ernest BORNEMAN, „Sexualität und Politik im heutigen Deutschland", in: Aufrisse 2/1991, S. 6

51) William SHAKESPEARE, „König Lear", 1. Aufzug, 1. Szene

52) Elizabeth DAVIS, a.a.o., S. 121

53) VAN DER VELDE, „Die vollkommene Ehe", Pawlak 1991

54) Elizabeth DAVIS, a.a.o., S. 13

55) Anne KOEDT, „Der Mythos vom vaginalen Orgasmus", 1. Frauendruck vom Frauenzentrum Berlin, o.J.

56) Wilhelm REICH, a.a.o., S. 17

57) Wilhelm REICH, a.a.o., S. 47

58) Gottfried LISCHKE, a.a.o.

59) Paul WATZLAWICK, „Anleitung zum Unglücklichsein",
Piper 1983, S. 97

60) Wilfried WIECK, „Männer lassen lieben. Zur Psycho-
analyse des Mannes und der Liebe" in: Gotthard FUCHS
(Hg.), „Männer. Auf der Suche nach einer neuen Identität",
Patmos 1988, S. 63

61) Gottfried LISCHKE, a.a.o.

62) Herrad SCHENK, „Die Befreiung des weiblichen Begehrens", Kiepenheuer & Witsch 1991

63) 1. Buch Mose, 3/16

64) Jessica BENJAMIN, a.a.o., S. 103ff

65) Jessica BENJAMIN, a.a.o., S. 104

66) Rotraud A. PERNER, „Blick-Muster", a.a.o.

Zeit erleben

67) Jürgen ASCHOFF, „Die innere Uhr des Menschen" in:
„Die Zeit. Dauer und Augenblick", Serie Piper 1989, S. 133

68) Norbert ELIAS, „Über die Zeit", Suhrkamp Taschenbuch,
1988, S. X ff

69) Claudia SCHMÖLDERS, „Die wilde Frau. Mythische
Geschichten zum Staunen, Fürchten und Begehren",
Heyne Taschenbuch 1993, S. 158

70) Richard Feynman, Lectures on Physics, zitiert in Manfred
EIGEN, „Evolution und Zeitlichkeit", in: „Die Zeit. Dauer
und Augenblick", a.a.o., S. 35

71) Otto-Joachim GRÜSSER, „Zeit und Gehirn. Zeitliche
Aspekte der Signalverarbeitung in den Sinnesorganen und
im Zentralnervensystem", in: „Die Zeit. Dauer und Augenblick", a.a.o., S. 91 .

72) Susanne BESCHANER, „Warten", in: Barbara
NEUWIRTH (Hg.), „Eisfeuer. Erotische Gedichte",
Wiener Frauenverlag 1986/1994, S. 5

73) Wilhelm J. REVERS, „Psyche und Zeit. Das Problem des
Zeiterlebens in der Psychologie", Universitätsverlag

Anton Pustet 1985, S. 21

74) Michael PLESSE/Gabrielle ST. CLAIR, „Feuer der Sinn-lichkeit – Licht des Herzens. Tantrische Selbsterfahrung für einzelne und Paare", Goldmann 1992, S. 138

75) REVERS, a.a.o., S. 42

76) B. ZILBERGELD, „Männliche Sexualität", Forum für Verhaltenstherapie und psychosoziale Praxis, Band 5, 1983, S. 176 ff

77) Carol GILLIGAN, „Die andere Stimme. Lebenskonflikte und Moral der Frau", Serie Piper 1982/1988

78) Angela KOSTECKI, „Schön", in: Barbara NEUWIRTH (Hg.), a.a.o., S. 32

79) Tor NORRETRANDERS, „Hingabe. Über den Orgasmus des Mannes", Rowohlt 1983, S. 15

80) Jessica BENJAMIN, a.a.o., S. 101

81) Eleonore ZUZAK, „Wenn du mir wortlos", in: Barbara NEUWIRTH (Hg.), a.a.o., S. 56

82) Elizabeth DAVIS, a.a.o.

83) Reginald FÖLDY/Rotraud A. PERNER, „Die starken Zwei-ten – Träger des Erfolges. Motive und Motivation zur Spitzenleistung", a.a.o.

84) Claude STEINER, „Wie man Lebenspläne verändert. Die Arbeit mit Skripts in der Transaktionsanalyse", Junfer-mann 1982, S. 54

85) Ernest BORNEMAN, „Rot-weiß-rote Herzen. Das Liebes-, Ehe- und Geschlechtsleben der Alpenrepublik", Hannibal, S. 109

86) Gesprächsrunde in der Sadomasochismus Initiative Liber-tine am 25. März 1994

87) Michael PLESSE/Gabrielle ST. CLAIR, a.a.o., S. 136

Zeitfallen

88) Fritz RIEMANN, „Grundformen der Angst", Ernst Rein-hardt Verlag 1984

89) George BACH/Herb GOLDBERG, „Keine Angst vor Aggression. Die Kunst der Selbstbehauptung", Fischer 1981

90) Rüdiger und Margit DAHLKE, „Die Psychologie des blauen Dunstes. Be-Deutung und Chance des Rauchens", Knaur 1989, S. 186

91) Katja SCHMIDT-PILLER, „Auf meinem Laken", in: Barbara NEUWIRTH (Hg.), a.a.o., S. 47

92) Rotraud A. PERNER, „Erfolg feminin. Anleitung zum Selbstmanagement", Service Fachverlag 1993, Techniken zur Umprogrammierung geistiger Bilder

93) Judith Lewis HERMAN, a.a.o., S. 126

94) Susanne BESCHANER, „An einen Verschmähten", in: Barbara NEUWIRTH (Hg.), a.a.o., S. 7

95) Elizabeth DAVIS, a.a.o., S. 26

96) Richard WAGNER, „Tannhäuser", 3. Aufzug, 3. Szene, Richard Wagners Gesammelte Schriften, 1. Band, Hesse & Becker Verlag Leipzig 1914, S. 185

97) SOPHOKLES, „Antigone"

98) Richard WAGNER, 3. Aufzug, 3. Szene, a.a.o., S. 189 ff.

Doppelleben

99) Hans HEIMANN, „Zeitstrukturen in der Psychopathologie",in: „Die Zeit. Dauer und Augenblick", Serie Piper 1989, S. 74

100) Wilhelm REICH, a.a.o., S. 226 ff.

101) Judith Lewis HERMAN, a.a.o., S. 252

102) William H. MASTERS/Virginia E. JOHNSON, „Die sexuelle Reaktion", Rowohlt 1970

103) Rotraud A. PERNER, „Zuliebe zu Leibe" in: Rotraud A. PERNER (Hg.), „Zuliebe zu Leibe. Über die Möglichkeit und Unmöglichkeit kindlicher Erotik", Edition Tau 1991, S. 25

104) Francesco ALBERONI, „Erotik. Weibliche Erotik, männ-

liche Erotik – was ist das?" Serie Piper 1987/1991

105) Rotraud A. PERNER, „Zeugin der Lüste", a.a.o., S. 21 ff

106) Elizabeth DAVIS, a.a.o., S. 24

107) Rotraud A. PERNER, „Zeugin der Lüste" a.a.o., S. 67 ff

108) Sabine KLEINHAMMES, „Rettet den Sex!", Meiga 1988, S. 14/15

109) Ludwig WITTGENSTEIN, „Tractatus logico-philosophicus", edition suhrkamp 1963, S. 115

110) Ernst PÖPPEL, „Erlebte Zeit und die Zeit überhaupt: Ein Versuch einer Integration" in: „Die Zeit. Dauer und Augenblick", a.a.o., S. 373 ff

111) Michael D. ESCHNER, „Die geheimen sexualmagischen Unterweisungen des Tieres 666", Stein der Weisen 1985, S. 259 ff

112) Wilhelm J. REVERS, a.a.o., S. 11

113) Erich MÜHSAM, „Gedichte, Drama, Prosa, mit einem Nachruf von Erich Weinert", Verlag Volk und Welt Berlin 1961, S. 54

114) Anja MEULENBELT, „Emanzipation und Seitensprung. Von Intimität, Untreue und Rivalität", Rowohlt 1993, S. 88

115) Volker Elis PILGRIM, „Dressur zum Bösen. Warum wir uns selber und andere kaputt machen", rororo TB 1986, S. 99

116) Dalma HEYN, „Die heimliche Lust. Der Mythos von der weiblichen Treue", Piper 1993, S. 31

117) Anja MEULENBELT, a.a.o., S. 110 ff.

118) Rotraud A. PERNER, „Erfolg feminin", a.a.o., S. 61 ff

119) Bert BRECHT, „Die Dreigroschenoper", Suhrkamp Verlag 1955/1958, S. 42

120) Anja MEULENBELT, a.a.o., S. 125

Von der Zeitlinie zum Zyklus

121) Friedrich NIETZSCHE, „Menschliches, Allzumenschliches I", dtv/de Gruyter 1988, S. 345

122) Christel SCHACHTNER, „Störfall Alter. Für ein Recht

auf Eigen-Sinn", Fischer 1988, S. 24

123) Abraham H. MASLOW, „Motivation und Persönlichkeit",
Rowohlt 1981, S. 62 ff

124) Christel SCHACHTNER, a.a.o., S. 26

125) Georg DENZLER, „Die verbotene Lust. 2000 Jahre christ-
liche Sexualmoral", Piper 1988, S. 287

126) Christel SCHACHTNER, a.a.o., S. 47

127) Irene KABANYI, „Betrunkener Nachmittag", abgedruckt
in: Michael KORTH (Hg.), „Schöner Jüngling mich lüstet
Dein. Liebesgedichte von Frauen", Eichborn Verlag
1988, S. 52

128) Elizabeth DAVIS, a.a.o., S. 15

129) Elfriede HASLEHNER, „ich spür dich", in: Barbara
NEUWIRTH (Hg.), a.a.o., S. 24

130) Christel SCHACHTNER, a.a.o., S. 59 ff

131) Georges BATAILLE, „Der heilige Eros", Darmstadt 1963,
zitiert in Christel SCHACHTNER, a.a.o., S. 60

132) Francesco ALBERONI/Salvatore VECA, „Die neue Moral
der Liebe. Ein Manifest", Piper 1990, S. 97

133) Francesco ALBERONI/Salvatore VECA, a.a.o., S. 29

134) Naomi FEIL, „Validation. Ein neuer Weg zum Verständnis alter Menschen", Altern & Kultur 1982/1992

135) Rainer Maria RILKE, „Zyklen", aus „Sämtliche Werke",
© Insel Verlag, Frankfurt am Main 1955

136) Sigrid STRAUSS-KLOEBE, „Das kosmisch Unbewußte
in der Persönlichkeit. Geburtskonstellation und Psychodynamik", Schweizer Spiegel Verlag 1984

137) Christel SCHACHTNER, a.a.o., S. 65

138) Jürgen ASCHOFF, „Die innere Uhr des Menschen", in:
„Die Zeit. Dauer und Augenblick", a.a.o., S. 138

139) Christel SCHACHTNER, a.a.o., S. 72

Wie Frauen den Tod der Mutter bewältigen – ein Plädoyer für das Leben

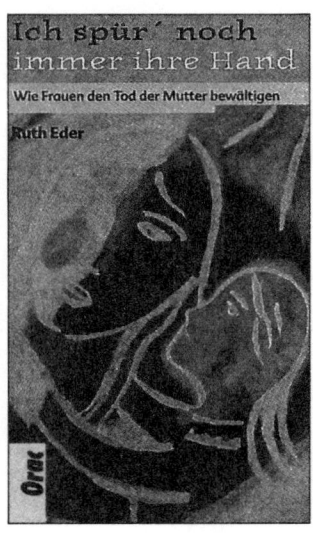

Ruth Eder
**Ich spür' noch immer
ihre Hand**
160 Seiten, 12,5 x 20,6 cm
DM 29,80/öS 233,–/sfr 29,80
ISBN 3-7015-0324-9

Interviews mit Betroffenen, Ratschläge und Hilfestellungen für eine schwierige Zeit im Leben einer jeden Frau.